摘　要

《全球政治与安全报告（2017）》为“国际形势黄皮书”系列年度报告之一。报告旨在对2016年全球政治及安全形势的总体情况及变化进行回顾与分析，并提出一定预测及对策建议。

世界格局与国际安全部分对中、俄、美三国之间的合作与冲突进行了深度分析，揭示了影响中美、俄美及中俄关系的主要因素及变化趋势，这一部分还包括中国周边安全环境、全球武装冲突及全球军事形势等内容，并对美国、英国、法国、德国、日本、中国、俄罗斯、印度、巴西等9个国家的国力和影响力进行了评估。在全球问题与全球治理部分，网络安全、恐怖主义、反腐败、全球能源政治、大规模难民移民流动等仍是本部分关注的对象。专题·热点部分就2016年发生的美国总统大选、英国脱欧、联合国秘书长遴选、中菲南海仲裁案等热点问题和中国海外利益维护、西亚北非局势做了专门的评析。本书还对一年来国际关系研究的若干问题做了专门的梳理和讨论。

作者通过事实梳理、数据分析、政策分析，阐释了2016年国际关系及全球安全形势基本特点和趋势，提出了具有启示性和前瞻性的结论。本书兼具知识性、理论性、战略性和对策性，可供国际问题研究者、外交决策者以及对国际问题感兴趣的广大读者阅读。

主要编撰者简介

张宇燕　经济学博士，中国社会科学院世界经济与政治研究所研究员、所长。中国世界经济学会会长，新兴经济体研究会会长。曾先后就读于北京大学和中国社会科学院研究生院。主要研究领域为国际政治经济学、制度经济学等。著有《经济发展与制度选择》（1992）、《国际经济政治学》（2008）、《美国行为的根源》（2015）等。

李东燕　中国社会科学院世界经济与政治研究所研究员，博士生导师，创新工程项目首席研究员。研究专业为国际政治，主要研究领域为联合国、全球安全与全球治理等。主要研究成果有《秘书长对联合国变革的影响：安南与潘基文之比较》（2008）、《如何评价联合国价值与价值整合》（2010）、《从国际责任的认定与特征看中国的国际责任》（2011）、《中国参与联合国维和建和的前景与路径分析》（2012）、《全球安全治理与中国的选择》（2013）等。

国际形势黄皮书编委会

主　编　张宇燕

副主编　李东燕

编审组　张宇燕　李东燕　袁正清　薛　力　徐　进　王　新　郗艳菊

图书在版编目（CIP）数据

全球政治与安全报告．2017／张宇燕主编．--北京：社会科学文献出版社，2017.1
（国际形势黄皮书）
ISBN 978-7-5201-0164-6

Ⅰ．①全… Ⅱ．①张… Ⅲ．①国际政治-研究报告-2017②国家安全-研究报告-世界-2017 Ⅳ．①D5 ②D815.5

中国版本图书馆 CIP 数据核字（2016）第 303141 号

国际形势黄皮书
全球政治与安全报告（2017）

主　　编／张宇燕
副 主 编／李东燕

出 版 人／谢寿光
项目统筹／邓泳红
责任编辑／周映希

出　　版／社会科学文献出版社·皮书出版分社（010）59367127
地址：北京市北三环中路甲 29 号院华龙大厦　邮编：100029
网址：www.ssap.com.cn
发　　行／市场营销中心（010）59367081　59367018
印　　装／三河市尚艺印装有限公司

规　　格／开 本：787mm×1092mm　1/16
印 张：18.5　字 数：278 千字
版　　次／2017 年 1 月第 1 版　2017 年 1 月第 1 次印刷
书　　号／ISBN 978-7-5201-0164-6
定　　价／89.00 元

皮书序列号／PSN Y-2001-016-1/1

中国社会科学院创新工程学术出版资助项目

全球政治与安全报告（2017）

ANNUAL REPORT ON INTERNATIONAL POLITICS AND SECURITY (2017)

中国社会科学院世界经济与政治研究所
主　编／张宇燕
副主编／李东燕

社会科学文献出版社
SOCIAL SCIENCES ACADEMIC PRESS (CHINA)

社长致辞

伴随着今冬的第一场雪，2017年很快就要到了。世界每天都在发生着让人眼花缭乱的变化，而唯一不变的，是面向未来无数的可能性。作为个体，如何获取专业信息以备不时之需？作为行政主体或企事业主体，如何提高决策的科学性让这个世界变得更好而不是更糟？原创、实证、专业、前沿、及时、持续，这是1997年“皮书系列”品牌创立的初衷。

1997～2017，从最初一个出版社的学术产品名称到媒体和公众使用频率极高的热点词语，从专业术语到大众话语，从官方文件到独特的出版型态，作为重要的智库成果，“皮书”始终致力于成为海量信息时代的信息过滤器，成为经济社会发展的记录仪，成为政策制定、评估、调整的智力源，社会科学研究的资料集成库。“皮书”的概念不断延展，“皮书”的种类更加丰富，“皮书”的功能日渐完善。

1997～2017，皮书及皮书数据库已成为中国新型智库建设不可或缺的抓手与平台，成为政府、企业和各类社会组织决策的利器，成为人文社科研究最基本的资料库，成为世界系统完整及时认知当代中国的窗口和通道！“皮书”所具有的凝聚力正在形成一种无形的力量，吸引着社会各界关注中国的发展，参与中国的发展。

二十年的“皮书”正值青春，愿每一位皮书人付出的年华与智慧不辜负这个时代！

社会科学文献出版社社长

中国社会学会秘书长

2016年11月

社会科学文献出版社简介

社会科学文献出版社成立于1985年，是直属于中国社会科学院的人文社会科学专业学术出版机构。

成立以来，社科文献依托于中国社会科学院丰厚的学术出版和专家学者资源，坚持“创社科经典，出传世文献”的出版理念和“权威、前沿、原创”的产品定位，逐步走上了智库产品与专业学术成果系列化、规模化、数字化、国际化、市场化发展的经营道路，取得了令人瞩目的成绩。

学术出版 社科文献先后策划出版了“皮书”系列、“列国志”、“社科文献精品译库”、“全球化译丛”、“全面深化改革研究书系”、“近世中国”、“甲骨文”、“中国史话”等一大批既有学术影响又有市场价值的图书品牌和学术品牌，形成了较强的学术出版能力和资源整合能力。2016年社科文献发稿5.5亿字，出版图书2000余种，承印发行中国社会科学院院属期刊72种。

数字出版 凭借着雄厚的出版资源整合能力，社科文献长期以来一直致力于从内容资源和数字平台两个方面实现传统出版的再造，并先后推出了皮书数据库、列国志数据库、中国田野调查数据库等一系列数字产品。2016年数字化加工图书近4000种，文字处理量达10亿字。数字出版已经初步形成了产品设计、内容开发、编辑标引、产品运营、技术支持、营销推广等全流程体系。

国际出版 社科文献通过学术交流和国际书展等方式积极参与国际学术和国际出版的交流合作，努力将中国优秀的人文社会科学研究成果推向世界，从构建国际话语体系的角度推动学术出版国际化。目前已与英、荷、法、德、美、日、韩等国及港澳台地区近 40 家出版和学术文化机构建立了长期稳定的合作关系。

融合发展 紧紧围绕融合发展战略，社科文献全面布局融合发展和数字化转型升级，成效显著。以核心资源和重点项目为主的社科文献数据库产品群和数字出版体系日臻成熟，“一带一路”系列研究成果与专题数据库、阿拉伯问题研究国别基础库及中阿文化交流数据库平台等项目开启了社科文献向专业知识服务商转型的新篇章，成为行业领先。

此外，社科文献充分利用网络媒体平台，积极与各类媒体合作，并联合大型书店、学术书店、机场书店、网络书店、图书馆，构建起强大的学术图书内容传播平台，学术图书的媒体曝光率居全国之首，图书馆藏率居于全国出版机构前十位。

有温度，有情怀，有视野，更有梦想。未来社科文献将继续坚持专业化学术出版之路不动摇，着力搭建最具影响力的智库产品整合及传播平台、学术资源共享平台，为实现“社科文献梦”奠定坚实基础。

经 济 类

经济类皮书涵盖宏观经济、城市经济、大区域经济，
提供权威、前沿的分析与预测

经济蓝皮书

2017 年中国经济形势分析与预测

李扬 / 主编　2016 年 12 月出版　定价：89.00 元

◆　本书为总理基金项目，由著名经济学家李扬领衔，联合中国社会科学院等数十家科研机构、国家部委和高等院校的专家共同撰写，系统分析了 2016 年的中国经济形势并预测 2017 年我国经济运行情况。

中国省域竞争力蓝皮书

中国省域经济综合竞争力发展报告（2015 ～ 2016）

李建平　李闽榕　高燕京 / 主编　2017 年 2 月出版　估价：198.00 元

◆　本书融多学科的理论为一体，深入追踪研究了省域经济发展与中国国家竞争力的内在关系，为提升中国省域经济综合竞争力提供有价值的决策依据。

城市蓝皮书

中国城市发展报告 No.10

潘家华　单菁菁 / 主编　2017 年 9 月出版　估价：89.00 元

◆　本书是由中国社会科学院城市发展与环境研究中心编著的，多角度、全方位地立体展示了中国城市的发展状况，并对中国城市的未来发展提出了许多建议。该书有强烈的时代感，对中国城市发展实践有重要的参考价值。

人口与劳动绿皮书

中国人口与劳动问题报告 No.18

蔡昉　张车伟 / 主编　2017 年 10 月出版　估价：89.00 元

◆　本书为中国社科院人口与劳动经济研究所主编的年度报告，对当前中国人口与劳动形势做了比较全面和系统的深入讨论，为研究我国人口与劳动问题提供了一个专业性的视角。

世界经济黄皮书

2017 年世界经济形势分析与预测

张宇燕 / 主编　2016 年 12 月出版　定价：89.00 元

◆　本书由中国社会科学院世界经济与政治研究所的研究团队撰写，2016 年世界经济增速进一步放缓，就业增长放慢。世界经济面临许多重大挑战同时，地缘政治风险、难民危机、大国政治周期、恐怖主义等问题也仍然在影响世界经济的稳定与发展。预计 2017 年按 PPP 计算的世界 GDP 增长率约为 3.0%。

国际城市蓝皮书

国际城市发展报告（2017）

屠启宇 / 主编　2017 年 2 月出版　估价：89.00 元

◆　本书作者以上海社会科学院从事国际城市研究的学者团队为核心，汇集同济大学、华东师范大学、复旦大学、上海交通大学、南京大学、浙江大学相关城市研究专业学者。立足动态跟踪介绍国际城市发展时间中，最新出现的重大战略、重大理念、重大项目、重大报告和最佳案例。

金融蓝皮书

中国金融发展报告（2017）

李扬　王国刚 / 主编　2017 年 1 月出版　估价：89.00 元

◆　本书由中国社会科学院金融研究所组织编写，概括和分析了 2016 年中国金融发展和运行中的各方面情况，研讨和评论了 2016 年发生的主要金融事件，有利于读者了解掌握 2016 年中国的金融状况，把握 2017 年中国金融的走势。

农村绿皮书

中国农村经济形势分析与预测（2016 ~ 2017）

魏后凯　杜志雄　黄秉信 / 著　2017 年 4 月出版　估价：89.00 元

◆　本书描述了 2016 年中国农业农村经济发展的一些主要指标和变化，并对 2017 年中国农业农村经济形势的一些展望和预测，提出相应的政策建议。

西部蓝皮书

中国西部发展报告（2017）

姚慧琴　徐璋勇 / 主编　2017 年 9 月出版　估价：89.00 元

◆　本书由西北大学中国西部经济发展研究中心主编，汇集了源自西部本土以及国内研究西部问题的权威专家的第一手资料，对国家实施西部大开发战略进行年度动态跟踪，并对 2017 年西部经济、社会发展态势进行预测和展望。

经济蓝皮书・夏季号

中国经济增长报告（2016 ~ 2017）

李扬 / 主编　2017 年 9 月出版　估价：98.00 元

◆　中国经济增长报告主要探讨 2016~2017 年中国经济增长问题，以专业视角解读中国经济增长，力求将其打造成一个研究中国经济增长、服务宏微观各级决策的周期性、权威性读物。

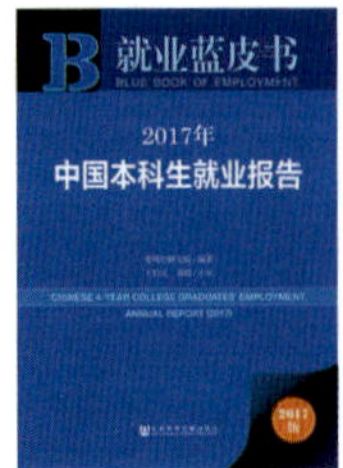

就业蓝皮书

2017 年中国本科生就业报告

麦可思研究院 / 编著　2017 年 6 月出版　估价：98.00 元

◆　本书基于大量的数据和调研，内容翔实，调查独到，分析到位，用数据说话，对我国大学生教育与发展起到了很好的建言献策作用。

社会政法类

社会政法类皮书聚焦社会发展领域的热点、难点问题，
提供权威、原创的资讯与视点

社会蓝皮书

2017 年中国社会形势分析与预测

李培林　陈光金　张翼 / 主编　2016 年 12 月出版　定价：89.00 元

◆　本书由中国社会科学院社会学研究所组织研究机构专家、高校学者和政府研究人员撰写，聚焦当下社会热点，对 2016 年中国社会发展的各个方面内容进行了权威解读，同时对 2017 年社会形势发展趋势进行了预测。

法治蓝皮书

中国法治发展报告 No.15（2017）

李林　田禾 / 主编　2017 年 3 月出版　估价：118.00 元

◆　本年度法治蓝皮书回顾总结了 2016 年度中国法治发展取得的成就和存在的不足，并对 2017 年中国法治发展形势进行了预测和展望。

社会体制蓝皮书

中国社会体制改革报告 No.5（2017）

龚维斌 / 主编　2017 年 4 月出版　估价：89.00 元

◆　本书由国家行政学院社会治理研究中心和北京师范大学中国社会管理研究院共同组织编写，主要对 2016 年社会体制改革情况进行回顾和总结，对 2017 年的改革走向进行分析，提出相关政策建议。

社会心态蓝皮书

中国社会心态研究报告（2017）

王俊秀　杨宜音 / 主编　2017 年 12 月出版　估价：89.00 元

◆　本书是中国社会科学院社会学研究所社会心理研究中心“社会心态蓝皮书课题组”的年度研究成果，运用社会心理学、社会学、经济学、传播学等多种学科的方法进行了调查和研究，对于目前我国社会心态状况有较广泛和深入的揭示。

生态城市绿皮书

中国生态城市建设发展报告（2017）

刘举科　孙伟平　胡文臻 / 主编　2017 年 7 月出版　估价：118.00 元

◆　报告以绿色发展、循环经济、低碳生活、民生宜居为理念，以更新民众观念、提供决策咨询、指导工程实践、引领绿色发展为宗旨，试图探索一条具有中国特色的城市生态文明建设新路。

城市生活质量蓝皮书

中国城市生活质量报告（2017）

中国经济实验研究院 / 主编　2017 年 7 月出版　估价：89.00 元

◆　本书对全国 35 个城市居民的生活质量主观满意度进行了电话调查，同时对 35 个城市居民的客观生活质量指数进行了计算，为我国城市居民生活质量的提升，提出了针对性的政策建议。

公共服务蓝皮书

中国城市基本公共服务力评价（2017）

钟君　吴正杲 / 主编　2017 年 12 月出版　估价：89.00 元

◆　中国社会科学院经济与社会建设研究室与华图政信调查组成联合课题组，从 2010 年开始对基本公共服务力进行研究，研创了基本公共服务力评价指标体系，为政府考核公共服务与社会管理工作提供了理论工具。

行业报告类

行业报告类皮书立足重点行业、新兴行业领域，
提供及时、前瞻的数据与信息

企业社会责任蓝皮书

中国企业社会责任研究报告（2017）

黄群慧　钟宏武　张蒽　翟利峰 / 著　2017 年 10 月出版　估价：89.00 元

◆　本书剖析了中国企业社会责任在 2016 ~ 2017 年度的最新发展特征，详细解读了省域国有企业在社会责任方面的阶段性特征，生动呈现了国内外优秀企业的社会责任实践。对了解中国企业社会责任履行现状、未来发展，以及推动社会责任建设有重要的参考价值。

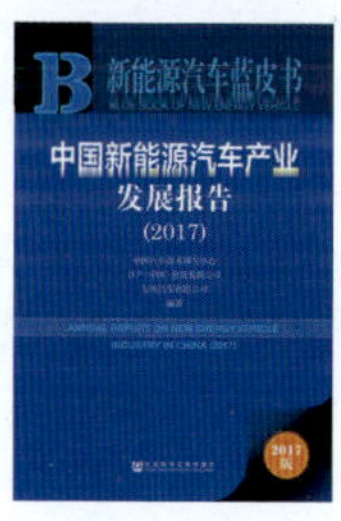

新能源汽车蓝皮书

中国新能源汽车产业发展报告（2017）

黄中国汽车技术研究中心　日产（中国）投资有限公司
东风汽车有限公司 / 编著　2017 年 7 月出版　估价：98.00 元

◆　本书对我国 2016 年新能源汽车产业发展进行了全面系统的分析，并介绍了国外的发展经验。有助于相关机构、行业和社会公众等了解中国新能源汽车产业发展的最新动态，为政府部门出台新能源汽车产业相关政策法规、企业制定相关战略规划，提供必要的借鉴和参考。

杜仲产业绿皮书

中国杜仲橡胶资源与产业发展报告（2016 ~ 2017）

杜红岩　胡文臻　俞锐 / 主编　2017 年 1 月出版　估价：85.00 元

◆　本书对 2016 年来的杜仲产业的发展情况、研究团队在杜仲研究方面取得的重要成果、部分地区杜仲产业发展的具体情况、杜仲新标准的制定情况等进行了较为详细的分析与介绍，使广大关心杜仲产业发展的读者能够及时跟踪产业最新进展。

德国蓝皮书

德国发展报告（2017）

郑春荣 / 主编　2017 年 6 月出版　估价：89.00 元

◆　本报告由同济大学德国研究所组织编撰，由该领域的专家学者对德国的政治、经济、社会文化、外交等方面的形势发展情况，进行全面的阐述与分析。

日本经济蓝皮书

日本经济与中日经贸关系研究报告（2017）

王洛林　张季风 / 编著　2017 年 5 月出版　估价：89.00 元

◆　本书系统、详细地介绍了 2016 年日本经济以及中日经贸关系发展情况，在进行了大量数据分析的基础上，对 2017 年日本经济以及中日经贸关系的大致发展趋势进行了分析与预测。

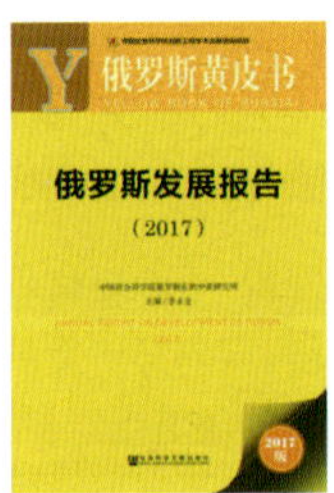

俄罗斯黄皮书

俄罗斯发展报告（2017）

李永全 / 编著　2017 年 7 月出版　估价：89.00 元

◆　本书系统介绍了 2016 年俄罗斯经济政治情况，并对 2016 年该地区发生的焦点、热点问题进行了分析与回顾；在此基础上，对该地区 2017 年的发展前景进行了预测。

非洲黄皮书

非洲发展报告 No.19（2016 ~ 2017）

张宏明 / 主编　2017 年 8 月出版　估价：89.00 元

◆　本书是由中国社会科学院西亚非洲研究所组织编撰的非洲形势年度报告，比较全面、系统地分析了 2016 年非洲政治形势和热点问题，探讨了非洲经济形势和市场走向，剖析了大国对非洲关系的新动向；此外，还介绍了国内非洲研究的新成果。

地方发展类

地方发展类皮书关注中国各省份、经济区域，
提供科学、多元的预判与资政信息

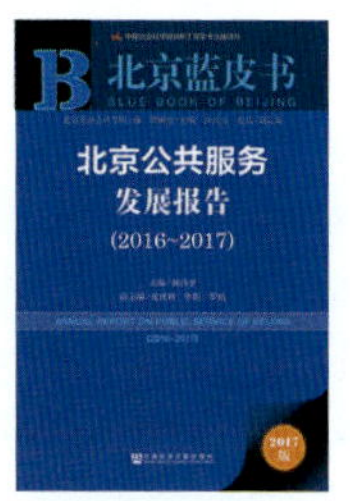

北京蓝皮书

北京公共服务发展报告（2016~2017）

施昌奎 / 主编　2017 年 2 月出版　估价：89.00 元

◆　本书是由北京市政府职能部门的领导、首都著名高校的教授、知名研究机构的专家共同完成的关于北京市公共服务发展与创新的研究成果。

河南蓝皮书

河南经济发展报告（2017）

张占仓 / 编著　2017 年 3 月出版　估价：89.00 元

◆　本书以国内外经济发展环境和走向为背景，主要分析当前河南经济形势，预测未来发展趋势，全面反映河南经济发展的最新动态、热点和问题，为地方经济发展和领导决策提供参考。

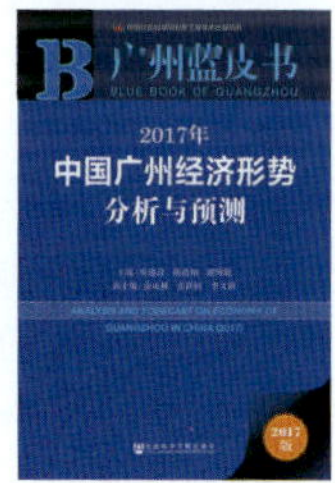

广州蓝皮书

2017 年中国广州经济形势分析与预测

庾建设　陈浩钿　谢博能 / 主编　2017 年 7 月出版　估价：85.00 元

◆　本书由广州大学与广州市委政策研究室、广州市统计局联合主编，汇集了广州科研团体、高等院校和政府部门诸多经济问题研究专家、学者和实际部门工作者的最新研究成果，是关于广州经济运行情况和相关专题分析、预测的重要参考资料。

文化传媒类

文化传媒类皮书透视文化领域、文化产业，
探索文化大繁荣、大发展的路径

新媒体蓝皮书

中国新媒体发展报告 No.8（2017）

唐绪军 / 主编　2017 年 6 月出版　估价：89.00 元

◆　本书是由中国社会科学院新闻与传播研究所组织编写的关于新媒体发展的最新年度报告，旨在全面分析中国新媒体的发展现状，解读新媒体的发展趋势，探析新媒体的深刻影响。

移动互联网蓝皮书

中国移动互联网发展报告（2017）

官建文 / 编著　2017 年 6 月出版　估价：89.00 元

◆　本书着眼于对中国移动互联网 2016 年度的发展情况做深入解析，对未来发展趋势进行预测，力求从不同视角、不同层面全面剖析中国移动互联网发展的现状、年度突破及热点趋势等。

传媒蓝皮书

中国传媒产业发展报告（2017）

崔保国 / 主编　2017 年 5 月出版　估价：98.00 元

◆　“传媒蓝皮书”连续十多年跟踪观察和系统研究中国传媒产业发展。本报告在对传媒产业总体以及各细分行业发展状况与趋势进行深入分析基础上，对年度发展热点进行跟踪，剖析新技术引领下的商业模式，对传媒各领域发展趋势、内体经营、传媒投资进行解析，为中国传媒产业正在发生的变革提供前瞻行参考。

经济类

“三农”互联网金融蓝皮书
中国“三农”互联网金融发展报告（2017）
著(编)者：李勇坚 王弢　　2017年8月出版 / 估价：98.00元
PSN B-2016-561-1/1

G20国家创新竞争力黄皮书
二十国集团（G20）国家创新竞争力发展报告（2016~2017）
著(编)者：李建平 李闽榕 赵新力 周天勇
2017年8月出版 / 估价：158.00元
PSN Y-2011-229-1/1

产业蓝皮书
中国产业竞争力报告（2017）No.7
著(编)者：张其仔　2017年12月出版 / 估价：98.00元
PSN B-2010-175-1/1

城市创新蓝皮书
中国城市创新报告（2017）
著(编)者：周天勇 旷建伟　2017年11月出版 / 估价：89.00元
PSN B-2013-340-1/1

城市蓝皮书
中国城市发展报告 No.10
著(编)者：潘家华 单菁菁　2017年9月出版 / 估价：89.00元
PSN B-2007-091-1/1

城乡一体化蓝皮书
中国城乡一体化发展报告（2016~2017）
著(编)者：汝信 付崇兰　　2017年7月出版 / 估价：85.00元
PSN B-2011-226-1/2

城镇化蓝皮书
中国新型城镇化健康发展报告（2017）
著(编)者：张占斌　　2017年8月出版 / 估价：89.00元
PSN B-2014-396-1/1

创新蓝皮书
创新型国家建设报告（2016~2017）
著(编)者：詹正茂　　2017年12月出版 / 估价：89.00元
PSN B-2009-140-1/1

创业蓝皮书
中国创业发展报告（2016~2017）
著(编)者：黄群慧 赵卫星 钟宏武等
2017年11月出版 / 估价：89.00元
PSN B-2016-578-1/1

低碳发展蓝皮书
中国低碳发展报告（2016~2017）
著(编)者：齐晔 张希良　　2017年3月出版 / 估价：98.00元
PSN B-2011-223-1/1

低碳经济蓝皮书
中国低碳经济发展报告（2017）
著(编)者：薛进军 赵忠秀　　2017年6月出版 / 估价：85.00元
PSN B-2011-194-1/1

东北蓝皮书
中国东北地区发展报告（2017）
著(编)者：朱宇 张新颖　　2017年12月出版 / 估价：89.00元
PSN B-2006-067-1/1

发展与改革蓝皮书
中国经济发展和体制改革报告No.8
著(编)者：邹东涛 王再文　　2017年1月出版 / 估价：98.00元
PSN B-2008-122-1/1

工业化蓝皮书
中国工业化进程报告（2017）
著(编)者：黄群慧　　2017年12月出版 / 估价：158.00元
PSN B-2007-095-1/1

管理蓝皮书
中国管理发展报告（2017）
著(编)者：张晓东　2017年10月出版 / 估价：98.00元
PSN B-2014-416-1/1

国际城市蓝皮书
国际城市发展报告（2017）
著(编)者：屠启宇　2017年2月出版 / 估价：89.00元
PSN B-2012-260-1/1

国家创新蓝皮书
中国创新发展报告（2017）
著(编)者：陈劲　　2017年12月出版 / 估价：89.00元
PSN B-2014-370-1/1

金融蓝皮书
中国金融发展报告（2017）
著(编)者：李杨 王国刚　　2017年12月出版 / 估价：89.00元
PSN B-2004-031-1/6

京津冀金融蓝皮书
京津冀金融发展报告（2017）
著(编)者：王爱俭 李向前
2017年3月出版 / 估价：89.00元
PSN B-2016-528-1/1

京津冀蓝皮书
京津冀发展报告（2017）
著(编)者：文魁 祝尔娟　　2017年4月出版 / 估价：89.00元
PSN B-2012-262-1/1

经济蓝皮书
2017年中国经济形势分析与预测
著(编)者：李扬　　2016年12月出版 / 定价：89.00元
PSN B-1996-001-1/1

经济蓝皮书·春季号
2017年中国经济前景分析
著(编)者：李扬　　2017年6月出版 / 估价：89.00元
PSN B-1999-008-1/1

经济蓝皮书·夏季号
中国经济增长报告（2016~2017）
著(编)者：李扬　　2017年9月出版 / 估价：98.00元
PSN B-2010-176-1/1

经济信息绿皮书
中国与世界经济发展报告（2017）
著(编)者：杜平　　2017年12月出版 / 估价：89.00元
PSN G-2003-023-1/1

就业蓝皮书
2017年中国本科生就业报告
著(编)者：麦可思研究院　　2017年6月出版 / 估价：98.00元
PSN B-2009-146-1/2

就业蓝皮书
2017年中国高职高专生就业报告
著(编)者：麦可思研究院　2017年6月出版 / 估价：98.00元
PSN B-2015-472-2/2

科普能力蓝皮书
中国科普能力评价报告（2017）
著(编)者：李富 强李群　2017年8月出版 / 估价：89.00元
PSN B-2016-556-1/1

临空经济蓝皮书
中国临空经济发展报告（2017）
著(编)者：连玉明　2017年9月出版 / 估价：89.00元
PSN B-2014-421-1/1

农村绿皮书
中国农村经济形势分析与预测（2016~2017）
著(编)者：魏后凯 杜志雄 黄秉信
2017年4月出版 / 估价：89.00元
PSN G-1998-003-1/1

农业应对气候变化蓝皮书
气候变化对中国农业影响评估报告 No.3
著(编)者：矫梅燕　2017年8月出版 / 估价：98.00元
PSN B-2014-413-1/1

气候变化绿皮书
应对气候变化报告（2017）
著(编)者：王伟光 郑国光　2017年6月出版 / 估价：89.00元
PSN G-2009-144-1/1

区域蓝皮书
中国区域经济发展报告（2016~2017）
著(编)者：赵弘　2017年6月出版 / 估价：89.00元
PSN B-2004-034-1/1

全球环境竞争力绿皮书
全球环境竞争力报告（2017）
著(编)者：李建平 李闽榕 王金南
2017年12月出版 / 估价：198.00元
PSN G-2013-363-1/1

人口与劳动绿皮书
中国人口与劳动问题报告 No.18
著(编)者：蔡昉 张车伟　2017年11月出版 / 估价：89.00元
PSN G-2000-012-1/1

商务中心区蓝皮书
中国商务中心区发展报告 No.3（2016）
著(编)者：李国红 单菁菁　2017年1月出版 / 估价：89.00元
PSN B-2015-444-1/1

世界经济黄皮书
2017年世界经济形势分析与预测
著(编)者：张宇燕　2016年12月出版 / 定价：89.00元
PSN Y-1999-006-1/1

世界旅游城市绿皮书
世界旅游城市发展报告（2017）
著(编)者：宋宇　2017年1月出版 / 估价：128.00元
PSN G-2014-400-1/1

土地市场蓝皮书
中国农村土地市场发展报告（2016~2017）
著(编)者：李光荣　2017年3月出版 / 估价：89.00元
PSN B-2016-527-1/1

西北蓝皮书
中国西北发展报告（2017）
著(编)者：高建龙　2017年3月出版 / 估价：89.00元
PSN B-2012-261-1/1

西部蓝皮书
中国西部发展报告（2017）
著(编)者：姚慧琴 徐璋勇　2017年9月出版 / 估价：89.00元
PSN B-2005-039-1/1

新型城镇化蓝皮书
新型城镇化发展报告（2017）
著(编)者：李伟 宋敏 沈体雁　2017年3月出版 / 估价：98.00元
PSN B-2014-431-1/1

新兴经济体蓝皮书
金砖国家发展报告（2017）
著(编)者：林跃勤 周文　2017年12月出版 / 估价：89.00元
PSN B-2011-195-1/1

长三角蓝皮书
2017年新常态下深化一体化的长三角
著(编)者：王庆五　2017年12月出版 / 估价：88.00元
PSN B-2005-038-1/1

中部竞争力蓝皮书
中国中部经济社会竞争力报告（2017）
著(编)者：教育部人文社会科学重点研究基地
南昌大学中国中部经济社会发展研究中心
2017年12月出版 / 估价：89.00元
PSN B-2012-276-1/1

中部蓝皮书
中国中部地区发展报告（2017）
著(编)者：宋亚平　2017年12月出版 / 估价：88.00元
PSN B-2007-089-1/1

中国省域竞争力蓝皮书
中国省域经济综合竞争力发展报告（2017）
著(编)者：李建平 李闽榕 高燕京
2017年2月出版 / 估价：198.00元
PSN B-2007-088-1/1

中三角蓝皮书
长江中游城市群发展报告（2017）
著(编)者：秦尊文　2017年9月出版 / 估价：89.00元
PSN B-2014-417-1/1

中小城市绿皮书
中国中小城市发展报告（2017）
著(编)者：中国城市经济学会中小城市经济发展委员会
中国城镇化促进会中小城市发展委员会
《中国中小城市发展报告》编纂委员会
中小城市发展战略研究院
2017年11月出版 / 估价：128.00元
PSN G-2010-161-1/1

中原蓝皮书
中原经济区发展报告（2017）
著(编)者：李英杰　2017年6月出版 / 估价：88.00元
PSN B-2011-192-1/1

自贸区蓝皮书
中国自贸区发展报告（2017）
著(编)者：王力　2017年7月出版 / 估价：89.00元
PSN B-2016-559-1/1

社会政法类

北京蓝皮书
中国社区发展报告（2017）
著(编)者：于燕燕　2017年2月出版 / 估价：89.00元
PSN B-2007-083-5/8

殡葬绿皮书
中国殡葬事业发展报告（2017）
著(编)者：李伯森　2017年4月出版 / 估价：158.00元
PSN G-2010-180-1/1

城市管理蓝皮书
中国城市管理报告（2016~2017）
著(编)者：刘林　刘承水　2017年5月出版 / 估价：158.00元
PSN B-2013-336-1/1

城市生活质量蓝皮书
中国城市生活质量报告（2017）
著(编)者：中国经济实验研究院
2017年7月出版 / 估价：89.00元
PSN B-2013-326-1/1

城市政府能力蓝皮书
中国城市政府公共服务能力评估报告（2017）
著(编)者：何艳玲　2017年4月出版 / 估价：89.00元
PSN B-2013-338-1/1

慈善蓝皮书
中国慈善发展报告（2017）
著(编)者：杨团　2017年6月出版 / 估价：89.00元
PSN B-2009-142-1/1

党建蓝皮书
党的建设研究报告 No.2（2017）
著(编)者：崔建民　陈东平　2017年2月出版 / 估价：89.00元
PSN B-2016-524-1/1

地方法治蓝皮书
中国地方法治发展报告 No.3（2017）
著(编)者：李林　田禾　2017年3出版 / 估价：108.00元
PSN B-2015-442-1/1

法治蓝皮书
中国法治发展报告 No.15（2017）
著(编)者：李林 田禾　2017年3月出版 / 估价：118.00元
PSN B-2004-027-1/1

法治政府蓝皮书
中国法治政府发展报告（2017）
著(编)者：中国政法大学法治政府研究院
2017年2月出版 / 估价：98.00元
PSN B-2015-502-1/2

法治政府蓝皮书
中国法治政府评估报告（2017）
著(编)者：中国政法大学法治政府研究院
2016年11月出版 / 估价：98.00元
PSN B-2016-577-2/2

反腐倡廉蓝皮书
中国反腐倡廉建设报告 No.7
著(编)者：张英伟　2017年12月出版 / 估价：89.00元
PSN B-2012-259-1/1

非传统安全蓝皮书
中国非传统安全研究报告（2016~2017）
著(编)者：余潇枫 魏志江　2017年6月出版 / 估价：89.00元
PSN B-2012-273-1/1

妇女发展蓝皮书
中国妇女发展报告 No.7
著(编)者：王金玲　2017年9月出版 / 估价：148.00元
PSN B-2006-069-1/1

妇女教育蓝皮书
中国妇女教育发展报告 No.4
著(编)者：张李玺　2017年10月出版 / 估价：78.00元
PSN B-2008-121-1/1

妇女绿皮书
中国性别平等与妇女发展报告（2017）
著(编)者：谭琳　2017年12月出版 / 估价：99.00元
PSN G-2006-073-1/1

公共服务蓝皮书
中国城市基本公共服务力评价（2017）
著(编)者：钟君 吴正杲　2017年12月出版 / 估价：89.00元
PSN B-2011-214-1/1

公民科学素质蓝皮书
中国公民科学素质报告（2016~2017）
著(编)者：李群　陈雄　马宗文
2017年1月出版 / 估价：89.00元
PSN B-2014-379-1/1

公共关系蓝皮书
中国公共关系发展报告（2017）
著(编)者：柳斌杰　2017年11月出版 / 估价：89.00元
PSN B-2016-580-1/1

公益蓝皮书
中国公益慈善发展报告（2017）
著(编)者：朱健刚　2017年4月出版 / 估价：118.00元
PSN B-2012-283-1/1

国际人才蓝皮书
海外华侨华人专业人士报告（2017）
著(编)者：王辉耀 苗绿　2017年8月出版 / 估价：89.00元
PSN B-2014-409-4/4

国际人才蓝皮书
中国国际移民报告（2017）
著(编)者：王辉耀　2017年2月出版 / 估价：89.00元
PSN B-2012-304-3/4

国际人才蓝皮书
中国留学发展报告（2017）No.5
著(编)者：王辉耀 苗绿　2017年10月出版 / 估价：89.00元
PSN B-2012-244-2/4

海洋社会蓝皮书
中国海洋社会发展报告（2017）
著(编)者：崔凤 宋宁而　2017年7月出版 / 估价：89.00元
PSN B-2015-478-1/1

行政改革蓝皮书
中国行政体制改革报告（2017）No.6
著(编)者：魏礼群　2017年5月出版 / 估价：98.00元
PSN B-2011-231-1/1

华侨华人蓝皮书
华侨华人研究报告（2017）
著(编)者：贾益民　2017年12月出版 / 估价：128.00元
PSN B-2011-204-1/1

环境竞争力绿皮书
中国省域环境竞争力发展报告（2017）
著(编)者：李建平 李闽榕 王金南
2017年11月出版 / 估价：198.00元
PSN G-2010-165-1/1

环境绿皮书
中国环境发展报告（2017）
著(编)者：刘鉴强　2017年11月出版 / 估价：89.00元
PSN G-2006-048-1/1

基金会蓝皮书
中国基金会发展报告（2016~2017）
著(编)者：中国基金会发展报告课题组
2017年4月出版 / 估价：85.00元
PSN B-2013-368-1/1

基金会绿皮书
中国基金会发展独立研究报告（2017）
著(编)者：基金会中心网 中央民族大学基金会研究中心
2017年6月出版 / 估价：88.00元
PSN G-2011-213-1/1

基金会透明度蓝皮书
中国基金会透明度发展研究报告（2017）
著(编)者：基金会中心网 清华大学廉政与治理研究中心
2017年12月出版 / 估价：89.00元
PSN B-2015-509-1/1

家庭蓝皮书
中国“创建幸福家庭活动”评估报告（2017）
国务院发展研究中心“创建幸福家庭活动评估”课题组著
2017年8月出版 / 估价：89.00元
PSN B-2012-261-1/1

健康城市蓝皮书
中国健康城市建设研究报告（2017）
著(编)者：王鸿春 解树江 盛继洪
2017年9月出版 / 估价：89.00元
PSN B-2016-565-2/2

教师蓝皮书
中国中小学教师发展报告（2017）
著(编)者：曾晓东 鱼霞　2017年6月出版 / 估价：89.00元
PSN B-2012-289-1/1

教育蓝皮书
中国教育发展报告（2017）
著(编)者：杨东平　2017年4月出版 / 估价：89.00元
PSN B-2006-047-1/1

科普蓝皮书
中国基层科普发展报告（2016～2017）
著(编)者：赵立 新陈玲　2017年9月出版 / 估价：89.00元
PSN B-2016-569-3/3

科普蓝皮书
中国科普基础设施发展报告（2017）
著(编)者：任福君　2017年6月出版 / 估价：89.00元
PSN B-2010-174-1/3

科普蓝皮书
中国科普人才发展报告（2017）
著(编)者：郑念 任嵘嵘　2017年4月出版 / 估价：98.00元
PSN B-2015-513-2/3

科学教育蓝皮书
中国科学教育发展报告（2017）
著(编)者：罗晖 王康友　2017年10月出版 / 估价：89.00元
PSN B-2015-487-1/1

劳动保障蓝皮书
中国劳动保障发展报告（2017）
著(编)者：刘燕斌　2017年9月出版 / 估价：188.00元
PSN B-2014-415-1/1

老龄蓝皮书
中国老年宜居环境发展报告（2017）
著(编)者：党俊武 周燕珉　2017年1月出版 / 估价：89.00元
PSN B-2013-320-1/1

连片特困区蓝皮书
中国连片特困区发展报告（2017）
著(编)者：游俊 冷志明 丁建军
2017年3月出版 / 估价：98.00元
PSN B-2013-321-1/1

民间组织蓝皮书
中国民间组织报告（2017）
著(编)者：黄晓勇　2017年12月出版 / 估价：89.00元
PSN B-2008-118-1/1

民调蓝皮书
中国民生调查报告（2017）
著(编)者：谢耘耕　2017年12月出版 / 估价：98.00元
PSN B-2014-398-1/1

民族发展蓝皮书
中国民族发展报告（2017）
著(编)者：郝时远 王延中 王希恩
2017年4月出版 / 估价：98.00元
PSN B-2006-070-1/1

女性生活蓝皮书
中国女性生活状况报告 No.11（2017）
著(编)者：韩湘景　2017年10月出版 / 估价：98.00元
PSN B-2006-071-1/1

汽车社会蓝皮书
中国汽车社会发展报告（2017）
著(编)者：王俊秀　2017年1月出版 / 估价：89.00元
PSN B-2011-224-1/1

青年蓝皮书
中国青年发展报告（2017）No.3
著(编)者：廉思 等　2017年4月出版 / 估价：89.00元
PSN B-2013-333-1/1

青少年蓝皮书
中国未成年人互联网运用报告（2017）
著(编)者：李文革 沈杰 季为民
2017年11月出版 / 估价：89.00元
PSN B-2010-156-1/1

青少年体育蓝皮书
中国青少年体育发展报告（2017）
著(编)者：郭建军 杨桦　2017年9月出版 / 估价：89.00元
PSN B-2015-482-1/1

群众体育蓝皮书
中国群众体育发展报告（2017）
著(编)者：刘国永 杨桦　2017年12月出版 / 估价：89.00元
PSN B-2016-519-2/3

人权蓝皮书
中国人权事业发展报告 No.7（2017）
著(编)者：李君如　2017年9月出版 / 估价：98.00元
PSN B-2011-215-1/1

社会保障绿皮书
中国社会保障发展报告（2017）No.9
著(编)者：王延中　2017年4月出版 / 估价：89.00元
PSN G-2001-014-1/1

社会风险评估蓝皮书
风险评估与危机预警评估报告（2017）
著(编)者：唐钧　2017年8月出版 / 估价：85.00元
PSN B-2016-521-1/1

社会工作蓝皮书
中国社会工作发展报告（2017）
著(编)者：民政部社会工作研究中心
2017年8月出版 / 估价：89.00元
PSN B-2009-141-1/1

社会管理蓝皮书
中国社会管理创新报告 No.5
著(编)者：连玉明　2017年11月出版 / 估价：89.00元
PSN B-2012-300-1/1

社会蓝皮书
2017年中国社会形势分析与预测
著(编)者：李培林　陈光金　张翼
2016年12月出版 / 定价：89.00元
PSN B-1998-002-1/1

社会体制蓝皮书
中国社会体制改革报告No.5（2017）
著(编)者：龚维斌　2017年4月出版 / 估价：89.00元
PSN B-2013-330-1/1

社会心态蓝皮书
中国社会心态研究报告（2017）
著(编)者：王俊秀 杨宜音　2017年12月出版 / 估价：89.00元
PSN B-2011-199-1/1

社会组织蓝皮书
中国社会组织评估发展报告（2017）
著(编)者：徐家良 廖鸿　2017年12月出版 / 估价：89.00元
PSN B-2013-366-1/1

生态城市绿皮书
中国生态城市建设发展报告（2017）
著(编)者：刘举科 孙伟平 胡文臻
2017年9月出版 / 估价：118.00元
PSN G-2012-269-1/1

生态文明绿皮书
中国省域生态文明建设评价报告（ECI 2017）
著(编)者：严耕　2017年12月出版 / 估价：98.00元
PSN G-2010-170-1/1

体育蓝皮书
中国公共体育服务发展报告（2017）
著(编)者：戴健　2017年12月出版 / 估价：89.00元
PSN B-2013-367-2/4

土地整治蓝皮书
中国土地整治发展研究报告 No.4
著(编)者：国土资源部土地整治中心
2017年7月出版 / 估价：89.00元
PSN B-2014-401-1/1

土地政策蓝皮书
中国土地政策研究报告（2017）
著(编)者：高延利 李宪文
2017年12月出版 / 估价：89.00元
PSN B-2015-506-1/1

医改蓝皮书
中国医药卫生体制改革报告（2017）
著(编)者：文学国　房志武　2017年11月出版 / 估价：98.00元
PSN B-2014-432-1/1

医疗卫生绿皮书
中国医疗卫生发展报告 No.7（2017）
著(编)者：申宝忠 韩玉珍　2017年4月出版 / 估价：85.00元
PSN G-2004-033-1/1

应急管理蓝皮书
中国应急管理报告（2017）
著(编)者：宋英华　2017年9月出版 / 估价：98.00元
PSN B-2016-563-1/1

政治参与蓝皮书
中国政治参与报告（2017）
著(编)者：房宁　2017年9月出版 / 估价：118.00元
PSN B-2011-200-1/1

中国农村妇女发展蓝皮书
农村流动女性城市生活发展报告（2017）
著(编)者：谢丽华　2017年12月出版 / 估价：89.00元
PSN B-2014-434-1/1

宗教蓝皮书
中国宗教报告（2017）
著(编)者：邱永辉　2017年4月出版 / 估价：89.00元
PSN B-2008-117-1/1

行业报告类

SUV蓝皮书
中国SUV市场发展报告（2016~2017）
著(编)者：靳军　2017年9月出版 / 估价：89.00元
PSN B-2016-572-1/1

保健蓝皮书
中国保健服务产业发展报告 No.2
著(编)者：中国保健协会 中共中央党校
2017年7月出版 / 估价：198.00元
PSN B-2012-272-3/3

保健蓝皮书
中国保健食品产业发展报告 No.2
著(编)者：中国保健协会
中国社会科学院食品药品产业发展与监管研究中心
2017年7月出版 / 估价：198.00元
PSN B-2012-271-2/3

保健蓝皮书
中国保健用品产业发展报告 No.2
著(编)者：中国保健协会
国务院国有资产监督管理委员会研究中心
2017年3月出版 / 估价：198.00元
PSN B-2012-270-1/3

保险蓝皮书
中国保险业竞争力报告（2017）
著(编)者：项俊波　2017年12月出版 / 估价：99.00元
PSN B-2013-311-1/1

冰雪蓝皮书
中国滑雪产业发展报告（2017）
著(编)者：孙承华 伍斌 魏庆华 张鸿俊
2017年8月出版 / 估价：89.00元
PSN B-2016-560-1/1

彩票蓝皮书
中国彩票发展报告（2017）
著(编)者：益彩基金　2017年4月出版 / 估价：98.00元
PSN B-2015-462-1/1

餐饮产业蓝皮书
中国餐饮产业发展报告（2017）
著(编)者：邢颖　2017年6月出版 / 估价：98.00元
PSN B-2009-151-1/1

测绘地理信息蓝皮书
新常态下的测绘地理信息研究报告（2017）
著(编)者：库热西·买合苏提
2017年12月出版 / 估价：118.00元
PSN B-2009-145-1/1

茶业蓝皮书
中国茶产业发展报告（2017）
著(编)者：杨江帆 李闽榕　2017年10月出版 / 估价：88.00元
PSN B-2010-164-1/1

产权市场蓝皮书
中国产权市场发展报告（2016~2017）
著(编)者：曹和平　2017年5月出版 / 估价：89.00元
PSN B-2009-147-1/1

产业安全蓝皮书
中国出版传媒产业安全报告（2016~2017）
著(编)者：北京印刷学院文化产业安全研究院
2017年3月出版 / 估价：89.00元
PSN B-2014-384-13/14

产业安全蓝皮书
中国文化产业安全报告（2017）
著(编)者：北京印刷学院文化产业安全研究院
2017年12月出版 / 估价：89.00元
PSN B-2014-378-12/14

产业安全蓝皮书
中国新媒体产业安全报告（2017）
著(编)者：北京印刷学院文化产业安全研究院
2017年12月出版 / 估价：89.00元
PSN B-2015-500-14/14

城投蓝皮书
中国城投行业发展报告（2017）
著(编)者：王晨艳 丁伯康　2017年11月出版 / 估价：300.00元
PSN B-2016-514-1/1

电子政务蓝皮书
中国电子政务发展报告（2016~2017）
著(编)者：李季 杜平　2017年7月出版 / 估价：89.00元
PSN B-2003-022-1/1

杜仲产业绿皮书
中国杜仲橡胶资源与产业发展报告（2016~2017）
著(编)者：杜红岩 胡文臻 俞锐
2017年1月出版 / 估价：85.00元
PSN G-2013-350-1/1

房地产蓝皮书
中国房地产发展报告 No.14（2017）
著(编)者：李春华 王业强　2017年5月出版 / 估价：89.00元
PSN B-2004-028-1/1

服务外包蓝皮书
中国服务外包产业发展报告（2017）
著(编)者：王晓红 刘德军
2017年6月出版 / 估价：89.00元
PSN B-2013-331-2/2

服务外包蓝皮书
中国服务外包竞争力报告（2017）
著(编)者：王力 刘春生 黄育华
2017年11月出版 / 估价：85.00元
PSN B-2011-216-1/2

工业和信息化蓝皮书
世界网络安全发展报告（2016~2017）
著(编)者：洪京一　2017年4月出版 / 估价：89.00元
PSN B-2015-452-5/5

工业和信息化蓝皮书
世界信息化发展报告（2016~2017）
著(编)者：洪京一　2017年4月出版 / 估价：89.00元
PSN B-2015-451-4/5

广东社会建设蓝皮书
广东省社会建设发展报告（2017）
著(编)者：广东省社会工作委员会
2017年12月出版 / 估价：99.00元
PSN B-2014-436-1/1

广东外经贸蓝皮书
广东对外经济贸易发展研究报告（2016~2017）
著(编)者：陈万灵　2017年8月出版 / 估价：98.00元
PSN B-2012-286-1/1

广西北部湾经济区蓝皮书
广西北部湾经济区开放开发报告（2017）
著(编)者：广西北部湾经济区规划建设管理委员会办公室
广西社会科学院广西北部湾发展研究院
2017年2月出版 / 估价：89.00元
PSN B-2010-181-1/1

巩义蓝皮书
巩义经济社会发展报告（2017）
著(编)者：丁同民 朱军　2017年4月出版 / 估价：58.00元
PSN B-2016-533-1/1

广州蓝皮书
2017年中国广州经济形势分析与预测
著(编)者：庾建设 陈浩钿 谢博能
2017年7月出版 / 估价：85.00元
PSN B-2011-185-9/14

广州蓝皮书
2017年中国广州社会形势分析与预测
著(编)者：张强 陈怡霓 杨秦　2017年6月出版 / 估价：85.00元
PSN B-2008-110-5/14

广州蓝皮书
广州城市国际化发展报告（2017）
著(编)者：朱名宏　2017年8月出版 / 估价：79.00元
PSN B-2012-246-11/14

广州蓝皮书
广州创新型城市发展报告（2017）
著(编)者：尹涛　2017年7月出版 / 估价：79.00元
PSN B-2012-247-12/14

广州蓝皮书
广州经济发展报告（2017）
著(编)者：朱名宏　2017年7月出版 / 估价：79.00元
PSN B-2005-040-1/14

广州蓝皮书
广州农村发展报告（2017）
著(编)者：朱名宏　2017年8月出版 / 估价：79.00元
PSN B-2010-167-8/14

广州蓝皮书
广州汽车产业发展报告（2017）
著(编)者：杨再高 冯兴亚　2017年7月出版 / 估价：79.00元
PSN B-2006-066-3/14

广州蓝皮书
广州青年发展报告（2016～2017）
著(编)者：徐柳 张强　2017年9月出版 / 估价：79.00元
PSN B-2013-352-13/14

广州蓝皮书
广州商贸业发展报告（2017）
著(编)者：李江涛 肖振宇 荀振英
2017年7月出版 / 估价：79.00元
PSN B-2012-245-10/14

广州蓝皮书
广州社会保障发展报告（2017）
著(编)者：蔡国萱　2017年8月出版 / 估价：79.00元
PSN B-2014-425-14/14

广州蓝皮书
广州文化创意产业发展报告（2017）
著(编)者：徐咏虹　2017年7月出版 / 估价：79.00元
PSN B-2008-111-6/14

广州蓝皮书
中国广州城市建设与管理发展报告（2017）
著(编)者：董皞 陈小钢 李江涛
2017年7月出版 / 估价：85.00元
PSN B-2007-087-4/14

广州蓝皮书
中国广州科技创新发展报告（2017）
著(编)者：邹采荣 马正勇 陈爽
2017年7月出版 / 估价：79.00元
PSN B-2006-065-2/14

广州蓝皮书
中国广州文化发展报告（2017）
著(编)者：徐俊忠 陆志强 顾涧清
2017年7月出版 / 估价：79.00元
PSN B-2009-134-7/14

贵阳蓝皮书
贵阳城市创新发展报告No.2（白云篇）
著(编)者：连玉明　2017年10月出版 / 估价：89.00元
PSN B-2015-491-3/10

贵阳蓝皮书
贵阳城市创新发展报告No.2（观山湖篇）
著(编)者：连玉明　2017年10月出版 / 估价：89.00元
PSN B-2011-235-1/1

贵阳蓝皮书
贵阳城市创新发展报告No.2（花溪篇）
著(编)者：连玉明　2017年10月出版 / 估价：89.00元
PSN B-2015-490-2/10

贵阳蓝皮书
贵阳城市创新发展报告No.2（开阳篇）
著(编)者：连玉明　2017年10月出版 / 估价：89.00元
PSN B-2015-492-4/10

贵阳蓝皮书
贵阳城市创新发展报告No.2（南明篇）
著(编)者：连玉明　2017年10月出版 / 估价：89.00元
PSN B-2015-496-8/10

贵阳蓝皮书
贵阳城市创新发展报告No.2（清镇篇）
著(编)者：连玉明　2017年10月出版 / 估价：89.00元
PSN B-2015-489-1/10

贵阳蓝皮书
贵阳城市创新发展报告No.2（乌当篇）
著(编)者：连玉明 2017年10月出版 / 估价：89.00元
PSN B-2015-495-7/10

贵阳蓝皮书
贵阳城市创新发展报告No.2（息烽篇）
著(编)者：连玉明 2017年10月出版 / 估价：89.00元
PSN B-2015-493-5/10

贵阳蓝皮书
贵阳城市创新发展报告No.2（修文篇）
著(编)者：连玉明 2017年10月出版 / 估价：89.00元
PSN B-2015-494-6/10

贵阳蓝皮书
贵阳城市创新发展报告No.2（云岩篇）
著(编)者：连玉明 2017年10月出版 / 估价：89.00元
PSN B-2015-498-10/10

贵州房地产蓝皮书
贵州房地产发展报告No.4（2017）
著(编)者：武廷方 2017年7月出版 / 估价：89.00元
PSN B-2014-426-1/1

贵州蓝皮书
贵州册亨经济社会发展报告 (2017)
著(编)者：黄德林 2017年3月出版 / 估价：89.00元
PSN B-2016-526-8/9

贵州蓝皮书
贵安新区发展报告（2016~2017）
著(编)者：马长青 吴大华 2017年6月出版 / 估价：89.00元
PSN B-2015-459-4/9

贵州蓝皮书
贵州法治发展报告（2017）
著(编)者：吴大华 2017年5月出版 / 估价：89.00元
PSN B-2012-254-2/9

贵州蓝皮书
贵州国有企业社会责任发展报告（2016～2017）
著(编)者：郭丽 周航 万强
2017年12月出版 / 估价：89.00元
PSN B-2015-512-6/9

贵州蓝皮书
贵州民航业发展报告（2017）
著(编)者：申振东 吴大华 2017年10月出版 / 估价：89.00元
PSN B-2015-471-5/9

贵州蓝皮书
贵州民营经济发展报告（2017）
著(编)者：杨静 吴大华 2017年3月出版 / 估价：89.00元
PSN B-2016-531-9/9

贵州蓝皮书
贵州人才发展报告（2017）
著(编)者：于杰 吴大华 2017年9月出版 / 估价：89.00元
PSN B-2014-382-3/9

贵州蓝皮书
贵州社会发展报告（2017）
著(编)者：王兴骥 2017年6月出版 / 估价：89.00元
PSN B-2010-166-1/9

贵州蓝皮书
贵州国家级开放创新平台发展报告（2017）
著(编)者：申晓庆 吴大华 李泓
2017年6月出版 / 估价：89.00元
PSN B-2016-518-1/9

海淀蓝皮书
海淀区文化和科技融合发展报告（2017）
著(编)者：陈名杰 孟景伟 2017年5月出版 / 估价：85.00元
PSN B-2013-329-1/1

杭州都市圈蓝皮书
杭州都市圏发展报告（2017）
著(编)者：沈翔 戚建国 2017年5月出版 / 估价：128.00元
PSN B-2012-302-1/1

杭州蓝皮书
杭州妇女发展报告（2017）
著(编)者：魏颖 2017年6月出版 / 估价：89.00元
PSN B-2014-403-1/1

河北经济蓝皮书
河北省经济发展报告（2017）
著(编)者：马树强 金浩 张贵
2017年4月出版 / 估价：89.00元
PSN B-2014-380-1/1

河北蓝皮书
河北经济社会发展报告（2017）
著(编)者：郭金平 2017年1月出版 / 估价：89.00元
PSN B-2014-372-1/1

河北食品药品安全蓝皮书
河北食品药品安全研究报告（2017）
著(编)者：丁锦霞 2017年6月出版 / 估价：89.00元
PSN B-2015-473-1/1

河南经济蓝皮书
2017年河南经济形势分析与预测
著(编)者：胡五岳 2017年2月出版 / 估价：89.00元
PSN B-2007-086-1/1

河南蓝皮书
2017年河南社会形势分析与预测
著(编)者：刘道兴 牛苏林 2017年4月出版 / 估价89.00元
PSN B-2005-043-1/8

河南蓝皮书
河南城市发展报告（2017）
著(编)者：张占仓 王建国 2017年5月出版 / 估价：89.00元
PSN B-2009-131-3/8

河南蓝皮书
河南法治发展报告（2017）
著(编)者：丁同民 张林海 2017年5月出版 / 估价：89.00元
PSN B-2014-376-6/8

河南蓝皮书
河南工业发展报告（2017）
著(编)者：张占仓 丁同民 2017年5月出版 / 估价：89.00元
PSN B-2013-317-5/8

河南蓝皮书
河南金融发展报告（2017）
著(编)者：河南省社会科学院
2017年6月出版 / 估价：89.00元
PSN B-2014-390-7/8

地方发展类

河南蓝皮书
河南经济发展报告（2017）
著(编)者：张占仓　2017年3月出版 / 估价：89.00元
PSN B-2010-157-4/8

河南蓝皮书
河南农业农村发展报告（2017）
著(编)者：吴海峰　2017年4月出版 / 估价：89.00元
PSN B-2015-445-8/8

河南蓝皮书
河南文化发展报告（2017）
著(编)者：卫绍生　2017年3月出版 / 估价：88.00元
PSN B-2008-106-2/8

河南商务蓝皮书
河南商务发展报告（2017）
著(编)者：焦锦淼 穆荣国　2017年6月出版 / 估价：88.00元
PSN B-2014-399-1/1

黑龙江蓝皮书
黑龙江经济发展报告（2017）
著(编)者：朱宇　2017年1月出版 / 估价：89.00元
PSN B-2011-190-2/2

黑龙江蓝皮书
黑龙江社会发展报告（2017）
著(编)者：谢宝禄　2017年1月出版 / 估价：89.00元
PSN B-2011-189-1/2

湖北文化蓝皮书
湖北文化发展报告（2017）
著(编)者：吴成国　2017年10月出版 / 估价：95.00元
PSN B-2016-567-1/1

湖南城市蓝皮书
区域城市群整合
著(编)者：童中贤 韩未名
2017年12月出版 / 估价：89.00元
PSN B-2006-064-1/1

湖南蓝皮书
2017年湖南产业发展报告
著(编)者：梁志峰　2017年5月出版 / 估价：128.00元
PSN B-2011-207-2/8

湖南蓝皮书
2017年湖南电子政务发展报告
著(编)者：梁志峰　2017年5月出版 / 估价：128.00元
PSN B-2014-394-6/8

湖南蓝皮书
2017年湖南经济展望
著(编)者：梁志峰　2017年5月出版 / 估价：128.00元
PSN B-2011-206-1/8

湖南蓝皮书
2017年湖南两型社会与生态文明发展报告
著(编)者：梁志峰　2017年5月出版 / 估价：128.00元
PSN B-2011-208-3/8

湖南蓝皮书
2017年湖南社会发展报告
著(编)者：梁志峰　2017年5月出版 / 估价：128.00元
PSN B-2014-393-5/8

湖南蓝皮书
2017年湖南县域经济社会发展报告
著(编)者：梁志峰　2017年5月出版 / 估价：128.00元
PSN B-2014-395-7/8

湖南蓝皮书
湖南城乡一体化发展报告（2017）
著(编)者：陈文胜 王文强 陆福兴 邝奕轩
2017年6月出版 / 估价：89.00元
PSN B-2015-477-8/8

湖南县域绿皮书
湖南县域发展报告 No.3
著(编)者：袁准 周小毛　2017年9月出版 / 估价：89.00元
PSN G-2012-274-1/1

沪港蓝皮书
沪港发展报告（2017）
著(编)者：尤安山　2017年9月出版 / 估价：89.00元
PSN B-2013-362-1/1

吉林蓝皮书
2017年吉林经济社会形势分析与预测
著(编)者：马克　2015年12月出版 / 估价：89.00元
PSN B-2013-319-1/1

吉林省城市竞争力蓝皮书
吉林省城市竞争力报告（2017）
著(编)者：崔岳春 张磊　2017年3月出版 / 估价：89.00元
PSN B-2015-508-1/1

济源蓝皮书
济源经济社会发展报告（2017）
著(编)者：喻新安　2017年4月出版 / 估价：89.00元
PSN B-2014-387-1/1

健康城市蓝皮书
北京健康城市建设研究报告（2017）
著(编)者：王鸿春　2017年8月出版 / 估价：89.00元
PSN B-2015-460-1/2

江苏法治蓝皮书
江苏法治发展报告 No.6（2017）
著(编)者：蔡道通 龚廷泰　2017年8月出版 / 估价：98.00元
PSN B-2012-290-1/1

江西蓝皮书
江西经济社会发展报告（2017）
著(编)者：张勇 姜玮 梁勇　2017年10月出版 / 估价：89.00元
PSN B-2015-484-1/2

江西蓝皮书
江西设区市发展报告（2017）
著(编)者：姜玮 梁勇　2017年10月出版 / 估价：79.00元
PSN B-2016-517-2/2

江西文化蓝皮书
江西文化产业发展报告（2017）
著(编)者：张圣才 汪春翔
2017年10月出版 / 估价：128.00元
PSN B-2015-499-1/1

街道蓝皮书
北京街道发展报告No.2（白纸坊篇）
著(编)者：连玉明　2017年8月出版 / 估价：98.00元
PSN B-2016-544-7/15

街道蓝皮书
北京街道发展报告No.2（椿树篇）
著(编)者：连玉明　2017年8月出版 / 估价：98.00元
PSN B-2016-548-11/15

街道蓝皮书
北京街道发展报告No.2（大栅栏篇）
著(编)者：连玉明　2017年8月出版 / 估价：98.00元
PSN B-2016-552-15/15

街道蓝皮书
北京街道发展报告No.2（德胜篇）
著(编)者：连玉明　2017年8月出版 / 估价：98.00元
PSN B-2016-551-14/15

街道蓝皮书
北京街道发展报告No.2（广安门内篇）
著(编)者：连玉明　2017年8月出版 / 估价：98.00元
PSN B-2016-540-3/15

街道蓝皮书
北京街道发展报告No.2（广安门外篇）
著(编)者：连玉明　2017年8月出版 / 估价：98.00元
PSN B-2016-547-10/15

街道蓝皮书
北京街道发展报告No.2（金融街篇）
著(编)者：连玉明　2017年8月出版 / 估价：98.00元
PSN B-2016-538-1/15

街道蓝皮书
北京街道发展报告No.2（牛街篇）
著(编)者：连玉明　2017年8月出版 / 估价：98.00元
PSN B-2016-545-8/15

街道蓝皮书
北京街道发展报告No.2（什刹海篇）
著(编)者：连玉明　2017年8月出版 / 估价：98.00元
PSN B-2016-546-9/15

街道蓝皮书
北京街道发展报告No.2（陶然亭篇）
著(编)者：连玉明　2017年8月出版 / 估价：98.00元
PSN B-2016-542-5/15

街道蓝皮书
北京街道发展报告No.2（天桥篇）
著(编)者：连玉明　2017年8月出版 / 估价：98.00元
PSN B-2016-549-12/15

街道蓝皮书
北京街道发展报告No.2（西长安街篇）
著(编)者：连玉明　2017年8月出版 / 估价：98.00元
PSN B-2016-543-6/15

街道蓝皮书
北京街道发展报告No.2（新街口篇）
著(编)者：连玉明　2017年8月出版 / 估价：98.00元
PSN B-2016-541-4/15

街道蓝皮书
北京街道发展报告No.2（月坛篇）
著(编)者：连玉明　2017年8月出版 / 估价：98.00元
PSN B-2016-539-2/15

街道蓝皮书
北京街道发展报告No.2（展览路篇）
著(编)者：连玉明　2017年8月出版 / 估价：98.00元
PSN B-2016-550-13/15

经济特区蓝皮书
中国经济特区发展报告（2017）
著(编)者：陶一桃　2017年12月出版 / 估价：98.00元
PSN B-2009-139-1/1

辽宁蓝皮书
2017年辽宁经济社会形势分析与预测
著(编)者：曹晓峰　梁启东
2017年1月出版 / 估价：79.00元
PSN B-2006-053-1/1

洛阳蓝皮书
洛阳文化发展报告（2017）
著(编)者：刘福兴　陈启明　2017年7月出版 / 估价：89.00元
PSN B-2015-476-1/1

南京蓝皮书
南京文化发展报告（2017）
著(编)者：徐宁　2017年10月出版 / 估价：89.00元
PSN B-2014-439-1/1

南宁蓝皮书
南宁经济发展报告（2017）
著(编)者：胡建华　2017年9月出版 / 估价：79.00元
PSN B-2016-570-2/3

南宁蓝皮书
南宁社会发展报告（2017）
著(编)者：胡建华　2017年9月出版 / 估价：79.00元
PSN B-2016-571-3/3

内蒙古蓝皮书
内蒙古反腐倡廉建设报告 No.2
著(编)者：张志华　无极　2017年12月出版 / 估价：79.00元
PSN B-2013-365-1/1

浦东新区蓝皮书
上海浦东经济发展报告（2017）
著(编)者：沈开艳　周奇　2017年1月出版 / 估价：89.00元
PSN B-2011-225-1/1

青海蓝皮书
2017年青海经济社会形势分析与预测
著(编)者：陈玮　2015年12月出版 / 估价：79.00元
PSN B-2012-275-1/1

人口与健康蓝皮书
深圳人口与健康发展报告（2017）
著(编)者：陆杰华　罗乐宣　苏杨
2017年11月出版 / 估价：89.00元
PSN B-2011-228-1/1

地方发展类

山东蓝皮书
山东经济形势分析与预测（2017）
著(编)者：李广杰　2017年7月出版 / 估价：89.00元
PSN B-2014-404-1/4

山东蓝皮书
山东社会形势分析与预测（2017）
著(编)者：张华 唐洲雁　2017年6月出版 / 估价：89.00元
PSN B-2014-405-2/4

山东蓝皮书
山东文化发展报告（2017）
著(编)者：涂可国　2017年11月出版 / 估价：98.00元
PSN B-2014-406-3/4

山西蓝皮书
山西资源型经济转型发展报告（2017）
著(编)者：李志强　2017年7月出版 / 估价：89.00元
PSN B-2011-197-1/1

陕西蓝皮书
陕西经济发展报告（2017）
著(编)者：任宗哲 白宽犁 裴成荣
2015年12月出版 / 估价：89.00元
PSN B-2009-135-1/5

陕西蓝皮书
陕西社会发展报告（2017）
著(编)者：任宗哲 白宽犁 牛昉
2015年12月出版 / 估价：89.00元
PSN B-2009-136-2/5

陕西蓝皮书
陕西文化发展报告（2017）
著(编)者：任宗哲 白宽犁 王长寿
2015年12月出版 / 估价：89.00元
PSN B-2009-137-3/5

上海蓝皮书
上海传媒发展报告（2017）
著(编)者：强荧 焦雨虹　2017年1月出版 / 估价：89.00元
PSN B-2012-295-5/7

上海蓝皮书
上海法治发展报告（2017）
著(编)者：叶青　2017年6月出版 / 估价：89.00元
PSN B-2012-296-6/7

上海蓝皮书
上海经济发展报告（2017）
著(编)者：沈开艳　2017年1月出版 / 估价：89.00元
PSN B-2006-057-1/7

上海蓝皮书
上海社会发展报告（2017）
著(编)者：杨雄 周海旺　2017年1月出版 / 估价：89.00元
PSN B-2006-058-2/7

上海蓝皮书
上海文化发展报告（2017）
著(编)者：荣跃明　2017年1月出版 / 估价：89.00元
PSN B-2006-059-3/7

上海蓝皮书
上海文学发展报告（2017）
著(编)者：陈圣来　2017年6月出版 / 估价：89.00元
PSN B-2012-297-7/7

上海蓝皮书
上海资源环境发展报告（2017）
著(编)者：周冯琦 汤庆合 任文伟
2017年1月出版 / 估价：89.00元
PSN B-2006-060-4/7

社会建设蓝皮书
2017年北京社会建设分析报告
著(编)者：宋贵伦 冯虹　2017年10月出版 / 估价：89.00元
PSN B-2010-173-1/1

深圳蓝皮书
深圳法治发展报告（2017）
著(编)者：张骁儒　2017年6月出版 / 估价：89.00元
PSN B-2015-470-6/7

深圳蓝皮书
深圳经济发展报告（2017）
著(编)者：张骁儒　2017年7月出版 / 估价：89.00元
PSN B-2008-112-3/7

深圳蓝皮书
深圳劳动关系发展报告（2017）
著(编)者：汤庭芬　2017年6月出版 / 估价：89.00元
PSN B-2007-097-2/7

深圳蓝皮书
深圳社会建设与发展报告（2017）
著(编)者：张骁儒 陈东平　2017年7月出版 / 估价：89.00元
PSN B-2008-113-4/7

深圳蓝皮书
深圳文化发展报告(2017)
著(编)者：张骁儒　2017年7月出版 / 估价：89.00元
PSN B-2016-555-7/7

四川法治蓝皮书
丝绸之路经济带发展报告（2016～2017）
著(编)者：任宗哲 白宽犁 谷孟宾
2017年12月出版 / 估价：85.00元
PSN B-2014-410-1/1

四川法治蓝皮书
四川依法治省年度报告 No.3（2017）
著(编)者：李林 杨天宗 田禾
2017年3月出版 / 估价：108.00元
PSN B-2015-447-1/1

四川蓝皮书
2017年四川经济形势分析与预测
著(编)者：杨钢　2017年1月出版 / 估价：98.00元
PSN B-2007-098-2/7

四川蓝皮书
四川城镇化发展报告（2017）
著(编)者：侯水平 陈炜　2017年4月出版 / 估价：85.00元
PSN B-2015-456-7/7

四川蓝皮书
四川法治发展报告（2017）
著(编)者：郑泰安　　2017年1月出版 / 估价：89.00元
PSN B-2015-441-5/7

四川蓝皮书
四川企业社会责任研究报告（2016～2017）
著(编)者：侯水平 盛毅 翟刚
2017年4月出版 / 估价：89.00元
PSN B-2014-386-4/7

四川蓝皮书
四川社会发展报告（2017）
著(编)者：李羚　2017年5月出版 / 估价：89.00元
PSN B-2008-127-3/7

四川蓝皮书
四川生态建设报告（2017）
著(编)者：李晟之　　2017年4月出版 / 估价：85.00元
PSN B-2015-455-6/7

四川蓝皮书
四川文化产业发展报告（2017）
著(编)者：向宝云 张立伟
2017年4月出版 / 估价：89.00元
PSN B-2006-074-1/7

体育蓝皮书
上海体育产业发展报告（2016～2017）
著(编)者：张林 黄海燕
2017年10月出版 / 估价：89.00元
PSN B-2015-454-4/4

体育蓝皮书
长三角地区体育产业发展报告（2016～2017）
著(编)者：张林　　2017年4月出版 / 估价：89.00元
PSN B-2015-453-3/4

天津金融蓝皮书
天津金融发展报告（2017）
著(编)者：王爱俭 孔德昌
2017年12月出版 / 估价：98.00元
PSN B-2014-418-1/1

图们江区域合作蓝皮书
图们江区域合作发展报告（2017）
著(编)者：李铁　　2017年6月出版 / 估价：98.00元
PSN B-2015-464-1/1

温州蓝皮书
2017年温州经济社会形势分析与预测
著(编)者：潘忠强 王春光 金浩
2017年4月出版 / 估价：89.00元
PSN B-2008-105-1/1

西咸新区蓝皮书
西咸新区发展报告（2016~2017）
著(编)者：李扬 王军　2017年6月出版 / 估价：89.00元
PSN B-2016-535-1/1

扬州蓝皮书
扬州经济社会发展报告（2017）
著(编)者：丁纯　　2017年12月出版 / 估价：98.00元
PSN B-2011-191-1/1

长株潭城市群蓝皮书
长株潭城市群发展报告（2017）
著(编)者：张萍　　2017年12月出版 / 估价：89.00元
PSN B-2008-109-1/1

中医文化蓝皮书
北京中医文化传播发展报告（2017）
著(编)者：毛嘉陵　2017年5月出版 / 估价：79.00元
PSN B-2015-468-1/2

珠三角流通蓝皮书
珠三角商圈发展研究报告（2017）
著(编)者：王先庆 林至颖
2017年7月出版 / 估价：98.00元
PSN B-2012-292-1/1

遵义蓝皮书
遵义发展报告（2017）
著(编)者：曾征 龚永育 雍思强
2017年12月出版 / 估价：89.00元
PSN B-2014-433-1/1

国际问题类

“一带一路”跨境通道蓝皮书
“一带一路”跨境通道建设研究报告（2017）
著(编)者：郭业洲　　2017年8月出版 / 估价：89.00元
PSN B-2016-558-1/1

“一带一路”蓝皮书
“一带一路”建设发展报告（2017）
著(编)者：孔丹 李永全　　2017年7月出版 / 估价：89.00元
PSN B-2016-553-1/1

阿拉伯黄皮书
阿拉伯发展报告（2016～2017）
著(编)者：罗林　　2017年11月出版 / 估价：89.00元
PSN Y-2014-381-1/1

北部湾蓝皮书
泛北部湾合作发展报告（2017）
著(编)者：吕余生　　2017年12月出版 / 估价：85.00元
PSN B-2008-114-1/1

大湄公河次区域蓝皮书
大湄公河次区域合作发展报告（2017）
著(编)者：刘稚　　2017年8月出版 / 估价：89.00元
PSN B-2011-196-1/1

大洋洲蓝皮书
大洋洲发展报告（2017）
著(编)者：喻常森　　2017年10月出版 / 估价：89.00元
PSN B-2013-341-1/1

德国蓝皮书
德国发展报告（2017）
著(编)者：郑春荣　2017年6月出版 / 估价：89.00元
PSN B-2012-278-1/1

东盟黄皮书
东盟发展报告（2017）
著(编)者：杨晓强 庄国土
2017年3月出版 / 估价：89.00元
PSN Y-2012-303-1/1

东南亚蓝皮书
东南亚地区发展报告（2016～2017）
著(编)者：厦门大学东南亚研究中心　王勤
2017年12月出版 / 估价：89.00元
PSN B-2012-240-1/1

俄罗斯黄皮书
俄罗斯发展报告（2017）
著(编)者：李永全　2017年7月出版 / 估价：89.00元
PSN Y-2006-061-1/1

非洲黄皮书
非洲发展报告 No.19（2016～2017）
著(编)者：张宏明　2017年8月出版 / 估价：89.00元
PSN Y-2012-239-1/1

公共外交蓝皮书
中国公共外交发展报告（2017）
著(编)者：赵启正 雷蔚真
2017年4月出版 / 估价：89.00元
PSN B-2015-457-1/1

国际安全蓝皮书
中国国际安全研究报告(2017)
著(编)者：刘慧　2017年7月出版 / 估价：98.00元
PSN B-2016-522-1/1

国际形势黄皮书
全球政治与安全报告（2017）
著(编)者：李慎明　张宇燕
2016年12月出版 / 估价：89.00元
PSN Y-2001-016-1/1

韩国蓝皮书
韩国发展报告（2017）
著(编)者：牛林杰 刘宝全
2017年11月出版 / 估价：89.00元
PSN B-2010-155-1/1

加拿大蓝皮书
加拿大发展报告（2017）
著(编)者：仲伟合　2017年9月出版 / 估价：89.00元
PSN B-2014-389-1/1

拉美黄皮书
拉丁美洲和加勒比发展报告（2016～2017）
著(编)者：吴白乙　2017年6月出版 / 估价：89.00元
PSN Y-1999-007-1/1

美国蓝皮书
美国研究报告（2017）
著(编)者：郑秉文 黄平　2017年6月出版 / 估价：89.00元
PSN B-2011-210-1/1

缅甸蓝皮书
缅甸国情报告（2017）
著(编)者：李晨阳　2017年12月出版 / 估价：86.00元
PSN B-2013-343-1/1

欧洲蓝皮书
欧洲发展报告（2016～2017）
著(编)者：黄平 周弘 江时学
2017年6月出版 / 估价：89.00元
PSN B-1999-009-1/1

葡语国家蓝皮书
葡语国家发展报告（2017）
著(编)者：王成安 张敏　2017年12月出版 / 估价：89.00元
PSN B-2015-503-1/2

葡语国家蓝皮书
中国与葡语国家关系发展报告·巴西（2017）
著(编)者：张曙光　2017年8月出版 / 估价：89.00元
PSN B-2016-564-2/2

日本经济蓝皮书
日本经济与中日经贸关系研究报告（2017）
著(编)者：张季风　2017年5月出版 / 估价：89.00元
PSN B-2008-102-1/1

日本蓝皮书
日本研究报告（2017）
著(编)者：杨柏江　2017年5月出版 / 估价：89.00元
PSN B-2002-020-1/1

上海合作组织黄皮书
上海合作组织发展报告（2017）
著(编)者：李进峰 吴宏伟 李少捷
2017年6月出版 / 估价：89.00元
PSN Y-2009-130-1/1

世界创新竞争力黄皮书
世界创新竞争力发展报告（2017）
著(编)者：李闽榕 李建平 赵新力
2017年1月出版 / 估价：148.00元
PSN Y-2013-318-1/1

泰国蓝皮书
泰国研究报告（2017）
著(编)者：庄国土 张禹东
2017年8月出版 / 估价：118.00元
PSN B-2016-557-1/1

土耳其蓝皮书
土耳其发展报告（2017）
著(编)者：郭长刚 刘义　2017年9月出版 / 估价：89.00元
PSN B-2014-412-1/1

亚太蓝皮书
亚太地区发展报告（2017）
著(编)者：李向阳　2017年3月出版 / 估价：89.00元
PSN B-2001-015-1/1

印度蓝皮书
印度国情报告（2017）
著(编)者：吕昭义　2017年12月出版 / 估价：89.00元
PSN B-2012-241-1/1

印度洋地区蓝皮书
印度洋地区发展报告（2017）
著(编)者：汪戎　　2017年6月出版 / 估价：89.00元
PSN B-2013-334-1/1

英国蓝皮书
英国发展报告（2016～2017）
著(编)者：王展鹏　　2017年11月出版 / 估价：89.00元
PSN B-2015-486-1/1

越南蓝皮书
越南国情报告（2017）
著(编)者：广西社会科学院 罗梅 李碧华
2017年12月出版 / 估价：89.00元
PSN B-2006-056-1/1

以色列蓝皮书
以色列发展报告（2017）
著(编)者：张倩红　　2017年8月出版 / 估价：89.00元
PSN B-2015-483-1/1

伊朗蓝皮书
伊朗发展报告（2017）
著(编)者：冀开远　　2017年10月出版 / 估价：89.00元
PSN B-2016-575-1/1

中东黄皮书
中东发展报告 No.19（2016～2017）
著(编)者：杨光　　2017年10月出版 / 估价：89.00元
PSN Y-1998-004-1/1

中亚黄皮书
中亚国家发展报告（2017）
著(编)者：孙力 吴宏伟　　2017年7月出版 / 估价：98.00元
PSN Y-2012-238-1/1

皮书序列号是社会科学文献出版社专门为识别皮书、管理皮书而设计的编号。皮书序列号是出版皮书的许可证号，是区别皮书与其他图书的重要标志。

它由一个前缀和四部分构成。这四部分之间用连字符“-”连接。前缀和这四部分之间空半个汉字（见示例）。

《国际人才蓝皮书：中国留学发展报告》序列号示例

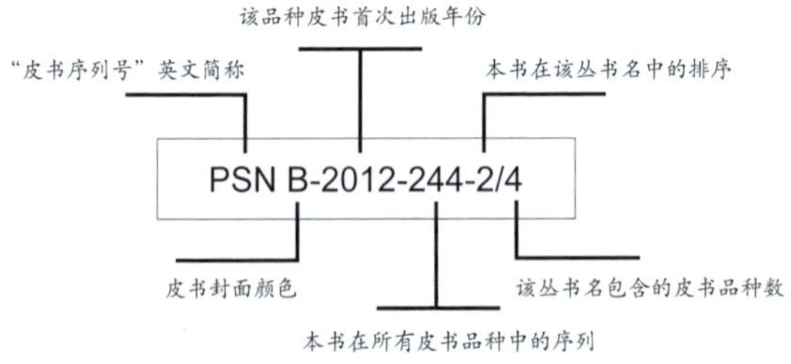

从示例中可以看出，《国际人才蓝皮书：中国留学发展报告》的首次出版年份是2012年，是社科文献出版社出版的第244个皮书品种，是“国际人才蓝皮书”系列的第2个品种（共4个品种）。

皮书起源

“皮书”起源于十七、十八世纪的英国，主要指官方或社会组织正式发表的重要文件或报告，多以“白皮书”命名。在中国，“皮书”这一概念被社会广泛接受，并被成功运作、发展成为一种全新的出版形态，则源于中国社会科学院社会科学文献出版社。

皮书定义

皮书是对中国与世界发展状况和热点问题进行年度监测，以专业的角度、专家的视野和实证研究方法，针对某一领域或区域现状与发展态势展开分析和预测，具备原创性、实证性、专业性、连续性、前沿性、时效性等特点的公开出版物，由一系列权威研究报告组成。

皮书作者

皮书系列的作者以中国社会科学院、著名高校、地方社会科学院的研究人员为主，多为国内一流研究机构的权威专家学者，他们的看法和观点代表了学界对中国与世界的现实和未来最高水平的解读与分析。

皮书荣誉

皮书系列已成为社会科学文献出版社的著名图书品牌和中国社会科学院的知名学术品牌。2016 年，皮书系列正式列入“十三五”国家重点出版规划项目；2012~2016 年，重点皮书列入中国社会科学院承担的国家哲学社会科学创新工程项目；2017 年，55 种院外皮书使用“中国社会科学院创新工程学术出版项目”标识。

中国皮书网

www.pishu.cn

发布皮书研创资讯，传播皮书精彩内容
引领皮书出版潮流，打造皮书服务平台

栏目设置

关于皮书：何谓皮书、皮书分类、皮书大事记、皮书荣誉、
皮书出版第一人、皮书编辑部

最新资讯：通知公告、新闻动态、媒体聚焦、网站专题、视频直播、下载专区

皮书研创：皮书规范、皮书选题、皮书出版、皮书研究、研创团队

皮书评奖评价：指标体系、皮书评价、皮书评奖

互动专区：皮书说、皮书智库、皮书微博、数据库微博

所获荣誉

2008 年、2011 年，中国皮书网均在全国新闻出版业网站荣誉评选中获得“最具商业价值网站”称号；

2012 年，获得“出版业网站百强”称号。

网库合一

2014 年，中国皮书网与皮书数据库端口合一，实现资源共享。更多详情请登录 www.pishu.cn。

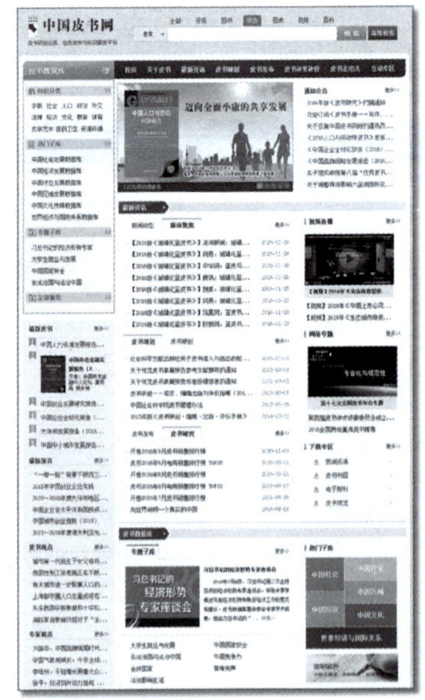

权威·前沿·原创

皮书系列为
“十二五”“十三五”国家重点图书出版规划项目

目　录

Ⅰ　总　论

Y.1　纷繁复杂世界背后的机理 …………………………… 张宇燕 / 001

Y.2　2015～2016年全球政治与安全形势：分析与展望

…………………………………《全球政治与安全报告》课题组 / 007

Ⅱ　世界格局与国际安全

Y.3　大国关系进入"新常态" …………………………… 王鸣鸣 / 017

Y.4　主要国家国力与影响力变化及评价（2015～2016年）

…………………………………………………………… 李隽旸 / 034

Y.5　全球重大武装冲突和军事形势评估（2015～2016年）

…………………………………………………… 徐　进　贺　杨 / 056

Y.6　中国周边安全形势评估（2015～2016年） …………… 王　雷 / 073

Ⅲ　全球问题与全球治理

Y.7　网络空间国际治理的新动向 …………………………… 郎　平 / 089

Y.8　全球能源政治（2015～2016年）………………………… 薛　力 / 104
Y.9　全球恐怖主义与反恐怖斗争（2015～2016年）………… 邵　峰 / 122
Y.10　2016年全球难民与移民问题…………………………… 杨靖旼 / 136
Y.11　全球反腐回顾与动向（2015～2016年）……………… 彭成义 / 154

Ⅳ　专题·热点

Y.12　美国总统大选：选情特点与影响因素 ………………… 王鸣鸣 / 168
Y.13　中国海外利益维护（2015～2016年）………………… 刘　玮 / 182
Y.14　中菲仲裁案后南海问题的走向 ……………………… 徐晏卓 / 200
Y.15　英国脱欧及其影响 ………………………………… 任　琳 / 212
Y.16　西亚北非局势：全面动荡与阵营重组（2015～2016年）
……………………………………………………………… 肖　河 / 225
Y.17　2016年联合国秘书长遴选：特点与影响………………… 李东燕 / 240

Ⅴ　国际关系研究与智库

Y.18　国际关系研究：热点与新进展 ……………… 袁正清　董　贺 / 254

Abstract ……………………………………………………………… / 269
Contents ……………………………………………………………… / 270

皮书数据库阅读**使用指南**

总　　论

Introduction

Y.1
纷繁复杂世界背后的机理

张宇燕*

摘　要：当今世界，纷繁复杂、乱象丛生。在这些貌似相关性不大的事件或现象背后，隐藏着一些相互关联且带有某种共性的原因或机理。今天，我们需要一台观察日趋复杂、形态多样、变化万千之世界的新 X 光机，以帮助我们精准确定问题所在并对症下药，从而实现在追求国家利益最大化目标的同时最大限度地增进全人类福祉。在此尤为值得一提的是，乱象或难题的出现，既是对现有理论的挑战，也是理论创新的绝佳时机。

关键词：全球化　国际规则　特朗普　贸易保护主义　民粹主义　主要大国　全球治理

* 张宇燕，经济学博士，中国社会科学院世界经济与政治研究所研究员、所长，博士研究生导师，主要研究领域为制度经济学、国际政治经济学等。

当今世界给人的感觉是纷繁复杂、乱象丛生。巴西总统受弹劾下台并引发政坛动荡，土耳其军事政变流产，印尼突现市民暴动，“伊斯兰国”在中东持续肆虐，叙利亚内战久拖不决，欧洲难民危机，法国和比利时遭到恐怖主义袭击，英国公投脱欧，美国总统大选剑拔弩张、诡异非凡，美俄之间死灰复燃的冷战似乎将随着特朗普当选而出现转机，中美在亚太的角力因南海仲裁案而愈发扑朔迷离，菲律宾与马来西亚对美政策随后又突然转向，世界经济萎靡不振，反全球化呼声分贝日升，等等，是我们在过去的一年内的所见所闻。在这些貌似相关性不大的事件或现象背后，隐藏着一些相互关联且带有某种共性的原因或机理。

在令人眼花缭乱的技术进步的时代，在因技术进步而享受到物质福利显著提高的世界，人们自然而然地看重科学和理性，以致部分人愈发笃信这样一个假定，即认为随着科技发展和物质生活水平的提高，人们的幸福感或满足感会越来越强，很多社会问题以及国际关系难题亦将随之逐步解决。与此同时，有些人尤其是宗教感下降或长期生活在非宗教环境中的人，对宗教信仰在个人或族群中的意义与影响严重低估，甚至认为宗教情怀浓重的人行为是非理性的或是“疯狂的”。然而，这种基于理性主义或科学主义的政策制定与实施在现实面前遇到严峻挑战，建立在其上的社会经济和国际关系理论的解释力也在迅速下降。这种试图用基于理性主义的中短期政策去解决存在了上千年的宗教问题的努力，尤其是在掺杂了一己私利的情况下，收效甚微抑或适得其反，这可以被视为当今世界诸多乱象背后的原因之一。

人口变迁是我们理解世界变化的一个重要维度。日美欧等发达国家和地区和中国等发展中国家人口老龄化趋势日益强化，其中日本人口数量已开始下降，预计 30 年后 65 岁以上老人占比将达到 39%。人口老龄化的直接影响首先是消费不足，其次是思想趋于保守，再次就是劳动力短缺和劳工成本上升，最后是财政压力增加。主要国家和地区内部族群及信教人口结构变化正向质变接近。欧洲现有 5000 多万穆斯林，荷兰和比利时新生婴儿的 1/2 出生于穆斯林家庭。按目前的人口增长速率推断，2050 年前后法国和德国都将成为穆斯林人口过半的国家，美国的穆斯林人口亦将超过 5000 万。上述数字构成了欧洲难民危机和特朗普移民政策的大背景。一些发展中国家人口出生率甚高，同时教育、营养、医疗和就业机会又不能满足新增人口需要，导致了大量就业技能欠缺的青年长期处于失业状态，这已成为社会稳定的巨大隐患。

收入分配和财富不平等加剧是我们观察和理解当今世界变局的另一个重要切入点。虽说人类经历了第二次世界大战后经济快速增长，特别是经历了20世纪90年代以来经济全球化狂飙时期带来的普遍繁荣，但基尼系数达到了0.71的历史高度，凸显国家间的贫富差距。发达国家内部近几十年来收入差距亦明显加大。2015年，美国中产阶级占成年人总数的50%，远低于1971年的61%；同期其收入占比更是从62%降至43%。尽管把收入差距扩大简单归结于经济全球化稍显武断，但伴随经济全球化而来的全球分工与贸易收益远未普惠大众，确是不争的事实。发展中国家在全球价值链内中低端位置不断固化，发达国家内部利益受到全球化冲击的群体没有得到相应补偿，因收入差距和战乱引起的人口从穷国向富国的流动，大体可以解释贸易保护主义和民族主义的明显升级。包容增长近来成为一个关键词的原因亦在于此。

如果能够不断地做大蛋糕，见到别人状况改善后相信自身状况会随之改善的“隧道效应”便会起作用。然而当今世界的一大难题在于做大蛋糕的根基受到侵蚀，即劳动生产率增长极其缓慢，进而导致全球经济长期低迷。发达国家劳动生产率年均增长从20世纪70年代的4%降到如今的1%，发展中国家同样从2000年的4%以上降至今天的1.5%。生产率增速放缓的原因除了重大科技创新鲜见外，还在于导致阻碍技术创新与扩散的各国内部市场集中和垄断、全球贸易投资保护主义升级、教育水准停滞不前甚至下降、劳动力市场日益僵化以及预期利润率降低引发的投资不振。今年（2016年）9月初召开的G20杭州首脑峰会上，各位代表把注意力从短期政策转向倚重促进技术和体制机制创新的中长期政策，主要目的就在于通过提高劳动生产率来引导全球经济走上正轨。然而大家心里都明白，此目标的最终实现远非一日之功。

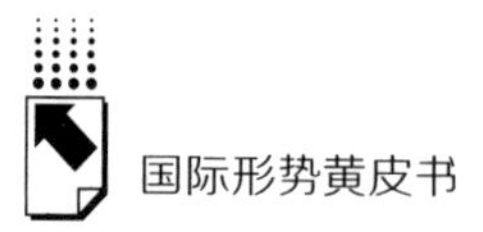

人们通常认为，科技创新是人类社会进步的标志，因为它能够提高劳动生产率，增进福利水平，改善生存环境。但同时要看到，科技创新给人类带来的不确定性和破坏性至少在某些特定历史时期是巨大的。在近几十年的各种技术进步中，对人类生活和思维方式影响最大的当推信息技术。信息技术的迅猛发展，极大地拓展了人们获取信息的渠道，促进了各种价值观念和思想意识的传播，便利了人们之间的交往和集体行动的形成。尤显重要的是，个人、阶层、群体乃至国家的权利意识随之得到了大幅度提升，人们的利益所在也变得更加清晰，诉求的实现变得更加迫切。甚嚣尘上的贸易保护主义，狭隘民族主义和民粹主义的交织融合，极端宗教主义势力的猖獗蔓延，在相当程度上和受到信息技术进步大力推动的权利意识觉醒与利益诉求强化密切相关。全球网络化也让世界开始暴露于网络战争的威胁之下。

西方标榜并推行自我定义的自由民主人权，有其深刻的历史、宗教和社会政治经济原因。应该讲，在某些历史阶段，其国家利益在此基础上确实得以维护与增进。那时的党派竞争尽管激烈，但整个精英阶层对国家赖以生存和发展的基本理念或行为准则尚有共识。然而，随着时间的推移，制度变得日趋极端且僵化，并造就了形形色色的既得利益群体。于是，在选举政治的不断强化下，西方尤其是美国精英阶层开始在一些根本性问题上裂痕加深：个人权利与国家职责孰重孰轻，自由竞争与政府干预孰强孰弱，国内发展与国际责任孰先孰后，以及如何处理与中国等新兴大国之间的关系。美国与欧洲国家右翼势力的迅猛崛起，具有不同利益诉求者之间的绝不妥协，民众对国家权力机构的高度不信任，国际社会对工业化大国难以兑现承诺表示失望与不满，向世人展示的恰似一幅西方自由民主人权一步步迈向死胡同的画面。

主要大国力量对比持续变化是使地缘政治与地缘经济呈现动荡局面的基本变量。在最近的 5 年间，中国的 GDP 从与日本旗鼓相当到是其两倍多并达到美国的 60%。即便按照包括了人力资本、物质资本和自然资本在内的“包容财富”来计算，尽管差距仍旧巨大，但中国追赶美国的速度也是惊人的。以美国为首的发达国家集团的综合实力已进入顶峰平台期，缓坡下行也成为基本态势。做出这一判断的主要依据之一是工业化国家普遍面临的财政困难。财政状况好坏不仅直接关系到本国民众福利，拓展或限制政治家的政策选择空间，还直接影响一国尤其是大国或国家集团的对外政策实施。美国在中东等地的战略收缩，俄罗斯敢于在叙利亚与美国针锋相对，菲律宾和马来西亚在中美之间两头下注，其背后都有财政压力的影子。奥巴马政府奉行的重返亚太政策，至少部分原因在于美国已经在财政上玩不起目前的游戏了。

在一个相互依存度不断上升的时代，全球问题层出不穷，而处理全球问题的全球治理却存在不足或缺失。同时，表现为国际规则或全球秩序的全球治理，其“公共”程度或“中性”程度也远未达到令人满意的状态。不存在世界政府、各国均以最大化自身利益为对外政策目标、全球公共产品提供过程中如影相伴的搭便车激励或集体行动难题等，基本上可以回答全球治理赤字和全球治理非中性问题。作为全球经济治理最重要的平台，G20 发挥了极为独特的作用，然而它所取得的成果与全球问题的妥善解决仍距离尚远。各国为自身利益而不惜损害全球利益的现象比比皆是。从 2008 年开始，每次 G20 峰会都向世界表露出坚定且明确的反对贸易保护主义的决心，但展现在世人面前的，是 2015 年全球新增贸易限制措施达到创纪录的 736 项，排在前 10 位的国家占总数的 81% 且均为 G20 成员，而最大受限国是中国。

接下来要问的问题是世界将去向何方。关于未来，有人说唯一可以确定的就是不确定。这句话有部分道理。明年 1 月将宣誓就职的特朗普总统能否弥合大选所宣泄出来的种族、宗教、治国理念上的对立，能否化解国际社会对美国新政府的疑虑并弱化负面的政策溢出效应，已经成为当下世界最大的不确定性。明年德国和法国还有韩国的大选是否会有美国大选式的戏剧性、对立性和诡异性实属未知，其中涉及的问题和引发的后果，可能堪比美国。即便“伊斯兰国”作为组织很可能在多方合力打击下受到重创，但其精神或信念则不会随之败落，没有人能清楚知道它或其他组织谋划的恐怖主义袭击会在世界哪一座城市实施。世界史无前例的高债务水平，二战后无出其右的持续低缓复苏，主要经济体前所未有的狭小政策空间，使得无人敢于断言

2017 年全球或某个地区不会爆发金融危机或出现经济衰退。

在充满不确定性的世界中，有些东西还是确定的或确定性程度较高的。除了上面谈及的各种观察外，还有如下四点更具一般性的趋势。首先，尽管我们无法排除爆发地区或局部战争的可能性，但主要大国之间爆发全面冲突是不可想象的，它们之间相互尊重、共谋和平发展已经成为一种宿命。其次，以世界各国间相互依存度提升为标识的全球化进程将继续，不过全球化之路已经过了宽阔平坦、两旁长满鲜花绿树的路段，贸易与投资保护主义将成为经济全球化的主要掣肘因素。再次，大国之间力量对比的演化将继续，工业化国家相对实力下降，新兴国家力量上升，其影响会以不同的方式在各种国际和全球事务上反映出来。最后，发展中国家以工业化国家为榜样的现代化和城市化进程将继续前行，并将长期面临巨大的生态与环境压力，践行联合国 2030 年可持续发展目标是唯一可行且有效的现代化路径。

描述和理解世界需要理论和分析工具。在一个加速变化的世界，既有的理论分析至少在某些领域已经难以肩负起解释对象世界的重担。在本次美国总统大选面前，流行的政治学与大众传播学理论显得苍白单薄；在此起彼伏的恐怖主义袭击和全球治理赤字面前，现存的国际关系理论显得力不从心。人们在追求 GDP 增长率的时候，“突然”发现所付出的环境和生态成本已经高到了无法承受的程度，以至于不得不考虑用包含生态环境之福利影响在内的衡量指标来替代 GDP。变化的世界要求我们更新旧有理论、创造全新理论。今天，我们需要一台观察日趋复杂、形态多样、变化万千之世界的新 X 光机，以帮助我们精准确定问题所在并对症下药，从而实现我们在追求国家利益最大化目标的同时最大限度地增进全人类福祉。在此尤为值得一提的是，乱象或难题的出现，既是对现有理论的挑战，也是理论创新的绝佳时机。

Y.2
2015～2016年全球政治与安全形势：分析与展望

《全球政治与安全报告》课题组*

摘　要：2015～2016年，全球政治与安全形势基本延续了上一年态势，热点地区的冲突与对抗更加激烈，地区局势动荡不安；大国博弈、教派冲突、恐怖主义等多种力量交织在一起，国际局势错综复杂、波诡云谲。大国关系格局未变，美国作为唯一的超级大国，实力占据绝对优势，"多强"座次正在演变分化；中美关系冲突与合作并进，中俄全面战略伙伴关系的内涵和外延进一步扩大，美俄关系则再度走低，对抗态势明显。中国周边安全形势"危"与"机"共存，朝鲜半岛局势面临重要节点，东海形势风险犹在，南海争端或进入缓和通道，中国特色的大国外交大有可为。

关键词：国际安全形势　大国关系　世界格局　西亚北非　中国周边形势

2016年，全球政治与安全形势基本延续了上一年态势，炮火和硝烟仍在，合作与对话也在继续。但是，不得不承认，全球冲突与热点地区不仅没有降温，反而烽火四起，有愈演愈烈之势。在复合相互依赖程度日益加深的

* 本文参考了本书相关分报告，执笔人郎平，并由张宇燕修改定稿。郎平，中国社会科学院世界经济与政治研究所副研究员。

今天，大国博弈、教派冲突、恐怖主义等多种力量、多种议题相互交织，溢出效应愈发明显，使得诸多热点变成一团乱局，复杂难解。英国脱欧和特朗普当选，无不说明持续半个多世纪之久的全球化进程正在进入一段艰难的时期。正因为如此，建立必要的大国协调机制、发挥地区和国际多边多层次合作对话机制的作用才显得尤为迫切和重要。

一　全球安全形势与热点问题

2015 ~2016 年度，全球重大武装冲突的数量与上一年度相似，冲突地区仍然集中在中东、南亚、东欧和非洲东北部，主要表现为打击极端恐怖主义和国家内部冲突，因而武装冲突的参与主体仍然是主权国家、极端组织和反政府武装。国际打击“伊斯兰国”行动激战正酣，叙利亚和也门内战久拖不决，乌克兰危机僵持不下，全球武装冲突的激烈程度有所增加，各交战方和利益相关方之间的矛盾继续激化。与此形势相关，世界军费开支出现小幅上升，中东、中东欧及亚太地区军费开支有所增长；在北约与俄罗斯接壤地区以及东海、南海等利益碰撞核心区域，双边和多边军事演习的频繁举行加剧了地区紧张局势；美国和俄罗斯等国家相继推出国防安全新战略，在追求军事装备现代化的同时，着眼于网络、太空等新高地的军事布局。

（一）西亚北非地区进入全面动荡和阵营分化重组

本年度安全形势的最大热点仍然集中在西亚北非地区。令人遗憾的是，该地区的安全形势不仅未能好转，反而陷入冲突持续扩大的全面动荡的时期。一方面，叙利亚、利比亚、伊拉克等地的内战趋于长期化，也门内战沦为代理人战争，和平遥遥无期。另一方面，美伊核协议进一步激化了以沙特为首的逊尼派阵营和以伊朗为首的什叶派阵营的矛盾，沙特和伊朗之间的冲突加剧，土耳其、埃及以及海湾国家内部政治社会危机升级，各国都在调整政策，争取更大的地区影响力，陷入阵营重组的一场混战。从区域外国家来看，美国战略收缩的态势非常明显，美国与沙特、以色列、土耳其和埃及等传统盟友的向心力逐渐减弱，俄罗斯军事介入打击“伊斯兰国”行动以换取与美欧在乌克兰危机上的讨价还价筹码，使得该地区的矛盾和冲突愈发尖锐和复杂。

从动因来看，国际能源价格下跌，美国、俄罗斯、欧盟等国家和组织的战略调整以及国际反恐行动中的大国博弈，是西亚北非局势陷入全面动荡的外部因素，而深层次原因则在于区域国家内部长久积淀下来的经济和社会结构矛盾。因此，西亚北非局势在短期内很难看到转机，动荡的局面恐将在较长一段时期内持续。

（二）恐怖主义阴影笼罩欧洲大陆，极端主义势力向全球蔓延

2016年是“9·11”事件15周年，国际反恐斗争也持续了十余年，但是恐怖主义仍然在全球肆虐，其活动主要集中在中东、阿富汗和巴基斯坦、尼日利亚及周边地区。利比亚、索马里、也门、乌克兰东部、印度、孟加拉国、菲律宾等也遭受着严重的恐怖主义威胁。与此同时，2016年7月，在法国南部城市尼斯，美丽的天使湾见证了一起导致80余人死亡的恐怖袭击事件。从巴黎到布鲁塞尔，从伊斯坦布尔到尼斯，欧洲大陆俨然已经成为恐怖主义袭击的新目标。由此，国际恐怖主义袭击正在呈现一个高发的态势，“伊斯兰国”、“基地”、“博科圣地”和“塔利班”的威胁最为突出。值得关注的是，“伊斯兰国”在伊拉克和叙利亚渐成颓势之后，加速向其他战乱地区渗透，利比亚沿海、阿富汗东部以及也门都可能沦为新的恐怖策源地，[①] 特别是利比亚具有得天独厚的地理位置和丰富的能源，国内冲突的混乱局面使其很有可能成为“伊斯兰国”的新根据地。

对于本就颇多嫌隙的国际反恐合作而言，大国博弈、地缘政治、教派与民族冲突等方面的利益考量，常常与反恐斗争纠缠在一起，削弱了国际反恐斗争的实际效果。在科技飞速发展的今天，信息技术与核生化武器同样给恐怖主义提供了新的助力，给国际社会带来了巨大的威胁和挑战。如何标本兼治，逐步消除恐怖主义的“种子”和“生存土壤”，才是摆在国际社会面前的严峻问题。

---

① 郭晓兵：《国际反恐进入新阶段》，《人民日报》2016年5月6日，第23版。

（三）难民危机溢出效应明显，危机迁徙成全球治理中的棘手难题

自 2015 年欧洲遭遇数十年来最严峻的难民危机以来，如何应对大规模难民与移民流动就成为一个全球性热点问题，被国际社会广为关注。由于世界各地的炮火不断，因战争、迫害、暴力和侵犯人权行为而被迫迁徙的人数在本年度再创新高，2015 年高达 6530 万人，与 1996 年相比增长了 75%。截至 8 月 24 日，2016 年从陆路与海路到达欧洲的移民与难民已超过 28 万人。在迁徙过程中丧生的人数仍在持续上升，主要集中在地中海、南非、中东和非洲之角地区，特别是被称为迁徙海上死亡之路的地中海地区，丧生者和失踪者占全球数量的 78%，同比增长 28%。[①] 面对如此严峻的人道主义危机，2016 年 9 月，联合国大会通过了《关于难民和移民的纽约宣言》，推动建立一个多方参与的难民问题全面响应框架，并将启动政府间谈判进程，目标是在 2018 年达成一项安全、有序和正常移民的全球契约。[②]

尽管如此，难民和移民问题的溢出特性，使它不仅仅是人道主义议题，更是一个政治、经济、社会和外交难题，这也意味着它将是全球治理中最大的集体行动难题之一。从欧洲应对难民问题的冲突和分歧来看，在当前全球经济低迷的态势下，民粹主义思潮席卷欧洲，宣扬专制主义的政党在欧洲政坛兴起，反移民倾向在欧美等发达国家日渐显著。由此不难判断，未来全球难民和移民问题的谈判进程将会非常艰难。

二　大国关系与世界格局

大国关系与世界格局的变动趋势相一致，其背后依托的是主要国家综合国力的变化。对美国、英国、法国、德国、日本、中国、俄罗斯、印度和巴

① Marco Procaccini, "Two children drown every day on average trying to reach safety in Europe," February 19, 2016, http://www.unhcr.org/56c707d66.html.

② 《难民和移民问题峰会通过政治宣言，国际移民组织加入联合国系统》，新华社（世界），2016 年 9 月 19 日，http://www.yicai.com/news/5108206.html。

西等9个国家的国力和影响力评估发现，“一超多强”仍然是当今世界格局的主要特征，美国的超级大国地位依然稳固，而“多强”的座次则正处于演变分化进程之中：欧洲老牌强国经济表现疲软，影响力下滑；中国和印度经济表现出色，但在软实力方面还不尽如人意；俄罗斯资源禀赋和军事能力一流，可惜经济不景气拖了后腿。在此背景下，世界格局的多元化趋势不可逆转，大国关系虽然没有出现结构性的变化，却表现出更加错综复杂的利益博弈，正应了那句“没有永远的朋友，只有永远的利益”的老话。

（一）中美关系的两面性——冲突与合作并进

在当今大国关系中，中美关系的重要性不言而喻，其冲突与合作并进的两面性也始终是两国关系在数年中的最好写照。本年度也是如此。东南海岛礁纠纷和“萨德”反导系统入韩凸显了中美地缘政治的利益碰撞，网络安全、TPP和人权等问题揭示出中美对国际秩序和规则主导权的争夺，而应对气候变化《巴黎协定》的签署以及伊朗核问题上的协作则展现了两国间合作的共同利益。在当前中美结构性矛盾的既定背景下，战略互疑作为一种客观存在，需要两国谨慎应对。正是因为适度冲突的存在，沟通与合作才具有现实的意义。2016年9月，中美两国首脑在G20杭州峰会上达成的35项成果清单，涵盖了中美关系以及共同关心的重大国际地区和全球性问题。这些共识尽管不能打破笼罩在两国关系上空的战略互疑氛围，但是在确保中美关系总体稳定的主流方面有着积极的作用。迄今为止，中美战略对话、经济对话以及人文磋商机制是中美合作机制中三个重要的支柱，如何通过现有机制认真对待和妥善处理双方的分歧，如何把分歧转变为合作的动力和起点，才是摆在两国决策者面前的首要选项。

（二）中俄全面战略协作向纵深发展

中俄关系可谓是大国关系中“全面战略协作伙伴关系”的一个典范。2016年6月，俄罗斯总统普京访华期间签署的三个联合声明，更是将两国的战略协作进一步深化，既总结和规划了两国关系下一步的发展，也协调了双方在全球战略稳定和网络空间的政策立场。在过去一年中，中俄两国在南海、朝鲜半岛等地缘政治热点问题上共同发声，在经贸、能源、航空航天领域推进务实合作，在军事合作领域联合军事演习，大力推进民间交往，在多个层面上构建两国战略协作伙伴关系的支柱。值得一提的是，建立在“不结盟、不对抗、不针对第三方、不意识形态化”四项原则基础上的中俄关系，既是两国全面战略协作关系得以向纵深发展的基础和前提，也意味着两国之间的协作是基于利益需求的一种主动性合作，而不是强制性的责任和义务。换言之，中俄关系在具有更大灵活性和发展空间的同时，应特别注意将两国的合作领域机制化，谨慎管控两国间的不同利益，避免冲击两国关系的整体布局。

（三）美俄关系中冲突因素持续上升

冷战结束之后的美俄关系在经历了短暂的回暖之后，似乎正在重新回归对抗的窠臼，双边关系中的冲突因素持续上升。2016 年，俄罗斯与美国在伊朗核问题上短暂的回暖早已不见踪影，而在北约东扩、反导系统、乌克兰以及克里米亚等问题上的战略冲突仍然占据两国关系的主流。2016 年 10 月，美俄关系迅速恶化，美国中止了两国有关叙利亚停火问题的谈判，俄罗斯宣布暂停履行美俄核能科研合作协议。随后，俄罗斯证实已将可携带核导弹运抵加里宁格勒地区，将矛头直指美国打造的欧亚导弹防御系统。俄罗斯国防部副部长尼古拉·潘科夫在国家杜马表示，俄国防部正在研究回到古巴和越南的可能性。[①] 种种迹象表明，俄罗斯与美国之间正在陷入一场新的冷战。两国之间的地缘战略冲突使然。北约东扩和美国主导的欧亚导弹防御系统已经触及俄罗斯维护其传统势力范围的战略红线，俄罗斯已经退无可退。但是，与冷战时期相比，美俄关系不可能再“踏入同一条河流”，在相互依存的全球化时代，大国间的全面对抗已经不可能实现，而冷战变成“热战”的风险也大大降低，沟通与对话仍然是美俄关系改善的唯一出路。

---

① 《美俄关系恶化：俄方称正在研究重返古巴和越南》，观察者网，2016 年 10 月 7 日。

（四）英国脱欧终成现实，“逆全球化”现象积水成溪

第二次世界大战结束之后，肇始于西欧的一体化进程在随后的半个多世纪扩散至世界的每个角落，科技革命和自由贸易成为区域一体化和经济全球化进程的重要推手，而欧盟始终被认为是将一体化和全球化付诸实践的成功典范。然而，欧盟东扩以来，欧盟国家并没有伴随着一体化进展的加深而享受到更多的“俱乐部”福利，反而因陷入金融危机、难民危机难以脱身。在这种背景下，英国脱欧既有英国国内民粹主义抬头、巨额参与成本所带来的经济压力、首相卡梅伦失算等原因，也与欧盟当前遭遇的债务危机和移民难民危机有直接关系。英国脱欧所带来的地区和全球影响是多方面的，就欧洲一体化而言，尽管它可能会触发欧盟的离心力倾向，损害国际社会和欧洲国家对欧洲一体化的信心，但是欧洲的一体化进程并不会因此而出现逆转，它可能进入一个道路不平坦的调整期，以度过当前的经济和政治困境。同时也应该看到，英国脱欧所折射的“逆全球化”现象并非一朝一夕之功，它在客观上揭示出全球化进程中所积累的矛盾和冲突，以及全球化进程不可能无限向前推进的客观事实。尽管世界格局的多元化趋势不会逆转，但是如果不能解决当前经济全球化与主权国家和无政府状态之间的矛盾，全球化进程势必会有所放缓。

三　中国周边形势与外交

与国际环境直接相关，中国的周边安全形势大局可控，但局势愈加复杂多变，对抗与消极因素明显上升。东海、南海、朝鲜半岛局势持续紧张；在中亚和南亚，周边国家政局动荡，恐怖组织、极端宗教势力对我边界渗透压力增大；中日关系僵局虽有所松动，但依然保持对抗态势，中韩关系因“萨德”入韩走入低谷，而日韩、日俄关系均有所回暖。由于美国继续强化亚太“再平衡”战略和直接介入南海争端，中美在亚太的竞争性和对抗性明显加剧。面对如此错综复杂、“危”与“机”并存的周边安全环境，中国外交大有可为。

（一）南海仲裁案翻页，多方博弈汇聚海洋权益与秩序之争

持续数年的南海争端本年度的最大插曲是菲律宾就南海争议海域向海牙的常设仲裁法院对中国单方面提起诉讼，在 2016 年 7 月 12 日所谓最终裁决公布之前，国际舆论给予中国政府极大的压力，但在结果公布之后，菲律宾、东盟声索国、东盟国家和美国等各方的态度反而趋于缓和克制。如果说仲裁结果公布之前，各方的态度和立场体现了海洋权益和海洋秩序的规则之争，那么之后的立场则显露出各方在南海问题上避免局势失控的政策红线。10 月 18 日，菲律宾新任总统杜特尔特应邀对中国进行国事访问，明确表示坚持通过双边对话解决南海问题，反对他国插手，争取实现南海问题“软着陆”。[①] 作为挑战中国南海政策的急先锋，菲律宾自 2011 年以来的诸多军事挑衅严重恶化了南海局势，以牺牲中菲两国政治关系和经济合作为代价选择了向美国靠拢。那么在 5 年之后，菲律宾政府的政策转向虽然并不等于南海争端就此能够平息，但至少说明在成本与收益的理性权衡面前，只有通过合作与对话才能更好地维护国家利益，实现共赢的结果。以此为契机，南海争端有望在 2017 年进入沟通与对话的缓和通道。

（二）朝鲜年内两次核试验，朝鲜半岛局势持续恶化

朝核问题起源于 20 世纪 90 年代，2003 年开启北京六方会谈之后，朝鲜曾经在 2005 年和 2009 年两度退出六方会谈，朝鲜核问题陷入僵局。2011 年金正恩上台执政，朝鲜的核试验立场日趋强硬，继 2015 年宣布拥有“氢弹”之后，2016 年已经完成了两次核试验，并且很有可能在 2017 年再进行两次核试验。[②] 从朝鲜方面看，核试验有助于提升其军事实力和威慑力，维持半岛军事平衡，同时增加其与美国讨价还价的筹码，实现朝美双边对话。

---

① 《菲律宾总统：坚持与中国双边对话解决南海问题》，中新社（马尼拉），2016 年 10 月 17 日。

② 《朝鲜“脱北”外交官：朝鲜计划明年年底前再完成两次核试验》，《国际在线》2016 年 10 月 17 日。

从地区和国际层面看，朝鲜的一意孤行加剧了半岛的安全局势。韩国决定接受“萨德”入韩的立场转变更是打破了原有的地区力量均衡，不仅导致中韩关系陷入困境，更是为美国强化美韩日同盟和半岛军事存在提供了便利，将其反导系统直接部署到了中俄两国的家门口。然而，到目前为止，国际社会在朝鲜半岛核问题上仍然缺乏有效的应对措施，联合国的谴责声明和制裁手段作用也非常有限。如果相关国家不能够在朝鲜核问题上协调立场，采取共同行动，遏制朝鲜的核试验势头，那么朝鲜半岛的局势很有可能会继续恶化，打破现有的地区力量平衡，危及地区安全和稳定。

（三）力推中国特色大国外交，中国外交多点开花大有可为

中共十八大以来，中国大力推行中国特色大国外交，如今其全球外交布局已经清晰可见。依托“亲诚惠容”的周边外交，中国积极参与各种全球、地区和跨地区的多边机制，展开活跃的首脑外交和大国外交，结合与时俱进的理念和制度创新，向世界展示了一个负责任的大国形象。2016年，中国继续推进“一带一路”倡议与各国战略对接，成功举办了G20杭州峰会；中国国家主席习近平在多个重要的国际场合发表讲话，阐述中国的治国理念，提出建立“共同体”的倡议；在棘手的热点问题上，通过积极进取的外交途径，化解了南海仲裁案对中国的不利影响，化被动为主动，为中菲关系的回暖打开了方便之门；在中美关系中，积极将分歧点（如网络安全问题）转变为合作契机，就打击网络犯罪展开高级别对话；在中日关系中，不盲目拒绝合作，但是以国家利益为尺度坚定地固守底线。当然，在当前错综复杂的国际形势和周边安全局势下，中国外交面临的更多是挑战，特别是如何将诸多外交理念落到实处，如何打消“中国威胁论”的担忧，如何能在全球治理规则的制定博弈中获得应有的话语权。最重要的是，中国外交要讲好中国故事，不仅要明确自身的利益诉求，更应该做到知己知彼，对于国际社会的批评和建议，尤其是中肯和建设性的提议，无论是否采纳，都应该以国家利益为标准，认真聆听并做出坦诚回应。

结　语

回顾过去一年的全球政治与安全形势，西亚北非持续多年的炮火依旧，地区力量格局重新洗牌；债务危机、难民危机和恐怖主义的影响笼罩欧洲大陆，点点滴滴侵蚀着欧洲的影响力；朝鲜核试验令半岛局势再度紧张，触发大国间又一轮博弈；东海、南海争端未决，军事对抗风险依然存在；美国大选尚在进行，世界唯一超级大国的政策走向充满不确定性。这些冲突和消极因素的上升大大冲淡了《巴黎协定》这种彰显全球合作力量的成就。在“冲突与对抗因素明显上升、大国间利益相互交织和碰撞、国际合作与全球治理难度加大”的国际背景下，中国迎来了“十三五”规划的开局之年，同时也开启了中国外交的新阶段，一方面，中国应坚决维护自身的安全利益和发展利益，为“十三五”规划的顺利实施和全面建成小康社会营造更加有利的外部环境；另一方面，积极参与全球事务，为全球治理规则的制定贡献中国方案，提供更多的全球公共产品，也是中国特色大国外交的重要内容。

世界格局与国际安全

World Patterns and International Security

Y.3

大国关系进入“新常态”

王鸣鸣*

摘　要：2016年，中俄全面战略协作伙伴关系达到了前所未有的新高度，在相互支持方面有了新进展，三个联合声明的签署充分反映了当前中俄关系的密切程度和双方立场的高度一致。中美矛盾聚焦东南海岛礁纠纷和“萨德”系统进入韩国，严重损害了两国关系的总体氛围，但两国在其他领域的合作还在继续。中美需要拿出切实可行的方案给热点降温，同时让舆论氛围有利于释疑解惑。美俄在反导、网络等问题上相互指责，互相炫耀武力，对立态势未改。究其原因，一是北约东扩损害了俄罗斯的战略利益，二是乌克兰危机和西方对俄制裁，三是美国在俄周边部署反导系统。

* 王鸣鸣，中国社会科学院世界经济与政治研究所研究员，主要研究领域为外交决策。

总之，2016年，中俄关系迈上新台阶，中美在东亚的对立危害两国关系大局，美俄地缘政治矛盾突出，三大国关系未有改观，进入“新常态”。预计美国新政府上台前期的外交政策会使中美关系的矛盾更多聚焦于经贸领域；而美俄关系在氛围上有所改观，但在欧洲和中东的战略竞争态势不易逆转。

关键词：　中俄关系　中美关系　美俄关系　战略互疑　舆论氛围

回顾2016年大国关系，中俄之间保持了过去几年伙伴协作、彼此支持、合作共赢的局面。中美关系因以东南海问题和“萨德”反导系统入韩为代表的东亚地缘政治冲突而持续紧张，究其原因还是两国之间的战略互疑和第三方国家的负面作用。俄罗斯与美国关系由于北约东扩和乌克兰危机而出现的严重倒退不仅未见逆转，剑指对方的频繁军演和网络黑客问题更是加剧了双方的对立态势。中俄之间友好互助、中美战略互疑以及美俄对立为特点的全球大国关系已经延续数年，呈现出“新常态”。①

一　中俄关系：伙伴常态化

中俄关系是当今世界上最好的大国关系。2016年恰逢《中俄睦邻友好合作条约》签署15周年和中俄战略协作伙伴关系建立20周年，两国领导人

---

① 将“新常态”这一原为描述经济增长阶段性特征的词语用于对中美关系的概括近年来并不少见，本文认为大国关系总体进入“新常态”是鉴于中俄、美俄关系亦呈与中美关系相似的常态性特征。参见吴心伯《论中美关系的新常态》，《复旦学报（社会科学版）》2015年第3期，第143～149页；王缉思：《中美关系进入一个“新常态”》，环球网，http：//opinion.huanqiu.com/1152/2016－08/9330046.html；崔天凯：《解读中美关系新常态：摩擦常有合作是主流》，人民网，http：//world.people.com.cn/n/2015/0313/c157278－26691020.html。

在这一年四度会面，中俄战略协作伙伴关系达到了一个前所未有的新高度，在务实合作方面有了新进展，这一趋势符合两国各自的国家利益。

（一）中俄全面战略协作伙伴关系向纵深发展

中俄关系的基本定位体现在“伙伴”关系上，但中俄关系显然不是一般意义上的“伙伴”关系，而是“全面战略协作伙伴”，重点在“全面战略协作”上。这一点在2016年体现得尤为明显。

第一，三个联合声明使协作伙伴关系得到进一步深化。6月下旬普京总统访华期间，两国签署三个联合声明。《中华人民共和国和俄罗斯联邦联合声明》，全面总结了《中俄睦邻友好合作条约》签署15年来中俄关系的发展成果，对下一步发展进行规划，系统阐述双方对当前国际形势和国际地区热点问题的一致看法和立场；《关于加强全球战略稳定的联合声明》，重点阐述双方对当前全球战略稳定形势的看法，呼吁各国从更宽广视角看待战略稳定；《关于协作推进信息网络空间发展的联合声明》，重点体现双方在信息网络空间的一致主张和加强合作的意愿举措。一次访问两国元首签署并发表三个重量级合作文件，在国际外交实践中也是不多见的，充分反映了当前中俄关系的密切程度和双方立场的高度一致。

第二，双方在热点问题上的协调和配合有所突破。两国元首在6月会晤中同意在重大国际和地区热点问题上加强协调和配合。9月，20国集团杭州峰会期间，普京总统明确表示支持中国不承认南海仲裁结果的立场，中方对此表示高度赞赏。普京的表态是俄方对南海问题态度的一个突破。美国对外政策理事会高级研究员斯蒂芬·布兰克认为，普京的这一表态说明两国关系已经远远超出了“睦邻友好”甚至是“战略伙伴”的范畴。俄罗斯的“转向亚洲”更多是“转向中国”。[①] 对于美国在韩国部署“萨德”反导系统的决策，中俄更是向联合国提交了一份联合声明表示反对。

① 《美专家称俄转向中国：中俄联盟渐成形》，参考消息网，http：//column. cankaoxiaoxi. om/2016/0914/1304520. shtml。

第三，战略性大项目成为中俄务实合作重点方向。2016 年 6 月，普京总统访华期间，两国元首见证了双方政府部门和企业间签署 30 余份合作文件，涵盖经贸、能源、航空航天等领域。值得关注的是，双方就联合研制远程宽体客机和重型直升机等战略性大项目签署了合作协议，商定继续加快西线天然气、莫斯科－喀山高铁、核领域合作步伐。中方和欧亚经济委员会签署了关于正式启动经贸合作协议谈判的联合声明，标志着“一带一路”建设和欧亚经济联盟建设对接合作取得重要早期收获。这些成果不仅有助于中俄深化合作和提升两国综合国力，也有助于推动地区一体化。

第四，两国军事交流向实用化方向发展。中俄两军于 2016 年 5 月举行中俄首次联合反导计算机演习，主要是预防领土受到弹道导弹和巡航导弹的攻击。中俄两国联手反导，意味着背靠背对外防御。9 月，中俄海军南海海空举行“海上联合－2016”军演，演习突出实战化、信息化和规范化，首次启用中俄海上联合专用指挥信息系统和采用背靠背红蓝对抗的方式。此次演习使用了大量新式装备和信息技术，演习课目突出反潜和登陆作战。与历次联演相比，这次演习在组织模式、演练内容、导调指挥等方面都进行了深化和拓展。

第五，中俄官民交流更加制度化。俄罗斯联邦安全会议秘书访华举行双边战略安全磋商，两国外长、国防、情报、司法等对口部门的高级官员参加了对话，这在以前并不多见。中俄已经成功举办国家年、语言年、旅游年和青年友好交流年。2016 年是两国媒体交流年，中俄主流媒体启动边境口岸城市大型联合采访活动。如今，中国已成为俄罗斯最大的旅游客源国，双方留学交流规模已超 7 万人。①

总之，2016 年中俄全面战略协作伙伴关系无论从广度还是深度上都取得了明显进展，在“相互支持涉及彼此的核心利益问题”上有所突破。

（二）中俄关系发展的前景与挑战

过去 20 年来，中俄战略协作伙伴关系稳步发展。在乌克兰危机等外部

---

① 《普京访华五大成果助力中俄关系高水平发展》，新华网，http：//news. xinhuanet. com/world/2016－06/26/c_ 129090264. htm。

因素和两国国内经济环境发生变化的情况下，两国关系的前进步伐明显加快。中俄关系的持续向好并时有加速有着其自身的逻辑和缘由。

首先，中俄关系是建立在“四不”原则之上的，即不结盟、不对抗、不针对第三方、不意识形态化。两国关系的健康发展与这一原则的正确性密切相关。“协作伙伴”的定位就包含不结盟和不对抗含义。20 世纪中叶，中苏曾有 10 年结盟关系、兄弟关系，随后转变成持续近 30 年的对抗关系甚至是敌对关系。两国在结盟和对抗两端都有教训。而现在的协商、合作、平等伙伴思路正是对历史教训的汲取和对新的全球化时代的顺应。不针对第三方实际指发展两国关系的出发点和目的都是两国国家和人民的利益。不意识形态化则是尊重两国人民对政治制度和发展道路的选择，互不干涉内政。正是由于对上述“四不”原则的遵循，中俄关系才得以平稳发展。

其次，中俄之间的许多共同点使两国关系越走越近。中俄大国相邻，有长达 3000 多公里的共同边界，历史上数次交战、教训惨痛，过去 20 年实践证明伙伴关系才是正途。一百年前，中国民主革命的先驱者们经历了从“西学东渐”到“以俄为师”的转变，20 世纪 50 年代更是全盘苏化。苏俄的观念、制度、文化影响了几代中国人，直到今日。中俄政治体制有相近之处，在人权、制度、民族、领土等方面，两国面临着相似的外部压力，两国决策层难免有彼此扶持、抱团取暖的倾向。

再次，两国经济的互补性能够让合作为各自经济发展做出贡献。在经贸方面，双方的贸易额从 20 年前的 30 亿 ~ 40 亿美元，发展到 2015 年的 680.7 亿美元。[①] 中国已连续多年成为俄罗斯第一大贸易伙伴。俄罗斯是目前世界上第一大能源出口国，中国是第二大石油消费国和第一大石油进口国，这是中俄双方能源合作的基础性条件。中国关于“一带一路”的倡议与俄罗斯的“向东转”战略相向而行。正如美国学者亚历山大 · 加布耶夫所说：“中国是农矿产品的巨大市场，也是资本、技术和基础设施的来源。

---

① 《2015 年中俄进出口贸易总值 680.7 亿美元》，商务部网站，http：//www.mofcom.gov.cn/article/i/jyjl/e/201601/20160101234257.shtml。

俄罗斯有丰富的矿产资源，但需要资本、技术和基础设施。这是天然的匹配。”①

当然，中俄关系也存在一些困难或隐忧。

第一，中俄经贸关系与两国政治军事关系仍然不够平衡，经济合作的巨大潜力远未变为现实。2015 年，中国虽仍为俄罗斯的第一大贸易伙伴，但双边货物贸易额仅为中国与美、日、韩的 10.6%、23.6%、28%。在中国的主要贸易伙伴中，俄罗斯从 2014 年的第 9 位下降至 2015 年的第 16 位。中俄进出口贸易总额在中国进出口贸易总额中的占比从 2014 年的 2.21% 下降至 2015 年的 1.67%。② 这虽然有卢布贬值、大宗商品价格下跌的原因，但中俄经济的依存度远低于应有水平。

第二，虽然 2016 年双方在一些重要甚至是核心利益上的合作有所突破，但克里米亚入俄、乌克兰东部冲突和叙利亚内战问题是俄罗斯的核心利益，中国却难以与之协作。东南海岛礁之争是中国的重大利益，普京虽表态支持中国对仲裁案的立场，但考虑到与日本和东盟国家关系或“向东转”战略前途也明确指出，“这是俄罗斯在法律上的立场，不是政治性的”，“俄罗斯不干预南海领土争端的立场没有改变”。这些顾虑和难处可以理解，伙伴的意思是自愿的合作与互助，远不像“盟友”那样有严格、具体、对等的权利和义务。

第三，两国近两年签署了一些能源和基础设施领域的一揽子协议，如丝绸之路与欧亚联盟对接文件、开发油气田的“合作框架协议”、“莫斯科－喀山”高铁项目投融资模式备忘录等，但多为框架性和意向性协议。这些框架还没有得到相关内容的充实，或充实得很慢，部分原因是中方对俄罗斯的投资环境和盈利前景有所担忧，以及美国等西方国家对俄罗斯的制裁条款。2016 年 12 月，普京总统对日本进行 11 年来的首次访问，也是这一年两国最高领导

① 《境外媒体：普京访华将签高铁大单　中俄或扩大军事合作》，《参考消息》，http://www.cankaoxiaoxi.com/china/20160621/1199796.shtml。

② 《2015 年俄罗斯在中国主要贸易伙伴中列第 16 位》，商务部网站，http://www.mofcom.gov.cn/article/i/jyjl/e/201601/20160101242106.shtml。

人的第三次会面。日本方面希望发展日俄关系牵制中国自不待言，俄罗斯更多的是想利用日本的资金和技术加快东部边疆区的开发，形成一种竞争局面。

二　中美关系：互疑常态化

2015 年 9 月，中国国家主席习近平对美国进行就任以来的首次国事访问，致力于新型大国关系的构建，但美国对中国的战略疑虑在上升，防范中国的力度在加大。

（一）聚焦东亚的中美矛盾

2016 年中美的矛盾聚焦东亚主要表现在两个方面：东南海岛礁纠纷和“萨德”反导系统计划进入韩国。

中国东南海岛礁纠纷由于菲律宾提起的南海仲裁案而升温，直接导致中美矛盾更为尖锐。5 月，美国国防部长阿什顿·卡特发表谈话说，中国在南海有争议的珊瑚礁上建造人工岛屿并在上面修建飞机跑道、港口和军事设施等行为，就像在建造“孤立的长城”，面临犯错和引发战争的危险。① 自 2015 年 10 月开始，美国国防部开始实行“航行自由行动”，即在中国人造岛屿的 12 海里范围内巡航。类似由美国军舰和战机执行的活动 2016 年已经至少有 4 次。中国海军司令表示，中国绝不会让岛礁建设半途而废，也绝不会放松警惕而不设防，防御设施的多少完全取决于我们受到威胁的程度。6 月下旬，美国罕见地派出两个航空母舰战斗群在菲律宾海进行演练。南海仲裁案结果出笼前 4 天，包括“里根”号航母在内的 7 艘美军舰船集结南海，其中 3 艘驱逐舰更是多次“悄悄接近”中国岛礁，向中方展示所谓的“决心”。②

---

① 《卡特：中国的行为可能会筑起一座“自我孤立的长城”》，环球网，http：//world. huanqiu. com/exclusive/2016 -05/8986875. html。

② 《中方就南海仲裁警告美国：停止在南海地区耀武扬威》，腾讯网，http：//news. qq. com/a/20160708/008182. htm。

1月6日，朝鲜进行第四次核试验。2月7日，发射“远程火箭”。当天下午，韩国和美国决定正式开始讨论在韩国部署“萨德”系统事宜。中方对此动向表示严重关切，认为其远远超出半岛防卫需求，将直接损害中国的战略安全利益。韩美军方8日上午在首尔发表联合声明称，由于“朝鲜的核武器及导弹威胁”，韩美决定在驻韩美军基地部署“萨德”系统。中国外交部旋即发表声明，表示强烈不满和坚决反对。美国导弹防御局局长詹姆斯·叙林8月11日在对首尔进行访问时宣布，计划在2017年对“萨德”反导系统进行试验，以便能够用于拦截来自朝鲜的弹道导弹。他表示，“萨德”完全属于美韩同盟层面的事务，尤其是在情报共享方面，并不包含在美国的全球性导弹防御系统之中且不会针对中国。另外，在联合国安理会讨论美国谴责朝鲜发射弹道导弹决议时，由于中国要求加入有关反对在韩部署反导系统的条款而未获通过。美国在韩部署“萨德”系统严重破坏了中美之间的战略稳定性，成为中美东亚冲突的又一个焦点。

（二）两国在地缘政治以外的许多领域仍能维持沟通与合作

尽管2016年中美在东亚的矛盾和对立事关中国的核心利益和美国的全球战略布局，严重损害了两国关系的总体氛围，但两国在其他领域的合作还在继续，分歧点甚至有所减少。在20国集团杭州峰会召开前夕，习近平和奥巴马联合宣布批准应对气候变化的《巴黎协定》，成为中美在应对全球性问题中携手获得成功的一个重要范例。2016年伊朗核问题全面协议正式执行、联合国安理会通过对朝鲜最严厉制裁决议，展现了中美在核不扩散问题上的一致立场。第八轮中美战略与经济对话如期举行，双方“三轨”达成330多项成果。从成果清单可以看出，双方在众多领域都有合作点。2015年曾经困扰两国的网络黑客问题，在两国政府达成协议并认真履行的情况下，双方已经不再被这一问题困扰。美国网络安全企业火眼公司研究发现，过去两年被认为是来自中国的黑客组织的破坏行为减少了90%。[①] 另外，在杭州峰会上，两国领导人同意合作建立一支第三世界伙伴维和部队，由美国提供

---

① 《美高官称中国“黑客”活动锐减》，《参考消息》2016年6月30日。

工程与军事后勤支持。

更为重要的是，虽然中国经济减速，在国际分工中的既有比较优势有所下降，但两国经贸关系所发挥的“压舱石”作用并未改变。据美国商务部统计，2015 年美国与中国双边货物进出口额为5980.7 亿美元，增长1.3%，占美国进出口总额的21.5%，中国已超过加拿大成为美国最大的贸易伙伴。美国是中国的第二大贸易伙伴、第一大出口市场和第四大进口来源地。[①] 与经贸“压舱石”同样重要的是，中美两国密切的人员往来对两国关系起到“稳定器”的作用。2015 年习近平访美期间宣布，2016 年为中美旅游年。美国商务部国家旅游办公室公布的数据显示，2015 年到美国的中国游客接近 260 万人次，增长近20%。美国旅华市场同样稳健发展，年均来华约 210 万人次，美国已成为中国第四大客源国市场、第一大远程市场，潜力巨大。2016 年中美两国业界携手，向双向旅游 500 万人次的目标努力。[②] 过去 5 年，有超过 10 万美国留学生来华。美国国际教育研究所最新年度报告显示，中国大陆留美学生总数为30.4 万，在全美国际学生中的占比超过 31%，[③] 约是 10 年前的 5 倍。中、美分别成为对方国家的第一大和第二大国际学生来源国。应该说，民众之间的密切交往是两国关系的基础，这种走动越密切、频繁，基础也就越牢固。

（三）中美矛盾症结与可能出路

2016 年，中美矛盾和冲突主要局限在东亚的战略和军事领域，紧张程度有所上升，双方回旋余地也不大，对双边关系的全局危害甚深。如何走出这一困局，对两国决策层的智慧和能力都是考验。其实，再谈中美结构性矛盾和“修昔底德陷阱”已经意义不大，中国的崛起和美国的霸权地位都是必须面对的现实，重要的是解决两国间的问题和为增进互信创造条件。

---

① 《中美商贸联委会就出口管制等议题交换意见》，商务部网站，http：//countryreport. mofcom. gov. cn/record/view110209. asp？ news_ id =48094。

② 《2016 中美旅游年北京旅游推介会暨图片展在华盛顿举行》，国家旅游局网站，http：// www. cnta. gov. cn/xxfb/xxfb_ dfxw/201609/t20160913_ 783540. shtml。

③ 《美报告：中国大陆留美学生总数 30.4 万 占比超过 31%》，东方网，http：//news. eastday. com/eastday/13news/auto/news/china/20160912/u7ai6024604. html。

首先，美国对自身在亚太地位的担忧和对中国战略意图的疑虑是中美矛盾的大背景。在中国经济快速崛起、在亚洲各国中经济军事实力占优的情况下，中国一以贯之地维护主权权益以及与自身实力相匹配的局势管控，都被美国看作扩张势力范围乃至挑战美国地位，意在取而代之的战略举措。于是，美国就要想方设法将中国势力“顶回去”或者“吓回去”，所采取的手段就是炫耀武力或者撑腰打气。面对美方的举动，中方一再表示岛礁建设不针对美国，也无意挑战美国在亚太的地位。中方的解释不奏效，也就只好与美针锋相对，并认为美国是在打压和围堵中国，侵害中国的国家利益。这种战略互疑的怪圈不打破，中美之间的军事互信和互不为敌意识就难以真正建立。然而，战略互疑是一种长时间、由行为建构的对对方身份的认知，短时期的话语沟通难以改变。双方当前所能做的就是行为上的克制，也就是说从南海地区开始，双方同时制动，让岛礁问题和巡航问题冷却下来、搁置起来。这样一是能将关注点转向那些谈得通的问题上，二是为今后找到走出困局的途径赢得时间、创造氛围。特朗普政府上台后，为兑现竞选承诺，中美经贸摩擦可能加剧、上述安全战略方面的互疑会退居次位，但仍然存在，两国关系或许更为复杂。

其次，美国作为域外大国与中国形成的地缘政治冲突都有第三方因素。冷战期间形成的权利义务关系，既是美国维持在亚洲主导地位的条件，也是其维护适宜的地缘政治环境的阻碍。亚洲国家间历史记忆、民族矛盾、宗教纷争、制度差异错综复杂，美国要想在其中游刃有余、实现自己的地缘政治目标自然困难重重，东南海岛礁争端是如此，朝鲜核问题也是如此。具体到中美在东亚的矛盾，中间都有第三方作为主要当事方，比如菲律宾、韩国、朝鲜和日本，进而使中美矛盾的解决陷入困境。所以，改变第三方在中美关系中的角色是一个主要出路。一方面，美国对盟国的需求不再有求必应，中美冲突就不会持续升温；另一方面，改善中国与日、菲、越的关系和美国与朝鲜的关系，不但能缓解地区局势，也能让中美关系部分甚至全面改观。

再次，战略互疑不仅存在于决策层，也体现在媒体、公众舆论之中。2016 年，媒体对中美在南海对峙和“萨德”入韩的大量报道淹没了中美在气象变化、反恐、网络安全以及反腐败等领域积极合作的一面。有目共睹，负面信息和评论占据传媒中美关系议题的绝大部分，甚至双方开战的话题在传统媒体和网络空间也大量存在。美国陆军委托兰德公司撰写并于2016年7月发布了题为《与中国开战》的研究报告，报告引用大量数据，得出的结论是：2025年前，美中之间存在因“偶发”“事故”“误判”而爆发战争的风险，而且对战争形式、地点、胜负概率等做出了预判。① 美国民众对华态度的变化一定程度上受到上述负面舆论的影响，而决策者自身也在舆论的熏陶之下，更会在对华决策中考虑民众的感觉。据美国皮尤研究中心2016年春季的中美好感度调查，55%的美国人对中国没有好感，有好感的人只有37%，而这个比例在2011年分别是36%和51%。② 因此，中美战略互疑与社会舆论氛围是相互建构的关系。正如习近平主席2015年访美时所说，中美要“正确判断彼此的战略意图……防止三人成虎，也不疑邻盗斧，不能戴着有色眼镜观察对方”。③ 在事关中美拥有一个正能量的舆论环境问题上，官方要正确引导、媒体应该客观公正、学界更要科学严谨。

三　美俄关系：对立常态化

美俄关系是当今世界一对十分重要的大国关系。美国是唯一超级大国自不待言，俄罗斯版图居世界之首，拥有极其丰富的资源和与美国相当的核武库。对于美国来说，俄罗斯尤其对中东欧、中东和中亚地区有重大影响力，而那些地区既是全球热点也是美国战略重点。对于俄罗斯来说，美国是北约盟主和中东局势的最重要影响因素，要想实现普京提出的国家振兴内外目标，离不开适宜的美俄关系。然而，美俄关系总状态在过去几年一直在走下坡路，2016年也不例外。

① 《美智库报告：中美若开战日本将发挥“决定性作用”》，http://www.cankaoxiaoxi.com/mil/20160919/1308515.shtml。

② Pew Research Center，“Opinion of China”，http://www.pewglobal.org/database/indicator/24/country/233/。

③ 《习近平：中美要防止三人成虎，也不疑邻盗斧》，中国网，http://www.chinanews.com/gn/2015/09-23/7539998.shtml。

（一）2016年美俄两国主要矛盾

俄罗斯总统普京2016年9月3日表示，美俄关系仍处于冰封状态，一时难以解冻。[①] 美国总统奥巴马则说，“普京为了重现苏联帝国荣光的幻想，将毁了俄罗斯”。[②] 两国首脑的这种唇枪舌剑在2016年一再上演，美俄之间的麻烦或冲突主要表现在以下方面。

第一，美国政府公开指责普京腐败。新年伊始，美国财政部负责恐怖主义与金融犯罪的代理部长亚当·舒宾在接受采访时指出，普京存在腐败问题。美国白宫发言人约什·厄内斯特1月28日在例行记者会上表示，美国财政部官员此前有关俄罗斯总统普京腐败的说法“很好地反映了（美国）政府的观点”。俄罗斯政府表示，美国财政部官员有关普京腐败的言论构成“官方指控”。无论从国际关系实践，还是从美俄双边关系角度来说，白宫对普京的指控都是不可接受的，令人愤慨，并带有侮辱性，这种指控绝对没有先例。[③] 美国政府对俄罗斯最高领导人的这种指控，对两国关系造成了严重伤害。

第二，俄罗斯与以美国为首的北约在军事上针锋相对，以对方为假想敌的军事演习不断，双方军机军舰危险抵近，互相炫耀武力。4月、5月、6月，北约在东欧连续举行“春季风暴”、“夏季盾牌”、“蟒蛇2016”、“铁狼－2016”和“马刀打击2016”军事演习，其中的“蟒蛇2016”有来自24个国家和地区的3.1万名军人和数千辆军车参加，是冷战结束以来北约在东欧举行的最大规模军事演习。7月12日，俄战略导弹部队在全俄范围内开展连续7天的演练，堪称俄罗斯近期最大规模的核武库的训练项目，俄方拿出总计400件发射装置参与演习。1月29日，美方指责俄战机“危险拦截”在黑海上空飞行的美军侦察机。4月13日，美国军方称，两架俄罗斯战斗机在波罗的海上空飞临美国导弹驱逐舰

---

① 《普京称俄美关系一时难以解冻》，中国网，http：//news.china.com.cn/live/2016－09/03/content_ 36879187.htm。

② 《奥巴马公开批评：普京重现苏联荣光是幻想》，人民网，http：//military.people.om.cn/n/2015/0610/c1011－27131053.html。

③ 《俄美关系为何如此纠结》，新华网，http：//news.xinhuanet.com/world/2016－02/02/c_ 128694347.htm。

时，进行了“模拟攻击”，是近年来最有“侵略性”的一次行动。俄罗斯国防部在一份声明中声称，5月25日，美国RC－135V战略侦察机飞越日本海，在靠近俄罗斯东部边界的空域先后与两架客机险些发生相撞。① 而在俄罗斯西部的加里宁格勒州边界，美国同型号飞机在3个月内进行了30多次沿边界飞行。②6月10日，美国“波特”号驱逐舰进入黑海访问保加利亚港口，俄罗斯认为这一举动是炫耀武力，表示要采取报复性行动。

第三，美俄之间延续多年来就反导系统问题的争论与较量。由于美国拥有远超其他国家的最全面的反导系统，这也成为其在地缘乃至全球政治中压制对手的重要手段之一。2016年5月12日，美国借口伊朗导弹威胁，不顾俄罗斯的持续反对，将设在罗马尼亚南部的反导系统正式投入运行并整合进北约反导系统。5月13日，美国还将启动在波兰的第二处反导系统建设，预计2018年底完工。届时，总共三个阶段的欧洲导弹防御系统将完全成形。在亚洲，美韩也以应对朝鲜核导弹为由，确定在韩国部署“萨德”反导系统。俄总统普京表示，俄罗斯与美国的军事对抗“正将世界拖入新维度”，“显然，我们不仅应保障本国的安全，保障全球战略平衡对俄罗斯来说也非常重要”。俄罗斯“只有推动核力量的发展和现代化，才能维持世界的战略平衡”。③

第四，美国认为，2016年俄罗斯超越中国成为美国最大的网络威胁。美国安全专家杰弗里·卡尔说：“在讲网络攻击与行动相结合方面，俄罗斯显然比其他任何国家都更加活跃。”④ 民主党全国委员会的邮件系统在4月遭遇入侵，该全国委员会的调查结果认为，入侵者与俄情报部门关系密切。维基解密网于7月22日公布了民主党全国委员会主要工作人员包括希拉里

① 《美军侦察机抵近俄领空　闯入国际航线险与客机相撞》，新浪网，http：//mil.news.sina.com.cn/world/2016－05－26/doc－ifxsqxxs7680929.shtml。

② 《美国战略侦察机再次抵近俄罗斯在波罗的海的边界》，环球网，http：//world.huanqiu.com/exclusive/2016－07/9237594.html。

③ 《普京不满美在欧部署反导系统：将保障“全球战略平衡”》，《参考消息》，http：//www.cankaoxiaoxi.com/mil/20160619/1197362.shtml。

④ 《冷战还是热战？美刊：俄对美欧军事威胁有多严重》，《参考消息》，http：//www.cankaoxiaoxi.com/mil/20160531/1176689.shtml。

2015 年至 2016 年 5 月底的逾 1.9 万封往来电子邮件和 8000 多份文件。而美国国务院、白宫及五角大楼所遭遇的网络袭击中，也有这一背景。美国民主党总统候选人希拉里·克林顿表示，若她当选总统，将对所有对美国机构实施黑客袭击的人采取“政治、经济和军事”行动。[①] 俄罗斯对这些指控坚决予以否认，但此事令原本就非常紧张的美俄关系雪上加霜。由于希拉里的“邮件门”事件，俄罗斯成为美国总统选举焦点。

（二）美俄关系的症结所在

奥巴马 2009 年就任总统后首先提出“重启”美俄关系的概念，美国国务卿和俄罗斯外长在莫斯科按下用英语和俄语写着“重启”二字的红色按钮。翌年，俄罗斯时任总统梅德韦杰夫的美国之行号称“创新峰会”。两位总统在街边汉堡店吃着“汉堡”，共商美俄关系“重启”大计的画面被称为“汉堡外交”。时至今日，两国关系一路走来，不但未能“重启”，反而事事针锋相对、不断倒退，其原因主要有以下几点。

首先，北约东扩进程损害了俄罗斯的安全利益，大大压缩了其传统势力范围，葬送了其与美国的合作前景，是美俄关系恶化的根本原因。冷战结束后，中东欧地区出现安全真空。为填补这一真空，遏制俄战略复兴，北约开始实施东扩和推行“和平伙伴关系计划”，向东欧和苏联地区扩展。为谋求与俄改善关系，北约又对俄采取安抚措施。1995 年，俄正式加入“和平伙伴关系计划”。经过反复讨价还价，双方后来建立了俄罗斯 - 北约联合常设理事会，即“19 +1 机制”。尽管俄方始终强调反对北约东扩，但 2004 年和 2008 年两轮东扩以及 2016 年黑山的加入，使北约已经扩展至 29 国。以美国为首的北约有可能挺进至俄罗斯西部边境的乌克兰和格鲁吉亚的前景严重刺激了俄罗斯领导层，也成为俄格战争和乌克兰危机的重要原因。所以，北约东扩造成了美俄关系的螺旋式下降。

---

① 《德媒：希拉里威胁将对俄开战》，中俄资讯网，http：//www.chinaru.info/News/ewenzhaibao/43722.shtml。

其次，乌克兰危机和克里米亚入俄是美俄关系走向对抗的直接原因。2013年，虽然美国“棱镜门”爆料人斯诺登受到俄政治庇护和两国在叙利亚危机中的分歧使美俄矛盾深化，但双方都对2014年关系能够改善怀有期待。而2014年乌克兰危机和克里米亚公投入俄使两国关系转为对抗。经济上，以美国为首的西方国家对俄罗斯实行全面制裁；在政治上，将俄罗斯排除出八国集团，独自召开七国峰会。而美国的制裁和施压又导致俄罗斯媒体和民众的反美情绪，普京总统支持率攀升，有了更强的与美欧对抗的底气。乌克兰问题还会持续，克里米亚入俄也难以改变，美俄关系短期内只能僵持。

再次，美国打造的欧亚导弹防御系统破坏了两国的战略互信，是两国关系对立的深层原因。俄罗斯作为横跨欧亚的传统大国，也是冷战两极体系中一极的主体。冷战后，俄罗斯经济实力相对下降较多，但军事上，虽然美国军费比俄罗斯多出近七倍，北约的军事力量是俄罗斯的四倍，但双方的核力量不相上下。这也是俄罗斯对欧洲和中东安全问题说话硬气的依靠。美国退出反导条约，建立欧亚反导系统，对俄罗斯来说是要构筑坚固的“盾”来抵消自己手中的“矛”。作为反制措施，俄罗斯加强了在东欧方向的部队集群，部署了更多的战术导弹。如果“萨德”得以在韩国部署，俄罗斯可能针对“萨德”部署更多的攻击性武器，这些武器将入驻距离韩国不远的军事基地。美俄之间似乎正在步入“安全困境”。俄总理梅德韦杰夫说，我们“陷入了一场新的冷战”。[①]

特朗普当选美国总统对美俄关系的今后走向带来了一些变数，其在竞选中对俄罗斯的“示好”预示美俄关系氛围将有所改善。但是，北约东扩、削减战略核武器、东欧反导系统，特别是乌克兰和克里米亚问题是绕不过去的，美欧不在这些问题上让步，并据此解除对俄罗斯的制裁，“示好”就只是口惠而实不至，而这些需要美国与欧盟达成一致。因此，至少在乌克兰和克里米亚问题上美欧要进行一段时间的协调，这里既有“法律”问题，也有“道德”问题，待因这些问题理顺并解除制裁之后，美俄关系才能在实质上有所改善。

---

① 《冷战还是热战？美刊：俄对美欧军事威胁有多严重》，《参考消息》，http：//www. cankaoxiaoxi. com/mil/20160531/1176689. shtml。

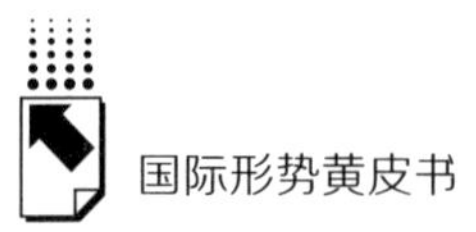

结 语

当今世界，影响力堪称全球性大国的只有中国、美国、俄罗斯。回顾过去几年，这三对关系在性质和趋势上在不断复制前一年的状态，也就是本文标题所说的大国关系进入“新常态”。与经济增长不同，大国关系的这种“新常态”，不是一种现状的持续或线性的发展，而是趋势的延续。总的来看，这种“新常态”喜少忧多。中俄关系已经进入上升通道，每年都有新进展；中美、俄美关系陷入下降通道，每年都有新麻烦。而且，对于中俄来说，与世界唯一超级大国美国的关系是各自最重要的双边关系。

2016 年，对于中俄来说，合作、互信和互助又上了一个台阶，标志就是中俄《关于加强全球战略稳定的联合声明》、普京总统对南海仲裁案的表态以及两国联合反对“萨德”入韩。中俄发展伙伴关系是因为这种关系有益于两国利益和地区乃至全球和平稳定，在中俄关系中坚持“四不”原则是这两个“有益于”的保证。尽管一些人认为中俄是“准同盟”或正在迈向同盟关系，但历史经验和时代特征已经表明，对抗或者结盟对两国利益和世界和平都是有害的，对此应该有清醒的认识。

尽管中美双方都认为，中美关系不仅是各自也是全球最重要的双边关系，这是由两国国家利益和国际地位所决定的。但中美关系近几年出现了尖锐的地缘政治矛盾和危险的军事对抗事态，任其发展后果严重。因此，无论从两国人民还是世界各国的利益来看，中美关系的这种“新常态”趋势必须扭转。中美结构性关系已是现实，讨论“修昔底德陷阱”不能解决具体问题，出路在于两国决策者要以面向未来的战略眼光和灵活务实的取舍策略去化解冲突、缓和局势，让合作成为主旋律。同时，中美深层的战略互疑与舆论氛围相互建构，类似中国“取代”美国或美国“遏制”中国的说法以前很少、如今常见，长此以往会形成思维定式，危害可想而知。因此，如何多就事论事讨论问题、少上纲上线主观定性，从中美关系的长远和大局出发促和促谈，是两国舆论界面临的一个重要课题。

美国新一届政府的对华政策在经贸领域已有明确表述，据此两国经贸关系会有更多麻烦；而特朗普对承担地区安全义务和主导作用颇有微词，美国在亚太“平衡”中国的“冲动”意愿或有所降低。但是，如果美国主导亚太的总体战略或愿望依旧，未来中美关系会更加复杂甚至更为令人担忧，特别是在经贸、汇率等实际利益方面分野扩大，同时地缘政治立场对立不见缓解的情况下。

最后，也是最为重要的是：中国的发展、改革和改善民生任重道远，不管他国执政者如何更替、国际政治思潮如何变幻，为中国最广大民众创造有利于改善物质文化生活条件的国际环境是我们处理与其他国家关系的原则，也是老一辈领导人所确立的外交政策之本。

参考文献

王缉思：《大国关系：中美分道扬镳，还是殊途同归?》，中信出版社，2015。

沈大伟编《纠缠的大国：中美关系的未来》，丁超等译，新华出版社，2015。

〔英〕克里斯托弗·科克尔：《大国冲突的逻辑：中美之间如何避免战争》，卿松竹译，新华出版社，2016。

季志业、冯玉军：《俄罗斯发展前景与中俄关系走向》，时事出版社，2016。

吴心伯：《论中美关系的新常态》，《复旦学报（社会科学版）》2015 年第 3 期。

http：//news. xinhuanet. com/.

http：//www. chinanews. com/.

http：//www. people - press. org/.

http：//pewresearch. org/.

http：//www. eia. gov/.

http：//www. cfr. org/.

http：//www. state. gov/.

http：//www. cankaoxiaoxi. com/.

http：//www. mofcom. gov. cn/.

http：//www. huanqiu. com/.

Y.4

主要国家国力与影响力变化及评价（2015 ~2016年）

李隽旸*

摘　要：　国际格局的调整和变化从未停止。世界主要国家的国力不断发生变化，影响力也相应发生改变。随着中国国力不断增强，中国影响力也在不断扩大。一方面，准确评估世界主要国家的国力与影响力，对于准确把握国际格局走向、理解世界局势至关重要；另一方面，准确把握中国国力及影响力的绝对与相对变化，是我国制定外交政策的基础。

本文考察并试图评估2015 ~2016年美国、英国、法国、德国、日本、中国、俄罗斯、印度、巴西等9个国家的国力及影响力。评价结果显示，美国“一超”地位稳固，世界“多强”变幻莫测。英、法、德、日国力与影响力持续微弱下降，新兴市场国家国力与影响力发展出现分化。在不远的将来，国际格局仍将维持“一超多强”格局，但“多强”成员很有可能发生变动。

关键词：　国力评价　国家影响力　国际格局　中国崛起

* 李隽旸，博士，中国社会科学院世界经济与政治研究所国际政治理论研究室助理研究员，主要研究领域为国际关系、大战略历史与理论。

一 国家国力与影响力评价现状：方法、争议与改进

国力评价方法分为定性方法和定量方法两类。依赖经验观察、直觉判断的定性评价方法也可能被不同学者分别称为常识分析法、直觉判断法等。①

另一大类使用数据进行数量化分析的方法则被称为数量化评价方法。数量化评价方法包括测量、计算、综合等多个步骤，其特征分别表现在指标体系与计算方法的多种形态中。数量化评价方法在发展进程中，经历了从单一指标测量到多指标测量、② 线性计算与非线性计算并行发展③、从单一硬实力评价到软硬实力兼顾评价的发展过程。在数量化评价方法中，方法论影响最大、最被研究者接受的，是克莱因在 1977 年提出的国力测算方程：$P_p = (C + E + M)(S + W)$。国家可被感知的国力（Perceived Power）由以下变量决定：C 反映物质基础（Critical Mass，包括人口与疆域），E 反映经济实力（Economic Capacity），M 反映军事实力（Military Capacity），S 系数反映国家战略（National Strategy Coefficient），W 系数反映国家意志（National Will Coefficient）。④ 克莱因方程是国力评价的数量方法在经过一段

---

① 宋伟：《国际结构的分析与预测：现有方法与实证的反思》，《世界经济与政治》2011 年第 8 期，第 103 页。

② 根据 Ashley J. Tellis 等人的总结，国力评价最初始于军事力量评价，因而军事实力曾经是国力的唯一测量变量。具体参见 Ashley J. Tellis et al. , "Chapter Three: Reviewing Traditional Approaches to Measuring National Power," *Measuring National Power in the Postindustrial Age*, Santa Monica: RAND, 2000, pp. 26 – 27。单一指标法与多指标合成的翻译方法，参见王玲《关于综合国力的测度》，《世界经济与政治》2006 年第 6 期，第 48 页。

③ 其中，使用线性测算方法的，有 Norman Alcock，Alan Newcombe 于 1970 年提出的评价方法，J. David Singer 于 1972 年发表的 Correlates of War Project，以及 Wayne Ferris 于 1973 年提出的测算方法。使用非线性测算方法的，有 Clifford German 于 1960 年提出的 G = N（L + P + I + M）公式，Merritt 与 Zinnes 在此方法上改进而得到的复杂测算方法，以及 Wilhelm Fucks 于 1965 年提出的类似方法等。具体参见 Ashley J. Tellis et al. , "Chapter Three: Reviewing Traditional Approaches to Measuring National Power," *Measuring National Power in the Postindustrial Age*, Santa Monica: RAND, 2000, pp. 28 – 30.

④ Ashley J. Tellis et al. , "Chapter Three: Reviewing Traditional Approaches to Measuring National Power," *Measuring National Power in the Postindustrial Age*, Santa Monica: RAND, 2000, p. 30.

时间的发展后所取得的综合方法成果，体现了多变量测量、非线性计算及软硬国力兼顾的评价原则。

国力及影响力评价是一个复杂过程，克莱因方程亦非终极解决之道。因此，随着物质与非物质文化的不断发展，以克莱因方程为代表的数量化评价方法也面临来自多方面的学术批评。对克莱因方程的批评集中于不同层次的两个方面。第一个方面的批评针对的是该评价方程考察指标的完备性。首先，克莱因方程被认为所选取的要素指标不够完备。尽管克莱因方程并非如早期国力评价方法那样，仅仅依赖单一变量，但克莱因方程也无法事无巨细地纳入所有与国力评价有关的变量。其次，克莱因方程被认为是一个平面的测量方法，缺少多维、立体的互动要素。例如，有国际关系学者指出，克莱因方程忽视了“空间向度”，因而无法表现国家对资源空间的竞争。① 这意味着克莱因方程可能无法体现国家在地缘政治方面的复杂互动。考虑到克莱因方程本身的理论假设就包含了国家之间的冲突，因此，无法呈现国际冲突的多维向度，将对克莱因方程理论目的的实现产生影响。

第二个方面的批评针对的是该评价方程计算方法的正确性。首先是无量纲化处理问题。其次是过度拟合问题。宋伟指出，在各种数量化评价方法中，将原本互相关联的各变量分别进行测量，再通过各种线性或非线性方法进行计算，“会导致方程式内部的重复，从而最终导致国家的综合国力被放大”。② 克莱因方程的计算原则亦可能存在因相关性被放大而导致评价结果被夸大或缩小的过度拟合问题。最后，基于以上缺陷，国际关系研究者与统计学家对国力评价的各种数量化评价方法提出了种种改进措施。例如，中国国际关系学者提出的“综合国力动态方程”，通过非线性计算合成了“硬实

① 马亚华、冯春萍：《空间视角下的东亚权力分布》，《世界经济与政治》2014 年第 11 期，第 121 页。

② 宋伟：《国际结构的分析与预测：现有方法与实证的反思》，《世界经济与政治》2011 年第 8 期，第 109 页。

力”、“软国力”及“协同”变量。[①] 又例如，有统计学家及课题组曾经尝试使用主成分分析（Principal Components Analysis）的多种方法，包括投影寻踪、逼近理想点等方法寻找主成分，[②] 避免过度拟合。

虽然克莱因方程既不完备，也不完全正确，但是作为多变量、非线性、兼顾软硬实力的评价方法，克莱因方程仍然可以被视为国力及影响力评估测算领域的“元模型”。目前，国际关系领域所进行的国力评价研究，所使用的评价方法仍然是以克莱因方程的各种变体、修正、改进模型为基础的。

我们所采用的研究方法，仍然可视为一个广义的克莱因方程，从集中于物质领域的国力与集中于精神领域的影响力两个方面出发，对国家在国际格局中的表现形态进行数量化测量与分析。

在国家选取方面，我们沿用报告《世界主要国家实力与影响力》[③] 对应章节的选取原则，尝试评价主要大国与新兴市场国家的国力，反映国际格局的相应变化；在物质领域的测量指标方面，我们沿用上述报告对应章节的评价方法，选取的四组指标为资源禀赋、经济水平、军事能力与科技水平。初始克莱因方程已经注意到资源禀赋、经济水平与军事能力的重要作用。[④] 这里加入科技水平特别是研发的投入和产出作为第四组指标。在非物质领域的测量指标方面，相对于早期的单一指标法，我们进一步压缩军事与政治领域的影响力系数，并加上经济影响力与文化吸引力作为同等重要的影响力系数。

---

① 王玲：《关于综合国力的测度》，《世界经济与政治》2006 年第 6 期，第 48 页。

② 具体参见程毛林及课题组的以下论文：程毛林、韩云撰《基于投影寻踪主成分分析法的综合国力评价模型研究》，《淮阴师范学院学报（自然科学版）》2015 年第 1 期，第 1 ~4 页；程毛林撰《基于非线性主成分分析的综合国力评价模型研究》，《安庆师范学院学报（自然科学版）》2015 年第 3 期，第 31 ~34 页；程毛林撰《基于主成分理想点法的综合国力评价模型》，《吉首大学学报（自然科学版）》2014 年第 5 期，第 18 ~21 页；程毛林、陈瑶撰《基于主成分分析法和模糊评价法的综合国力评价方法研究》，《统计与管理》2014 年第 4 期，第 67 ~69 页。

③ 杨原：《世界主要国家实力与影响力》，《全球政治与安全报告（2015）》，社会科学文献出版社，2015，第 40 ~64 页。

④ 张继鹏、刘德鑫、张家来、刘少敏：《关于综合国力评价克莱因理论模型的缺陷性分析》，《当代经济科学》2006 年第 1 期，第 70 页。

二 国家国力：新变化

（一）资源禀赋

资源禀赋是民族国家一国国力的物质基础，包括人口、疆域及资源。首先，人口与疆域是民族国家的根本构成要素，同时也是一国国力的发展基础。其次，一国疆域所具备的自然资源因其在各国之间的不均等分布，而成为影响国力的重要物质基础之一。故而国力评价的第一组指标考察领土、人口、能源与其他自然资源。

表 1 领土与人口

领土			人口		
排序	国家	实际面积(百万平方千米)	排序	国家	2015 年实际人口数(亿人)
1	俄罗斯	17.1	1	中 国	13.712
2	美 国	9.63	2	印 度	13.110
3	中 国	9.6	3	美 国	3.214
4	巴 西	8.51	4	巴 西	2.078
5	印 度	3.29	5	俄罗斯	1.441
6	法 国	0.55	6	日 本	1.270
7	日 本	0.38	7	德 国	0.814
8	德 国	0.36	8	法 国	0.668
9	英 国	0.24	9	英 国	0.651

资料来源：领土数据来源于杨原撰《世界主要国家实力与影响力》，《全球政治与安全报告(2015)》，社会科学文献出版社，2015，第 40 ~ 64 页；人口数据来自世界银行数据库，http://data.worldbank.org.cn/indicator/SP.POP.TOTL.FE.ZS?year_high_desc=false。

在进行国力评价时，不同人口规模的国家应当被纳入不同的组别来予以评价。其中，中国与印度人口均超过 13 亿，与其他国家拉开了明显距离，属于第一梯队。美国、巴西、俄罗斯、日本人口在 1 亿以上 4 亿以下，属于第二梯队。德国、法国、英国人口均在 5000 万以上 1 亿以下，属于第三梯队。与2013年的情况相比，各国人口排名几乎没有变化，唯一的变化是，法国人口反超了英国，但仍然属于第三梯队。

正如一位国际关系史家所说，“人口从来不是国力的可靠指标”。[①] 人口的分布与构成对国力的发展产生着举足重轻的影响，可能是正面影响，也可能是负面影响。在20世纪，人文地理学家就已经提出存在人口过剩问题；[②] 进入21世纪以来，发达国家乃至一些发展中国家人口老龄化加剧，对于该国的经济、军事等实力产生了一定影响，在进行国力评价时必须予以关注。从表2中可以看出，在这9个国家中，日本是老龄化最严重的国家，而中国虽然也面临老龄化预期，但当前仍然是劳动人口占比最高的国家。同时，由于中国仍然是世界第一人口大国，可以认为，中国劳动人口数量世界排名第一。

表2　劳动力人口与人口密度

劳动力人口(15～64岁)			人口密度		
排序	国家	2015年15～64岁人口占总人口的比重(%)	排序	国家	2015年人口密度（人/平方公里）
1	中国	73	1	印度	441
2	俄罗斯	70	2	日本	348
3	巴西	69	3	英国	269
4	印度	66	4	德国	234
5	美国	66	5	中国	146
6	德国	66	6	法国	122
7	英国	64	7	美国	35
8	法国	62	8	巴西	25
9	日本	61	9	俄罗斯	9

资料来源：人口数据来源于世界银行数据库，http：//data. worldbank. org. cn/indicator/SP. POP. TOTL. FE. ZS？year_ high_ desc = false；人口密度数据由表1计算得出。

在现代世界历史发展与国际竞争中，能源被视为一国国力的重要基础。石油勘探开发专家指出，世界未来能源发展的重要格局之一，是非常规资源

① Paul Kennedy, *The Rise and Fall of the Great Powers*, New York: Vintage Books, 1989, p. 198.

② 〔法〕阿·德芒戎：《人文地理学问题》，葛以德译，商务印书馆，2012，第20～24页。

勘探开发可能对常规资源勘探开发产生的颠覆性革命。[①] 因此，除常规油气资源外，我们列入目前技术已经初步成熟、比较能够代表非常规油气资源的页岩气探明储量作为补充。考虑到页岩油技术并不发达、产量并不可观，暂时不予考虑。

表 3　常规油气资源与非常规油气资源

2015 年原油探明储量			2015 年天然气探明储量			2014 年页岩气探明储量		
排序	国家	储量(bbl)	排序	国家	储量(tcf)	排序	国家	储量(tcf)
1	俄罗斯	103.20	1	俄罗斯	1688.228	1	中　国	1115.2
2	美　国	36.52	2	美　国	338.264(2014 年)	2	美　国	622.5
3	中　国	24.65	3	中　国	163.959	3	俄罗斯	284.5
4	巴　西	15.31	4	印　度	50.398	4	巴　西	244.9
5	印　度	5.675	5	巴　西	16.216	5	法　国	136.7
6	英　国	2.982	6	英　国	8.502	6	印　度	96.4
7	日　本	0.542	7	德　国	3.425	7	英　国	25.8
8	德　国	0.227	8	日　本	0.738	8	德　国	17.0
9	法　国	0.084	9	法　国	0.314	9	日　本	—

注：此处选取的是页岩气数据，不含致密油数据。

资料来源：原油数据来源为美国中央情报局网站，https：//www.cia.gov/library/publications/the－world－factbook/rankorder/2244rank.html；天然气数据来源于美国能源信息局网站，https：//www.eia.gov/cfapps/ipdbproject/IEDIndex3.cfm? tid＝5&pid＝57&aid＝6；页岩气数据来源于美国能源信息局网站，https：//www.eia.gov/analysis/studies/worldshalegas/。

从表 3 中可以看出，在常规油气资源方面，尽管彼此之间尚有不小差距，但俄罗斯与美国无疑属于第一梯队。中国、巴西、印度这三个金砖国家与新兴市场国家属于第二梯队，油气资源不算丰富，但也不算特别贫乏。英国、日本、德国、法国这四个老牌强国，因为疆域有限，常规油气资源较为贫乏。在非常规油气资源方面，中国占据了第一的位置，与美国同属第一梯队。接下来，俄罗斯、巴西、法国、印度也具有较丰富的页岩气资源，属于第二梯队。最后，英国、德国、日本页岩气资源较缺乏。

① 邹才能等：《中国非常规油气勘探开发与理论技术进展》，《地质学报》2015 年第 6 期，第 980 页。

然而，必须要指出的一点是，非常规油气勘探开发的难度和工业化生产的普及程度，与常规油气资源有很大差别。非常规油气资源的储量固然能够体现一国潜力，但非常规油气资源的开发效率与成果更仰赖科学创新与技术突破及其在实际生产中的运用。2014 年，美国页岩气产量已经占其全国天然气产量的一半，而在世界其他国家和地区，页岩气尚未实现工业开发。①尽管中国页岩气资源丰富，但要转化成能够增强国力的资源，还需要等待勘探开发技术的进一步发展与工业化生产水平的进一步提高。

（二）经济水平

经济水平是国力的重要组成部分，是国家发挥影响力的重要基础。GDP 及相关数据是反映一国经济水平的重要指标。尽管 GDP 作为统计指标的内在意义正在不断发生变化，并受到经济学家的挑战，② 但总的来说，与 GDP 相关的系列指标仍然是反映一国经济生产水平与发展状况的重要指标。

表 4　GDP、人均 GDP、GDP 占世界经济份额

2015 年 GDP			2015 年人均 GDP			2015 年 GDP 占世界经济份额		
排序	国家	数值(十亿美元)	排序	国家	数值(美元)	排序	国家	份额(%)
1	美　国	17947.00	1	美　国	55836.8	1	美　国	24.44
2	中　国	10866.44	2	英　国	43734.0	2	中　国	14.80
3	日　本	4123.26	3	德　国	41219.0	3	日　本	5.61
4	德　国	3355.77	4	法　国	36248.2	4	德　国	4.57
5	英　国	2848.76	5	日　本	32477.2	5	英　国	3.88
6	法　国	2421.68	6	俄罗斯	9057.1	6	法　国	3.30
7	印　度	2073.54	7	巴　西	8538.6	7	印　度	2.82
8	巴　西	1774.72	8	中　国	7924.7	8	巴　西	2.42
9	俄罗斯	1326.02	9	印　度	1581.6	9	俄罗斯	1.81

资料来源：GDP、人均 GDP 数据来自世界银行数据库，http：//data. worldbank. org. cn/indicator/NY. GDP. MKTP. CD，http：//data. worldbank. org. cn/indicator/NY. GDP. PCAP. CD。

① 邹才能等：《中国非常规油气勘探开发与理论技术进展》，《地质学报》2015 年第 6 期，第 981 页。

② 张幼文：《生产要素的国际流动与全球化经济的运行机制——世界经济学的分析起点与理论主线》，《世界经济研究》2015 年第 12 期，第 6 页。

与2014年相比，人均GDP方面，日本、俄罗斯、巴西、法国出现下降，俄罗斯和巴西下降幅度明显。英国与法国排名发生调转。总的来说，美国、英国、中国经济向好，其他发达国家均出现不同程度的衰退，而除中国以外的新兴市场国家则表现不佳。其中，印度是一个例外，其GDP大幅增长，而其人均GDP虽然有所增长，但仍然维持在较低水平。

各国GDP占世界GDP份额能够较直观地反映国际经济结构。2015年，全球GDP为734336.4亿美元。其中，中国、美国属于第一梯队，占世界经济份额均超过10%。其余国家差别不大，占世界经济份额在1%~6%。日本、德国、法国、巴西、俄罗斯等国GDP占世界经济份额均出现下降。其中，英国与法国排名发生调转；巴西、俄罗斯下降幅度较大。印度则实现较大幅度的增长，排名从第9名攀升至第7名。

除当前经济规模外，经济增长率也能反映国力的变化与国际格局的走势。表5列出了这9个国家从2009年到2015年的GDP年增长率。

表5　GDP年增长率

单位：%

国家	2009年	2010年	2011年	2012年	2013年	2014年	2015年
印　度	8.5	10.3	6.6	4.7	5.0	7.2	7.6
中　国	9.2	10.4	9.3	7.7	7.7	7.3	6.9
美　国	-2.8	2.5	1.8	2.8	1.9	2.4	2.4
英　国	-5.2	1.7	1.1	0.3	1.7	2.9	2.3
德　国	-5.1	4.0	3.3	0.7	0.4	1.6	1.7
法　国	-3.1	1.7	2.0	0.0	0.2	0.3	1.2
日　本	-5.5	4.7	-0.5	1.4	1.5	0.0	0.5
俄罗斯	-7.8	4.5	4.3	3.4	1.3	0.7	-3.7
巴　西	-0.3	7.5	2.7	1.0	2.5	0.1	-3.8

资料来源：2009~2013年数据来自杨原撰《世界主要国家实力与影响力》，《全球政治与安全报告（2015）》，社会科学文献出版社，2015，第40~64页；2014、2015年数据来自世界银行数据库，http://data.worldbank.org.cn/indicator/NY.GDP.MKTP.CD。

中国经济面临下行压力，经济增长率不再居于第一。从2015年数据看来，印度与中国属于第一梯队，经济增长率仍然大大超过5%；美国、英国、德国、法国的经济总量有所增长，其中美国、英国持续向好；日本经济增长率仍然很低；俄罗斯、巴西经济大幅下滑。总的来说，发达国家经济有所回升，新兴市场国家的经济表现则出现分化，印度、中国仍然有发展动力，俄罗斯、巴西则陷入较严重的经济衰退。

（三）军事能力

在早期国力评价研究中，军事能力被视为极端重要甚或唯一的国力评价指标。今天的国力评价方法虽然不将军事能力视作唯一指标，但军事能力仍然是国力评价中极为重要的指标之一。考虑到国力评价方法最初所基于的国际冲突语境，如果将国力视为强制力、胁迫力的话，那么，军事实力是国力的最直接作用手段和最终表现形式。

我们通过军费总开支这一指标来考察评价总体军事能力。因为核武器具备特殊的威慑性质，所以在评价总体军事能力时加上了核弹头数量。具体的作战图景在陆地、海洋、空中展开，军事能力在不同军种之间的配置与军种本身的实力强弱和胜败密切相关。因此，我们试图通过海陆空三军指标体系测量并形成军事能力的具体图谱。

表 6　军费总开支与核武器

2015 年军费总开支			2015 年核弹头数量		
排序	国家	金额（百万美元）	排序	国家	数量（枚）
1	美　国	596024	1	俄罗斯	7300
2	中　国	214787	2	美　国	7000
3	俄罗斯	66421	3	法　国	300
4	英　国	55460	4	中　国	260
5	印　度	51257	5	英　国	215
6	法　国	50860	6	印　度	120
7	日　本	40885	7	巴　西	0
8	德　国	39393	7	日　本	0
9	巴　西	24584	7	德　国	0

资料来源：军费总开支数据来自斯德哥尔摩国际和平研究所数据库，https：//www. sipri. org/；核弹头数据来自美国科学家联合会网站，http：//fas. org/issues/nuclear – weapons/status – world – nuclear – forces/。

从表6可以看到，美国的军费支出远远领先于各国，这与美国遍布全球的军事同盟及基地、驻军有关，也与美国对军事领域的大力投入有关。除中国外，其余各国的军费开支都没有超过1000亿美元，属于第三梯队。在核弹头方面，随着防扩散及核裁军的持续实施，各国核弹头数量持续小幅减少，中国略有增加。俄罗斯与美国在核力量方面属于无可争议的第一阵营，法国、中国、英国、印度的核弹头数量在伯仲之间。巴西、日本、德国没有核武器，不具备自主的核威慑能力。

表7按军种展现了各国的其他武器装备水平，构成了较细致的军事能力评价图谱。其中，陆军部分主要考察坦克、装甲战斗车辆和自行火炮的数量。海军部分考察舰艇总数、航空母舰及潜艇的数目（见表8）。空军部分则考察飞机总数及拦截机、攻击机的数目（见表9）。

表7　陆上力量

坦克			装甲战斗车辆			自行火炮		
排序	国家	数量(辆)	排序	国家	数量(辆)	排序	国家	数量(辆)
1	俄罗斯	15398	1	美　国	41062	1	俄罗斯	3972
2	中　国	9150	2	俄罗斯	31298	2	美　国	1934
3	美　国	8848	3	法　国	6863	3	中　国	1710
4	印　度	2086	4	印　度	6704	4	法　国	325
5	日　本	678	5	英　国	5948	5	印　度	290
6	巴　西	486	6	德　国	5869	6	日　本	202
7	法　国	423	7	中　国	4788	7	德　国	154
8	德　国	408	8	日　本	2850	8	巴　西	112
9	英　国	407	9	巴　西	1707	9	英　国	89

资料来源：http：//www. globalfirepower. com/armor – tanks – total. asp。

表8　海上力量

舰艇			航空母舰			潜艇		
排序	国家	数量(艘)	排序	国家	数量(艘)	排序	国家	数量(艘)
1	中　国	714	1	美　国	19	1	美　国	75
2	美　国	415	2	法　国	4	2	中　国	68
3	俄罗斯	352	3	日　本	3	3	俄罗斯	60

续表

舰艇			航空母舰			潜艇		
排序	国家	数量(艘)	排序	国家	数量(艘)	排序	国家	数量(艘)
4	印　度	295	4	印　度	2	4	日　本	17
5	日　本	131	5	英　国	1	5	印　度	14
6	法　国	118	5	俄罗斯	1	6	法　国	10
7	巴　西	110	5	中　国	1	6	英　国	10
8	德　国	81	5	巴　西	1	8	德　国	5
9	英　国	76	9	德　国	0	8	巴　西	5

资料来源：http：//www. globalfirepower. com/armor – tanks – total. asp。

表9　空中力量

飞机			拦截机			攻击机		
排序	国家	数量(架)	排序	国家	数量(架)	排序	国家	数量(架)
1	美　国	13444	1	美　国	2308	1	美　国	2785
2	俄罗斯	3547	2	中　国	1230	2	俄罗斯	1438
3	中　国	2942	3	俄罗斯	751	3	中　国	1385
4	印　度	2086	4	印　度	679	4	印　度	809
5	日　本	1590	5	日　本	287	5	日　本	287
6	法　国	1282	6	法　国	284	6	法　国	284
7	英　国	879	7	德　国	169	7	德　国	169
8	巴　西	735	8	英　国	91	8	英　国	168
9	德　国	676	9	巴　西	43	9	巴　西	121

资料来源：http：//www. globalfirepower. com/armor – tanks – total. asp。

总体观之，在海陆空三军方面，美国与俄罗斯都属于第一梯队。冷战的历史遗产使得俄罗斯仍然保持了超级军事大国的地位。英国、德国、法国的三军部队体量有限，发展中国家则各有长短。中国的海陆空三军体量都位于前列，但在航空母舰数量等重要指标上则有所落后。印度、日本海陆空三军体量均位于中游，印度体量稍大于日本。德国、巴西在军事能力方面的各项指标基本居于最后。其中，德国的陆上力量大大强于巴西。

（四）科技水平

科学技术水平反映一国对人力资源与自然资源的利用水平。科技水平的发展既要看投入，也要看产出。在研发投入方面，我们选取资本投入与人力投入这两个指标，评价相关国家对科技发展的整体投入水平。在研发产出方面，我们选取高科技出口、《自然》期刊发表加权分值及 2010～2015 年诺贝尔奖获奖人数，分别对高科技工业生产能力、高水平科学研究水平与顶级人才储备水平进行评价。

表 10　研发投入

2011～2012 年研发支出占 GDP 比例			2010～2012 年每百万人从事研发的人员数量		
排序	国家	比例(%)	排序	国家	人数(个)
1	日　本	3.39	1	日　本	5158
2	德　国	2.92	2	德　国	4139
3	美　国	2.79	3	英　国	4024
4	法　国	2.26	4	美　国	3979
5	中　国	1.98	5	法　国	3918
6	英　国	1.72	6	俄罗斯	3096
7	巴　西	1.21	7	中　国	1020
8	俄罗斯	1.12	8	巴　西	710
9	印　度	0.81	9	印　度	160

资料来源：杨原撰《世界主要国家实力与影响力》，《全球政治与安全报告（2015）》，社会科学文献出版社，2015，第 40～64 页。

从研发投入来看，发达国家的研发投入无论是在资本投入和人力投入方面，作为一个整体，基本在新兴市场国家的投入水平之上。其中，日本和德国的研发投入水平最为突出，中国对研发的资本投入勉强可以算得上处于中等水平，但中国每百万人从事研发的人员数量仍与发达国家有一定差距。

从研发产出来看，在高科技工业生产能力方面，这 9 个国家大致分为三个梯队：法国、中国、英国高科技出口占制成品出口的比例都在 20% 以上，美国、日本、德国都在 15% 以上，巴西、俄罗斯、印度则在 10% 左右。在高水平科学研究方面，美国遥遥领先，中国、德国、英国、日本、法国构成第二梯队，印度、俄罗斯、巴西与第一、二梯队差距较大，彼此之间差距也较大。在顶级人才储备方面，美国一枝独秀，英国、日本对顶级人才的吸引力要高于德国、法国，新兴市场国家则普遍水平较低。值得指出的是，中国在 2015 年实现了诺贝尔奖自然科学奖项零的突破。考虑到研发投入到产出之间的周期特别是顶级人才培育和显现的较长周期，未来的科技竞争格局如何变化、这种变化又将如何影响各国国力及国际格局，非常值得注意。

表 11　研发产出

2014 年高科技出口（占制成品出口的比例）			《自然》期刊发表加权分值			2010 ~2015 年诺贝尔奖获奖人数		
排序	国家	比例(%)	排序	国家	分数	排序	国家	人数(个)
1	法　国	26	1	美　国	17203. 82	1	美　国	27. 5
2	中　国	25	2	中　国	6478. 34	2	英　国	8. 5
3	英　国	21	3	德　国	4078. 09	3	日　本	7
4	美　国	18	4	英　国	3365. 63	4	法　国	3
5	日　本	17	5	日　本	3053. 48	5	德　国	2
6	德　国	16	6	法　国	2127. 91	5	俄罗斯	1
7	巴　西	11	7	印　度	901. 49	7	中　国	1
8	俄罗斯	11	8	俄罗斯	370. 39	8	巴　西	0
9	印　度	9	9	巴　西	236. 44	8	印　度	0

资料来源：世界银行数据库，http：//data. worldbank. org. cn/indicator/TX. VAL. TECH. MF. ZS，《自然》期刊发表数据，《自然》期刊统计网站，http：//www. natureindex. com/annual - tables/2016/country/all。

三　国家影响力：新评价

（一）政治动员力

如果说军事能力所表现的国家强制力曾经是国力评价的唯一指标，

那么，当国力评价方法扩展到非物质领域的影响力、软实力时，政治动员力就成了国家影响力评价的头号要素。国际规则制定权就是一国政治动员力的体现。在重要国际组织中的投票权限能够体现国际规则制定权。国际组织调整国家间关系，促进国际合作，消弭摩擦冲突，是国际合作与竞争的重要舞台。因此，我们选取政治、经济、财政领域影响力最大的联合国安理会、世界银行、国际货币基金组织作为指标的基础，考察各国在这些重要国际组织中的投票权限或份额，评价各国的国际规则制定权。

表 12　国际规则制定权

单位：%

2015 年世界银行投票权			2015 年国际货币基金组织投票权			2015 年联合国安理会席位		
排序	国家	比重	排序	国家	比重	排序	国家	是否
1	美　国	15.85	1	美　国	16.54	1	英　国	常任理事国
2	日　本	6.84	2	日　本	6.16	1	俄罗斯	常任理事国
3	中　国	4.42	3	中　国	6.09	1	法　国	常任理事国
4	德　国	4.00	4	德　国	5.33	1	美　国	常任理事国
5	法　国	3.75	5	法　国	4.04	1	中　国	常任理事国
5	英　国	3.75	5	英　国	4.04	6	印　度	无
7	印　度	2.91	7	印　度	2.64	6	巴　西	无
8	俄罗斯	2.77	8	俄罗斯	2.60	6	德　国	无
9	巴　西	2.24	9	巴　西	2.23	6	日　本	无

资料来源：世界银行投票权来自世界银行网站，http：//siteresources. worldbank. org/NEWS/Resources/IBRD2010V；国际货币基金组织投票权来自国际货币基金组织网站，http：//www. imf. org/external/np/sec/memdir/eds. aspx，其中巴西与印度投票权比重按照其所在组别按比例算出。

从表 12 中我们可以看到，在政治领域，除联合国安理会常任理事国外，其余 4 个国家均未在 2015 年担任联合国安理会非常任理事国，多少影响到这 4 个国家在政治领域发挥动员力。在经济和财政领域，美国在世界银行与国际货币基金组织的投票权大大高于其他国家，超过 15%，拥有强大的话语权和近乎否决权的强大投票权，能够对议程和最终的规则形成产生难以估量的影响。接下来，日本也大幅度领先于除美国之外的其他国家，能够发挥高于其他国家的规则制定权。中国、德国、法国、英国在经济领域的规则制定权相近，属于第三梯队。印度、俄罗斯、巴西在经济领域的规则制定权相对较弱。

（二）经济影响力

我们试图通过对外经济交往水平和对世界经济增长的拉动力这两个指标组来评估一国的经济影响力。

对外经济交往是一国经济影响力的直接体现。表 13 列出了 2015 年这 9 个国家的对外直接投资额和贸易进出口额。贸易进出口额反映该国对外经济联系与交往的活跃程度。对外直接投资除经济意义外，还具有战略意义，能够通过提高海外沉没成本、增加竞争利益等来消除贸易壁垒，[①] 发挥更大的经济影响力。

表 13　对外直接投资与贸易进出口

2015 年本国对外直接投资额			2015 年贸易进口额			2015 年贸易出口额		
排序	国家	数值（十亿美元）	排序	国家	数值（十亿美元）	排序	国家	数值（十亿美元）
1	美国	5191	1	美国	2347	1	中国	2270
2	德国	2068	2	中国	1596	2	美国	1598
3	英国	1767	3	德国	983.9	3	德国	1292
4	法国	1542	4	日本	625.4	4	日本	624
5	日本	1313	5	英国	617.1	5	法国	509.1
6	中国	1111	6	法国	539	6	英国	442
7	俄罗斯	404.4	7	印度	432.3	7	俄罗斯	337.8
8	巴西	333.1	8	俄罗斯	197.3	8	印度	287.6
9	印度	137.8	9	巴西	174.2	9	巴西	189.1

资料来源："The World FactBook：Stock of Direct Foreign Investment - Abroad，Imports，Exports." https：//www. cia. gov/library/publications/the - world - factbook/rankorder/。

① 蒋殿春：《东道国市场进入壁垒：对外直接投资的一种战略意义》，《南开经济研究》2000 年第 6 期，第 33 页。

从表 13 中可以看出，在对外直接投资方面，美国仍然遥遥领先，对外直接投资超过 5 万亿美元。德国、英国、法国、日本、中国属于第二梯队，对外直接投资在 1 万亿 ~2.1 万亿美元。俄罗斯、巴西、印度对外直接投资则仍然低于 5000 亿美元，属于第三梯队。在进出口贸易方面，美国、中国大致处于同一水平，属于第一梯队。德国、日本、英国、法国大致属于第二梯队。印度、俄罗斯、巴西大致属于第三梯队。总的来说，可以认为，在对外直接投资方面，随着“走出去”战略的深入实施和“一带一路”倡议的逐步落实，特别是随着亚洲基础设施投资银行、丝路基金等战略性金融举措进一步推进，中国的直接对外投资水平将进一步提高，势必追赶发达国家的投资水平。而在进出口贸易方面，中国是发展中国家中唯一的贸易大国，实力完全可以比肩甚至超过发达国家。

为了更加直观地表现一国经济表现对世界经济发展的影响，我们还计算了一国经济增长对世界经济增长的拉动力。具体计算方法是，考虑世界上有该国 2015 年经济增长的情况对世界上不存在该国 2015 年经济增长的差别。即，已知 2015 年全球各国 GDP $G=734336.4$ 亿美元，GDP 增长率 $R=2.5\%$。设除国家 c 以外，全球各国 GDP 假定为 $G(c)$，世界 GDP 假定增速为 $R(c)$，则该国对世界经济增长的拉动力 $P(c)$ 为：

$$P(c)=\frac{[2.5\%-R(c)]}{R(c)}$$

表 14　各国 GDP 增长率与对世界经济增长的拉动

2015 年 GDP 增长率			2015 年经济增长率对世界经济增长的拉动		
排序	国家	GDP 增长率(%)	排序	国家	拉动力(%)
1	印　度	7.6	1	中　国	41.05
2	中　国	6.9	2	印　度	5.98
3	美　国	2.4	3	英　国	-0.32
4	英　国	2.3	4	美　国	-1.28
5	德　国	1.7	5	德　国	-1.52

续表

2015 年 GDP 增长率			2015 年经济增长率对世界经济增长的拉动		
排序	国家	GDP 增长率(%)	排序	国家	拉动力(%)
6	法　国	1.2	6	法　国	-1.76
7	日　本	0.5	7	日　本	-4.63
8	俄罗斯	-3.7	8	俄罗斯	-4.63
9	巴　西	-3.8	9	巴　西	-6.24

资料来源：GDP 增长率数据，世界银行数据库，http：//data. worldbank. org/indicator/NY. GDP. MKTP. KD. ZG。

根据上述公式，计算出表 14。从表 14 中可以看出，即便在走向“新常态”、各项经济指标趋稳的2015 年，中国经济增长仍然为世界经济增长贡献了高达41.05%的份额，远远高于其他国家。换言之，中国经济的高速增长，对于世界经济发展具有巨大的正面影响力。依据表 14 我们甚至可以认为，除了中国与印度之外，其他大国对于世界经济增长产生的贡献是负面的。

（三）文化吸引力

文化吸引力表现为“走出去”和“走进来”两个方面。一方面，本国文化商品在国际市场的吸引力能够反映国际社会对该国文化的认可度与美誉度。另一方面，本国的旅游吸引力反映的不只是该国作为旅游目的地的吸引力，同时也反映了该国作为商业、教育、文化目的地的吸引力。故此，我们选取文化出口额与旅游吸引力两组指标来评估一国之文化吸引力。

文化出口包括文化硬件与文化软件两个方面。[①] 传播学专家指出，文化产品在海外的传播不一定能够取得海内传播同等的效果和价值，产生“文化增值”或“文化折扣”现象。[②] 因此，文化硬件出口额本身无法全面反映文化出口的效果与价值，在对文化出口情况做全面评价时应纳入文化软件出口

① 胡仁春：《文化产品进出口缘何出现“贸易逆差”》，《经济日报》2003 年 4 月 18 日。

② 胥琳佳、刘建华：《跨文化传播中的价值流变：文化折扣与文化增值》，《中国出版》2014 年 4 月下，第 8 页。

额这一指标。我们以文化产品出口额作为文化硬件出口的评价指标，以核心文化产品即图书报纸出口额作为文化软件出口的评价指标，来分别评价文化硬件出口和文化软件出口，争取较全面地评价文化出口情况及该国对世界的文化吸引力。

表 15　文化出口额

单位：百万美元

2013 年文化产品出口额			2015 年图书报纸出口额		
排序	国家	数额	排序	国家	数额
1	中　国	60110.68	1	美　国	3045.46
2	美　国	27867.58	2	英　国	2554.37
3	英　国	16403.58	3	德　国	2023.82
4	印　度	11732.30	4	日　本	108.70
5	德　国	10889.09	5	中　国	50.6
6	法　国	9025.60	6	印　度	21.62
7	日　本	4120.03	7	巴　西	13.35
8	俄罗斯	1177.67	8	法　国	无数据
9	巴　西	289.39	9	俄罗斯	无数据

注：图书报纸出口额为图书（除字典外）、报纸、期刊、定期出版物等相关项目的和。

资料来源：UNESCO Institute for Statistics, *The Globalization of Cultural Trade: A Shift in Consumption: International Flows of Cultural Goods and Services 2004 - 2013*, UNESCO Institute for Statistics, 2016, Table G1, p. 100；图书报纸出口额数据来自联合国网站，http://data.un.org/Data.aspx?d=ComTrade&f=_l1Code%3A50。

从表 15 来看，中国是最大的文化产品出口国，但中国文化产品出口主要依靠珠宝、装饰品等，[①] 在图书报纸等核心文化产品领域，中国与发达国家仍有相当差距。总的来说，在文化产品出口方面，美国处于第二梯队，英国、印度、德国、法国、日本大致处于第三梯队，俄罗斯与巴西则与前述国家相去甚远，在文化贸易的国际市场上处于不太突出的位置。在核心文化产品图书报纸出口方面，美国、英国、德国居于第一梯队，中国、印度、巴西

① 郑承军：《文化“走出去”：更要“走进去”，还要“走上去”》，《深圳特区报》2016 年 5 月 17 日。

则相对落后。

国家旅游吸引力既反映在入境人数上，也反映在旅游收入上。从表16中可以看出，法国、美国、中国吸引外国人入境的能力最高，2014年入境均超过1亿人次。德国、英国、俄罗斯吸引外国人入境的能力次之，都在3000万人次以上。日本、印度、巴西吸引外国人入境的能力较弱，2014年入境人数在1500万人次以下。从2015年的国际旅游收入来看，美国将入境数量折现为收入的能力最高，年收入超过了1500亿美元。中国、德国、法国、英国的国际旅游收入在300亿~600亿美元。日本、印度、俄罗斯、巴西通过旅游吸引力获得的收入在这组国家中较低，均不超过150亿美元。

表16　旅游吸引力

单位：千人次，十亿美元

2014年入境游客			2015年国际旅游收入		
排序	国家	人数	排序	国家	金额
1	法国	205837	1	美国	150.21
2	美国	171320（2012年）	2	中国	52.21
3	中国	128499	3	德国	41.34
4	德国	32999（过夜旅客）	4	法国	39.70
5	英国	32813（2013年）	5	英国	32.70
6	俄罗斯	32421	6	日本	14.98
7	日本	13413	7	印度	12.37
8	印度	7679（过夜旅客）	8	俄罗斯	11.82
9	巴西	6430（过夜旅客）	9	巴西	5.29

资料来源：入境游客数据来自世界旅游组织（UNWTO）数据库，http：//www.e－unwto.org/toc/unwtotfb/current；国际旅游收入通过占总出口的比例与该国该年总出口乘积得出。国际旅游收入占总出口的比例数据来自世界银行数据库，http：//data.worldbank.org.cn/indicator/ST.INT.RCPT.XP.ZS？view=chart。

四　结语

国力评价主要服务于把握国际格局，认识自身位置。国际格局正在发生新的变动，一超多强的国际格局并未发生根本改变，但发达国家与发展中国家各自内部都已经出现分化，导致“多强”层次的二档强国成员变幻莫测。从各个指标体系来看，美国仍然是遥遥领先的唯一超级大国，并且在发达国家阵营中，美国的国力和影响力仍然在进一步上升，尽管是以比较温和微弱的方式。除美国之外的发达国家，资源禀赋中等，经济表现疲软，影响力逐渐下滑。从长远来看，尽管因为具有先发优势及历史遗产而享有较好的影响力，但是考虑到资源禀赋的限制及发展中国家的后发优势，这些国家能否仍然稳居“多强”层次，还需要观察。

就硬实力而言，发展中国家的这 4 个国家资源禀赋一流，但经济表现分化明显，中国、印度仍旧出色，俄罗斯、巴西大幅下滑。在软实力方面，发展中国家表现整体弱于发达国家。与此相应的，经济表现出色的中国与印度都是人口大国、领土大国，能否在各项评价指标，特别是影响力指标方面与英、法、德、日比肩甚至超越它们，需要拭目以待。同时，俄罗斯与巴西作为资源禀赋一流的大国，能否重振经济继而提升影响力、再次崛起，仍然值得注意。

就硬实力与软实力相互协调匹配的程度而言，除美国以外，中国是程度最高的国家之一。一方面，资源禀赋属于一流的国家在影响力方面表现疲弱。例如，俄罗斯具备一流的资源禀赋、顶级的军事能力，在经济财政领域内的国际规则制定权却相对较弱。另一方面，在影响力方面享有传统优势的国家，也就是传统意义上的发达国家，受到资源禀赋的限制，影响力在持续不断地小幅降低。而中国资源禀赋一流，不会对影响力构建与发挥造成先天影响，同时，影响力的各项指标正在不断攀升，有些已经与发达国家比肩。可以说，在没有先天不足、发展稳中向好的情况下，中国崛起的前途仍然未可限量。

参考文献

李慎明、张宇燕主编《全球政治与安全报告（2015）》，社会科学文献出版社，

2015。

〔法〕阿·德芒戎：《人文地理学问题》，葛以德译，商务印书馆，2012。

程毛林、韩云：《基于投影寻踪主成分分析法的综合国力评价模型研究》，《淮阴师范学院学报（自然科学版）》2015 年第 1 期。

程毛林：《基于非线性主成分分析的综合国力评价模型研究》，《安庆师范学院学报（自然科学版）》2015 年第 3 期。

程毛林：《基于主成分理想点法的综合国力评价模型》，《吉首大学学报（自然科学版）》2014 年第 5 期。

程毛林、陈瑶：《基于主成分分析法和模糊评价法的综合国力评价方法研究》，《统计与管理》2014 年第 4 期。

马亚华、冯春萍：《空间视角下的东亚权力分布》，《世界经济与政治》2014 年第 11 期。

宋伟：《国际结构的分析与预测：现有方法与实证的反思》，《世界经济与政治》2011 年第 8 期。

王玲：《关于综合国力的测度》，《世界经济与政治》2006 年第 6 期。

张继鹏、刘德鑫、张家来、刘少敏：《关于综合国力评价克莱因理论模型的缺陷性分析》，《当代经济科学》2006 年第 1 期。

邹才能等：《中国非常规油气勘探开发与理论技术进展》，《地质学报》2015 年第 6 期。

Paul Kennedy, *The Rise and Fall of the Great Powers*, New York: Vintage Books, 1989.

Ashley J. Tellis et al., "Chapter Three: Reviewing Traditional Approaches to Measuring National Power," *Measuring National Power in the Postindustrial Age*, Santa Monica: RAND, 2000.

世界银行数据库：http://data.worldbank.org.cn。

中央情报局公开出版物在线版：https://www.cia.gov/library/publications/the-world-factbook。

美国能源信息局网站：https://www.eia.gov。

斯德哥尔摩国际和平研究所数据库：https://www.sipri.org/databases/milex。

美国科学家联合会网站：http://fas.org/issues/nuclear-weapons/status-world-nuclear-forces/。

《自然》期刊统计网站：http://www.natureindex.com/annual-tables。

全球火力网站：http://www.globalfirepower.com。

Y.5
全球重大武装冲突和军事形势评估（2015～2016年）

徐进　贺杨*

摘　要：2015～2016年度，全球重大武装冲突的数量与上一年度相比差别不大，冲突仍然集中在中东、南亚、东欧和非洲东北部。其中影响较大的战争和武装冲突包括国际打击“伊斯兰国”行动、乍得湖四国打击“博科圣地”行动、也门内战、乌克兰内战、叙利亚内战，以及伊拉克、利比亚、尼日利亚等国的国内冲突。在世界军事形势方面，2015年全球军费开支比2014年小幅上升，亚太、中东欧和中东地区军费开支有所增长，而北美、西欧、非洲及拉丁美洲和加勒比地区则有所降低。军事演习方面，北约和俄罗斯在双方接壤地区频繁演习，地区安全形势较为紧张，而上海合作组织、中国、俄罗斯、日本等组织和国家继续加大在核心利益区的军事存在。国防战略方面，各国随着全球和地区安全环境以及相应国防目标的变化做出调整。

关键词：武装冲突　叙利亚战争　军费开支　军事演习　国防战略

* 徐进，博士，中国社会科学院世界经济与政治研究所副研究员，国际政治理论研究室主任，主要研究领域为国际关系理论和国际安全问题；贺杨，中国社会科学院世经政系2015级硕士研究生。

一　全球重大武装冲突状况

根据系统和平中心（Center for Systemic Peace）主任马歇尔（Monty G. Marshall）汇编的冲突报告（*Major Episodes of Political Violence 1946－2015*）指出，到2016年初仍在继续的冲突有25场，冲突程度大大减弱甚至停止的有11场，还有6场冲突存在重燃战火的危险。[①] 德国海德堡国际冲突研究所（HIIK）的年度报告（*Conflict Barometer 2015*）认为，在2015年，全球正在进行的有限战争有24场，比上年少一场；正在进行的战争有19场，比上年少两场。[②]

整体而言，2015～2016年世界各地的武装冲突仍然没有减缓趋势。同时由于受到乌克兰危机、叙利亚危机、也门危机以及南苏丹内战的影响，2015～2016年全球武装冲突的强度增加。从武装冲突发生区域来看，2015～2016年全球武装冲突主要发生在中东、非洲以及乌克兰等地；从武装冲突的性质来看，以打击极端恐怖主义和国家内部争夺的冲突为主；从武装冲突的参与主体来看，包括主权国家、极端组织、反政府武装，其中极端组织的活动范围有所扩大、实力有所增长。

综合看来，2015～2016年度全球重大武装冲突发生的国家或地区包括：南亚、东南亚地区；西亚与北非的阿富汗、叙利亚、伊拉克、也门、土耳其等；美洲的哥伦比亚和墨西哥等；撒哈拉以南非洲的布隆迪、乍得、中非、索马里、南苏丹、苏丹共和国、民主刚果、马里、肯尼亚和尼日利亚等；欧洲的乌克兰。[③] 具体情况见表1。

---

① http：//www. systemicpeace. org/warlist/warlist. htm.

② Heidelberg Institute for International Conflict Research at the Department of Political Science, University of Heidelberg, *Conflict Barometer 2015*, http：//www. hiik. de/en/konfliktbarometer/pdf/ConflictBarometer_ 2015. pdf.

③ http：//www. crisisgroup. org/en/support. aspx.

表 1　2015～2016 年度全球重大武装冲突

南亚、东南亚	西亚与北非	美洲	撒哈拉以南非洲	欧洲
巴基斯坦（派系冲突） 菲律宾（分离主义势力） 马来西亚（分离组织）	伊拉克（反政府武装、恐怖主义） 叙利亚（反政府武装、恐怖主义） 也门（反政府武装） 埃及（伊斯兰组织） 黎巴嫩（逊尼民兵） 阿富汗（“塔利班”） 利比亚（部落冲突） 土耳其（库尔德） 沙特（胡塞武装）	哥伦比亚（反政府武装） 墨西哥（准军事武装，贩毒卡特尔集团） 萨尔瓦多（暴力帮派组织）	中非（派系冲突） 索马里（伊斯兰组织） 南苏丹（种族间暴力） 苏丹共和国（种族间冲突） 民主刚果（反政府武装） 马里（反政府武装） 尼日利亚（反政府武装） 肯尼亚（国内民族暴力） 布隆迪（反政府武装） 乌干达（反政府武装） 乍得（恐怖主义）	乌克兰（分离主义势力）

资料来源：Heidelberg Institute for International Conflict Research at the Department of Political Science，University of Heidelberg，*Conflict Barometer 2015*。

（一）“伊斯兰国”节节败退，国际联盟多方博弈

伊拉克和叙利亚有关各方在国际联盟的帮助下全面出击，收复失地，而“伊斯兰国”四面受敌，节节败退，开始向欧洲和中亚地区扩散。截至 2016 年 6 月，在叙利亚战场，美国支持的叙利亚反对派与叙利亚库尔德人武装共同组成的“叙利亚阿拉伯联盟”武装和由俄罗斯空中掩护并有伊朗军事顾问参与指挥的叙利亚政府军，从不同方向围攻“伊斯兰国”。而在伊拉克战场，伊拉克政府军、伊拉克库尔德人武装和伊拉克什叶派民兵组织，在美国以及其他盟国的空中掩护下，也对“伊斯兰国”发起猛攻。① 从目前来看，打击“伊斯兰国”的军事力量处于有利地位，“伊斯兰国”则失去了曾经的几座重要城市，实力大损。

虽然在国际社会的共同努力下，打击“伊斯兰国”取得重大成果，但是叙利亚危机和伊拉克局势仍然没有得到解决和缓和。即使 2016 年 2 月 27

① 《遭多方围攻，“伊斯兰国”四面楚歌，叙反恐战争能否迎来胜利曙光》，http://wenhui.news365.com.cn/html/2016-06/14/content_431696.html。

日在美俄两国的主导下叙利亚各方达成过停火协议，然而由于叙利亚局势的复杂性和各方的利益不同，该停火协议在实施效果上大打折扣，其中叙利亚各方在阿勒颇的对抗就是最为明显的例证。从外部势力来看，美国、俄罗斯、土耳其、沙特和伊朗等主要干涉国之间也存在较大的分歧，进而加剧了叙利亚问题的解决难度。

（二）也门内战仍在持续，外部势力斗争不断

也门内战难以解决，愈演愈烈。2014 年 9 月在伊朗支持下，胡塞武装攻入首都萨那，成立总统委员会和全国过渡委员会，进而引发也门内战双方的激烈对抗。虽然国际社会不断呼吁双方实现停火，通过政治谈判解决问题，甚至在 2015 年 12 月和 2016 年 4 月达成停火协议。但是，这两次停火协议都没有得到较好实施，因此时至今日也门各方仍然围绕着首都萨那和亚丁等重要城市展开激烈争夺。

外部势力深度介入、斗争不断。也门内战初期，伊朗支持的胡塞武装取得重大胜利，使得支持逊尼派的沙特开始大规模介入也门内战。2015 年 3 月 26 日，沙特联合埃及、摩洛哥、约旦、苏丹、科威特等 10 国发起“果断风暴”行动，派遣空军的“狂风”和 F－15 战机越境对也门北部叛乱地区展开空袭。同时，沙特还派出 15 万陆军和特种部队帮助哈迪军队。甚至在 2015 年 12 月，沙特和阿联酋、马来西亚等 34 国组成反恐军事联盟干涉也门局势。[①] 至此也门内战彻底沦为代理人战争，也门和平道路遥遥无期。

（三）非洲多国陷入国内冲突，追求和平任重道远

在卡扎菲政权被推翻之后的几年，利比亚人民并没有迎来和平。由于不同武装派别之间争权夺利，一度形成武装割据之势，甚至建立了两个相互敌对的政权。随着“伊斯兰国”进入利比亚以来，美国也重新介入利比亚重

① 《也门内战：中东典型的代理战争》，http：//news. xinhuanet. com/world/2016－06/05/c_129040448. htm。

建进程中。在国际社会的监督下，利比亚成立了由萨拉吉领导的联合政府。该政府在美国空军的帮助下，解放了“伊斯兰国”在北非的大本营苏尔特。虽然目前的局势得到了相对缓和，但是利比亚内部各利益集团之间仍然还有许多亟待解决的矛盾，这也关系着利比亚和平能否最终到来。

自2009年以来，极端组织“博科圣地”已经给乍得湖地区的4个国家造成重大损失，成为该地区的混乱之源。在联合国和非盟的呼吁和帮助下，乍得湖流域的4个国家尼日利亚、喀麦隆、尼日尔和乍得四国成立了联合部队，对“博科圣地”实施了新一轮打击，取得了一定的效果，但是仍然没有彻底地消灭它。因此，未来“博科圣地”还是会继续对该地区国家带来威胁。

除了上述这些冲突以外，还有南苏丹内战、布隆迪政府军与反政府军、阿富汗政权和“塔利班”等武装冲突存在。不仅造成了这些国家的动荡，同时也深刻影响着国际局势的稳定和发展。

二　全球重要年度军事演习情况

（一）北约

北约成立时最核心的目标就是对抗苏联。苏联解体之后，北约的战略目标有所变化。但自乌克兰危机以来，北约进行了多次旨在针对俄罗斯的军事演习。从演习地点来看，主要集中在波罗的海地区、中东欧地区、北欧地区以及地中海和黑海地区。

北约在波罗的海地区的军事演习以美国为主导，主要目的在于体现北约对盟国的保护决心。其中的“波罗的海行动”军事演习从1971年就开始了，每年进行一次。同时还在爱沙尼亚举行了“马刀打击2016”演习和“刺猬”演习；在立陶宛举行了北约“铁狼－2016”演习。

北约在中东欧地区的演习数量较多、规模较大。其中在局势比较紧张的乌克兰举行了“海上微风”多国联合演习，这一演习从1997年开始每年在乌克兰举行一次，“快速三叉戟”多国军事演习的目标是“让乌克兰军队增强决心和凝聚力，同时向俄罗斯方面发出明确信息：美国及其盟友决心阻止俄罗斯可能拥有的任何扩张野心”。[①] 与此同时，北约还在波兰进行了“蟒蛇2016”演习，在格鲁吉亚的第比利斯举行了“敏捷精神2015”的联合军事演习，在德国举行了“盟军精神Ⅳ”联合演习。

北约在地中海举行的“三叉戟接点2015”联合军事演习是多年来规模最大的军事演习；在黑海地区举行的军事演习的目标也是遏制俄罗斯，包括北约多国30艘舰船在黑海联合军演；在罗马尼亚举行北约“15春风”多国联合军演。

北约在北欧的演习都是常规演习，其中在北极圈进行的极地“寒冷反应”联合军演从2006年就开始了；在北欧举行“北极挑战”也是第二次了，第一次是2013年举行的。

（二）上海合作组织

上海合作组织作为中国、俄罗斯和中亚五国之间的合作平台，虽然为维护地区稳定、促进地区发展做出了较大贡献，但是由于“上合组织自成立之初就确立了‘不结盟’的政治定位，该组织框架内的军事合作也都是基于打击‘三股势力’、维护地区安全与稳定的宗旨”[②]，所以上海合作组织各成员国在联合军事演习上难以媲美北约等军事组织。纵观上海合作组织发展史，可以看到其军事演习主要是在“和平使命联合反恐系列”军事演习框架下进行的。

最近一次演习是2016年9月在吉尔吉斯斯坦巴雷克奇市“埃杰里维斯”训练场举行的“和平使命－2016”联合反恐军事演习。“此次联合演习是2003年以来上海合作组织成员国武装力量举行的第六次多边联合军演，系‘和平

① 《18国在乌克兰亮出“快速三叉戟”》，http：//world. huanqiu. com/hot/2015－07/7070753. html。

② 《盘点上合组织历次军演：涵盖海陆空2005年规模最大》，http：//news. xinhuanet. com/mil/2014－08/14/c_ 126869130. htm。

使命’系列第八次演习，旨在共同应对恐怖主义、分裂主义、极端主义‘三股势力’威胁，维护上合组织所在地区和平与稳定，提高参演国军队协同实施反恐任务的能力和水平，对于深化上海合作组织防务安全领域合作及该组织框架内联合反恐军事演习机制化具有重要意义，演习不针对任何第三方”。[①]随着地区形势的变化，上海合作组织的军事合作也在逐渐深化。

（三）美国

美国除了参与北约的联合军事演习，同时还组织和参与了多次双边和多边军事演习。从整体情况来看，美国军演的重点方向放在了亚太地区。2015～2016年，美国与日本、韩国、印度、泰国、菲律宾和澳大利亚等盟国举行了一系列军事演习，包括美菲澳三国举行的“肩并肩2015”军演；2015年美韩、美泰、美日联合军演；多国“环太平洋－2016”演习；美、日、印三国2015年度防空演习；2016年美韩军演；美新CART－2016军事演习等。这些演习都是在亚太地区尤其是南海地区军事日益紧张的背景下举行的，其目的旨在团结亚太盟国，增强在亚太地区的军事存在和遏制中国。

另外，美国在欧洲与保加利亚举行了代号为“卡比莱－2015”的联合军事演习，与匈牙利举行了“战神之石2015”联合军事演习。

（四）俄罗斯

俄罗斯的军事演习旨在对北约的军事演习做出回应，以及参与亚太地区的大国博弈，缓解自身的战略压力，所以俄罗斯的军事演习主要集中在俄罗斯国内和亚太地区，包括“中央－2015”演习、中俄“海上联合－2015”军演、中俄2016年海上军演、“联合战备操练”北方舰队大规模军事演习、“中部－2015”大规模军事演习、千岛群岛军演。近期俄罗斯在其南部军区以及黑海和里海海域举行了“高加索－2016”军事演习，“据新闻局通报，

---

① 《“和平使命－2016”上合组织成员国联合军演将在吉尔吉斯斯坦举行》，http：//www.mod.gov.cn/topnews/2016－09/14/content_4730811.htm。

此次演习将使用最新型自动化设备，检验俄军队各部门的备战水平，同时让指挥部就计划、准备和落实军事行动进行实战演练。大约 1.25 万名士兵以及一些新型武器和军事装备参演”。①

（五）日本

日本是美国在亚太地区的重要盟国，也是该地区的主要国家。日本的军事演习主要是在国内和周边地区进行的，其目的在于推进军事改革、与美国一起对抗中国。日本参与的主要军事演习有日本自卫队富士综合火力演习，美日印 2015 年度防空演习，菲日联合军事演习，美日“黎明闪电战”联合军演；美、澳、日和新“护身军刀”军演，日、澳联合军事演习；美、日、韩联合军演。

三　全球主要国家的军费状况

（一）全球军费开支情况

根据斯德哥尔摩国际和平研究所（SIPRI）公布的数据，2015 年全球军费开支为 1.676 万亿美元，占全球 GDP 的 2.3%。相比 2014 年全球实际军费开支增长 1.0%，这是自 2011 年之后全球军费开支的首次增长。

2015 年，亚太、中东欧和中东地区军费开支有所增长，而北美、西欧、非洲以及拉丁美洲和加勒比地区则有所降低。其中亚太受到日益紧张的地区局势影响，相比 2014 年军费开支增长 5.4%，远高于世界军费开支增长率，基本上区域内所有国家军费开支都实现了增长，但各国的增长幅度差别较大。中国是亚太地区军费开支最多的国家，占区域总开支的 49%，4 倍于军费开支第二的印度。

欧洲地区相比 2014 年军费开支增长 1.7%，但不同区域的军费开支状

① 《俄罗斯举行“高加索－2016”战略军演》，http：//world. huanqiu. com/hot/2016 －09/9404623. html。

况差异较大。其中西欧地区降低 1.3%，而中欧地区受到俄罗斯军事威胁和乌克兰危机的影响增长 13%，东欧地区则受到乌克兰危机以及纳戈尔诺－卡拉巴赫领土争端的影响增长 7.45%，但由于国际石油价格下降东欧地区的军费开支比预期有所降低。

中东地区受到叙利亚、也门和伊拉克等地动荡局势以及 ISIS 扩张的影响，军费开支逐年增长，2015 年从能够收集到数据的国家军费开支来看，相比 2014 年增长 4.1%。其中沙特阿拉伯的军费开支最多，伊拉克因为军队面临重建以及打击 ISIS，其军费开支相比 2014 年增长 35%，是区域内军费增长最快的国家。

拉丁美洲和加勒比地区以及非洲地区相比 2014 年军费开支分别降低了 2.9% 和 5.3%。其中拉丁美洲和加勒比地区内部军费开支存在显著差异，受到经济衰退尤其是委内瑞拉经济崩溃影响的南美洲的军费开支降低 4.0%，而中美洲和加勒比地区为了打击暴力犯罪集团则增长了 3.7%。同样，非洲地区内部军费开支也存在分化，其中阿尔及利亚的军费增长 5.2%，北非总体增长 2.1%。而撒哈拉以南非洲相比 2014 年降低 11%，其中因国际石油价格下跌削减军费的安哥拉占总降幅的 42%，以及乍得由于内战结束和石油价格下跌也大幅度削减了军费。

表 2　2015 年全球各地区军费开支情况

地区	军费(十亿美元)	增长率(%)
非洲	(37)	-5.3
北非	(17.9)	2.1
撒哈拉以南非洲	(19.1)	-11
美洲	678	-2.5
中美洲和加勒比地区	9.5	3.7
北美洲	611	-2.4
南美洲	57.6	-4.0
亚洲和大洋洲	436	5.4
中亚和南亚	68.0	0.9
东亚	302	5.7

续表

地区	军费（十亿美元）	增长率（%）
大洋洲	25.8	7.7
东南亚	39.7	8.8
欧洲	328	1.7
东欧	74.4	7.45
西欧和中欧	253	-0.2
中东	（缺失）	（4.1）
总计	1676	1.0

注：（）代表不确定的估算。开支以美元（2015年）计算，缺失代表该地区有部分国家军费数据缺失。

资料来源：SIPRI，*Trends in World Military Expenditure*，2015。

（二）主要国家军费与军备情况

1. 美国的军费与军备发展状况

2015年美国军费开支达到5960亿美元，占全球军费总开支的36%。近年来，受美国从阿富汗和伊拉克撤军以及预算控制协议影响，其军费开支逐年下降，相比2014年美国军费开支下降2.4%。2015年11月25日，奥巴马签署了《国防授权法案》。该法案规定2016财年美国国防预算达到6070亿美元。其中国防部基础预算共5343亿美元，海外紧急作战行动预算共509亿美元。国防部基础预算从拨款项目来看，军事人员开支1367亿美元，维护运营开支2098亿美元，采购支出1077亿美元，研发测试与评估开支698亿美元，军事建设开支84亿美元，其他开支18亿美元。从军事部门来看，陆军1265亿美元，海军1610亿美元，空军1529亿美元，其他军事部门940亿美元。①

2016年美国军事预算主要关注点在于“武器装备的现代化、部队结构的稳定性、全谱战备的继续保持、官兵薪金福利的提高、创新与改革的继续

① http：//archive.defense.gov/home/features/2015/0215_ budget/FY2016_ Budget_ DOD_ Press_ Release_ Final4.pdf.

强化、海外应急作战”。① 军备方面重点支持新型舰艇和飞机的研发和装备，以及战略威慑和网络作战装备。

2. 中国的军费与军备发展状况

2016 年两会期间，中国公布了国防预算为 9543.54 亿元人民币，相比 2014 年增长 7.6%。2015 年中国的国防支出相当于美国的 24%，国民人均国防费只相当于美国的 1/18、日本的 1/4；军人人均国防费是美国的 14.34%、日本的 35.78%。根据 2015 年中国国防白皮书可以看出，中国军费支出涉及加强军兵种和武警部队的发展、实施军事力量建设举措、军民融合发展、促进军事斗争准备、加强军事合作、深化国防和军队改革等六个方面。②

3. 俄罗斯的军费与军备发展状况

斯德哥尔摩国际和平研究所的报告显示，俄罗斯 2015 年军费开支为 664 亿美元，占世界军费总开支的 4%，居世界第四位。因为乌克兰危机导致美欧对俄罗斯实施经济制裁以及国际石油价格的大幅度下跌，俄罗斯军费开支相对于军事预算减少了 3%。而 2016 年的俄罗斯军费预算相对于 2015 年军费开支减少了 9%。③

2016 年俄罗斯公布了新的国防工业发展计划，预计五年投入 5.33 亿美元落实该计划，以提高俄罗斯军工企业的研发和制造水平。④ 从武器装备的接收状况来看，2015 年俄罗斯海军共接收 4 艘战舰、4 艘潜艇、52 艘辅助舰船、两套“棱堡”（Bastion）岸基导弹发射装置、27 架海巡飞机、45 件弹炮合一武器；2016 年将接收 2 艘水面舰船、快艇和保障船并开始建造另外 15 艘战舰和船舶。战略导弹部队共接收 35 枚洲际弹道导弹，今年该部队

① 肖石忠：《美国 2016 财年国防预算的重点、难点与变数》，《环球瞭望》2015 年第 3 期，第 47 页。

② 《解放军官方媒体公布中国军费六大去向》，http：//mil.chinaso.com/zgjs/detail/20160412/1000200032876421460438839696470194_1.html。

③ https：//www.sipri.org/sites/default/files/EMBARGO%20FS1604%20Milex%202015.pdf.

④ 《俄拨款 5.33 亿美元用于 2020 年前军工发展》，http：//tsrus.cn/junshi/2016/06/14/601269。

的5个团还将接收20枚新的“亚尔斯”洲际弹道导弹。空天部队2015年共接收230多架飞机、158架直升机、191个雷达站、4个营的“S－400”防空导弹系统以及3.5万余枚航空攻击武器。陆军接收了一千余件装甲武器、300套防空导弹装置和系统、3400多辆战车，还接收了约2.2万件通信设备、650多套电子战设备以及两个旅的“伊斯坎德尔”战役战术导弹装置。①

4. 日本的军费与军备发展状况

自安倍晋三第二次执政以来，日本军费逐年攀升。2015年日本军费开支409亿美元，占世界军费总开支的2.4%，居世界第八位。② 根据2016财年预算方案，2016年日本的军费预算超过5.05万亿日元，相比2015年增长1.5%，是日本军费预算首次超过5万亿日元。③ 在日本防卫省的采购清单上包括定购17架对潜艇攻击能力升级的SH－60K新型反潜直升机，新增1架E－2D预警机、1艘宙斯盾驱逐舰和1艘苍龙级潜艇，着眼配备一批“全球鹰”无人机的机体部件、6架F－35隐形战斗机和11辆AAV7两栖突击车等先进军事装备。④

5. 中国周边地区和国家军费与军备发展状况

印尼2015年军费开支增长16%。⑤ 该国2016年的国防预算经过几次调整增加到82.8亿美元，其中部分资金将用于采购一颗卫星、波音公司的CH－47“支奴干”重型直升机、空客集团A400M运输机、多用途战斗机、各种旋翼机装备和一系列海军装备，如巡逻艇、潜艇和中型水面舰艇。⑥

菲律宾2015年军费开支增长25%。⑦ 而菲律宾2016年的国防和安全预

---

① 《今年初俄军接收新武器盘点》，http：//tsrus.cn/junshi/2016/04/01/580721。

② https：//www.sipri.org/sites/default/files/EMBARGO%20FS1604%20Milex%202015.pdf.

③ 《日本军费猛增凸显其野心　安倍叫嚣战斗才刚开始》，http：//www.cssn.cn/jsx/dtkx_jsx/201512/t20151229_2804922.shtml。

④ 《内阁批准2016年预算　日本军费连增四年创新高》，http：//news.xinhuanet.com/world/2015－12/25/c_128566785.htm。

⑤ https：//www.sipri.org/sites/default/files/EMBARGO%20FS1604%20Milex%202015.pdf.

⑥ 《印度尼西亚增加2016年国防预算》，http：//www.dsti.net/Information/News/100515。

⑦ https：//www.sipri.org/sites/default/files/EMBARGO%20FS1604%20Milex%202015.pdf.

算只占总预算的4.3%，为20亿美元。[①] 菲律宾致力于军事现代化，从韩国进口FA－50战斗机，采购“猎鹰III”车载战术无线电、对讲系统和手持无线电系统，接收菲制战略运输船。[②]

越南2015年军费开支增长7.6%。为了应对日益紧张的地区局势，越南加强了同美国、俄罗斯、日本和印度的军事合作。从印度引进“布拉莫斯”巡航导弹，从俄罗斯进口8.12亿美元武器装备，以色列向越南交付20套EXTRA远程制导火箭武器系统。[③]

印度2015年军事开支达到513亿美元，占世界军费总开支的3.1%，居世界第六位。2016年印度计划在上年的基础上军费增长8%。[④] 印度在军事现代化方面雄心勃勃，加强了与美国、俄罗斯、以色列等国的合作，加大了防务进口的力度。从2015年9月到2016年3月，印度已经签订了26项国防装备合同，价值55亿美元，其中进口的产品包括22架AH－64E“阿帕奇”直升机和15架CH－47“支奴干”直升机，65000枚新一代84毫米火箭弹，“巴拉克8”远程防空导弹（LR－SAM）。[⑤]

四 全球主要国家国防战略动向

（一）美国

2015年7月1日，美国国防部公布了2015年《国家军事战略报告》。该报告指出了美国在当前战略环境下所可能面临的威胁，并分析了未来战争发生的可能性。重点说明了美国与其他国家发动战争的可能性增加，尤其是俄罗斯、伊朗和朝鲜。对于中国，美方认为中国军事力量对美国构成“一

---

① 《菲律宾披露2016年国防预算》，http：//www.dsti.net/Information/News/97717。

② http：//www.dsti.net/Home/Search？s＝%B7%C6%C2%C9%B1%F6&t＝0&p＝1.

③ http：//www.dsti.net/Home/Search？s＝%D4%BD%C4%CF&t＝0&p＝1.

④ https：//www.sipri.org/sites/default/files/EMBARGO%20FS1604%20Milex%202015.pdf.

⑤ 《印度半年签订55亿美元国防订单》，http：//www.dsti.net/Information/News/99012。

定威胁”，但又表示支持中国成为维护国际社会安全的合作伙伴。同时，还阐释了暴力极端组织的危害和应对措施。①

总体而言，报告认为，鉴于当下复杂的国际战略安全环境，专注于来自一方的安全挑战而忽略另一方的做法对美国而言已经不可行。美国应保证有充足的军事选项应对来自“伊斯兰国”这样的暴力极端组织以及俄罗斯等国际秩序“挑战者”两个方面的冲击，以防止国际秩序及美国自身陷入危机之中。②

（二）俄罗斯

2015 年 12 月 31 日，俄罗斯总统普京正式批准《俄罗斯联邦国家安全战略》。这一新版安全战略指出俄罗斯当前所处的安全环境更为复杂严峻，对国家安全环境的判断更悲观。主要内容包括与主要战略对手——美国的全方位对立与对抗关系进一步升级，全球与地区安全形势恶化，北约的一系列举措加剧了俄罗斯军事安全面临的威胁，美西方国家解构俄传统势力范围的政策严重损害了俄国家利益，俄经济安全面临严峻挑战与威胁等五个方面。③

就国防战略而言，新版安全报告指出，从军事上强调以核武器为重要遏制手段，多种军事建设举措并举，具体包括以“核遏制”为重要手段确保国家安全战略。在完善国家军事组织时，及时查明现有及未来军事危险与军事威胁；平衡发展各军事组织；扩大国防潜力；换装现代化武器装备；实现国防军事工业创新发展。在完善武装力量作战使用样式与方法时，及时跟踪现代战争与武装冲突的变化趋势；为实现军队的作战能力创造条件；制定对

---

① 《美国公布 2015 版国家军事战略报告　中国未挑战国际秩序》，http：//news. ifeng. com/a/20150702/44088634_ 0. shtml；《美国发布〈国家军事战略〉报告称与他国交战可能性增加》，http：//www. mod. gov. cn/auth/2015 －07/03/content_ 4592765. htm。

② 《美国公布 2015 版国家军事战略报告　中国未挑战国际秩序》，http：//news. ifeng. com/a/20150702/44088634_ 0. shtml。

③ 王晓军：《新版〈俄罗斯联邦国家安全战略〉解读》，《现代军事》2016 年第 2 期，第 47 ~55 页。

未来武装部队及新型武装斗争工具的要求。在提高国家国防动员能力时，完善国家国防动员措施的制定与实施方法；及时更新与保持国家军事组织的军事技术潜力。在保证国家民防力量的使用准备时，使民防力量提前做好准备，在面临军事冲突所引发的危险及后果时，以及在发生自然灾害及技术工程灾害时，能够保护俄联邦境内的居民、物质及文化财产。①

（三）印度

2016 年 3 月 22 日，印度国防部发布年度报告。该报告相比 2015 年而言没有直接点名中国和巴基斯坦，而只是表明加强与邻国关系。针对南海问题，印度认为，持续的岛屿争端已威胁亚太地区的安全，全球力量平衡的变化、大国和地区国家之间的纠葛在该地区突出反映在海上争端问题方面，该争端正加剧亚太紧张局势。同时，印度再一次强调印度洋对于印度安全的重要性。②

（四）中国其他周边国家

2015 年 9 月 19 日，日本参议院强制表决通过安保法案，2016 年 3 月 29 日正式实行。新安保法案的通过标志着日本国防战略的调整。相对于此前的安保法案，新安保法案的内容突破在于由“和平”转向“战争”的新防务定位，日本从此可以行使集体自卫权，以及由“守内”转向“攻外”的新防卫政策，表明日本已经放弃了战后数十年来一直奉行的“专守防卫”政策，转向不受地域限制的更为积极主动的进攻性防卫政策。③

2016 年 5 月 31 日，印尼发布白皮书，提出要建立“强大、独立的国防工业”的要求，并明确指出，印尼首要的战略关注点是“悬而未决的

---

① 舒桂编译《俄罗斯联邦新版国家安全战略解读》，《中国信息安全》2016 年第 1 期，第 119 ~ 123 页。

② 《印国防部报告今年“未点名中巴”　只提加强与邻国关系》，http：//world. huanqiu. com/exclusive/2016 - 03/8760258. html。

③ 《新安保法案“过关”　改变日本防务战略走向》，http：//military. people. com. cn/n/2015/0925/c1011 - 27634471. html。

边界问题”，核心要务是实施武装部队“最低限度必备军力”战略，建设强大的国防能力、加强国防管理、重组国防机构、加固军事设施、加强边境保护、投资信息和通信系统、发展国际合作以及授予国防工业更多权力。①

五 结语

2015 ~2016 年度的全球重大武装冲突数量与上一年度相比略有下降，主要冲突仍是集中在中东、南亚和非洲等地。在俄罗斯的介入和美国及其盟友的打击下，“伊斯兰国”节节败退，支离破碎，开始向周边地区逃窜。叙利亚内战双方争夺不断，由于阿萨德政权得到俄罗斯和伊朗等国的帮助，其政权相对稳定下来，但问题的根本解决仍待美俄等域外大国之间的博弈。乌克兰问题则进入了一个美俄长期博弈中的稳定状态。“胡塞武装”的崛起，引起了沙特为首的联军对也门进行军事干预，加剧了地区的动荡和战火。“博科圣地”继续威胁到乍得湖地区的正常秩序，相关国家提高了合作程度。

2015 年全球军费开支总额为 1.676 万亿美元，占全球 GDP 的 2.3%。亚太、中东欧和中东地区军费开支有所增长，而北美、西欧、非洲以及拉丁美洲和加勒比地区则有所降低。2015 ~2016 年受到全球和地区安全局势的影响，各国和国际组织频繁开展军事演习。以美国为首的北约在俄罗斯周边区域多次开展联合军演，旨在表示对俄罗斯在乌克兰危机中的立场和行为的担忧，进而引发了俄罗斯方面的针对军演。同时俄罗斯与中国在上合组织以及双边关系的框架下，在中亚和亚太地区进行联合军演，而美国及亚太盟友也加紧在亚太地区和印度洋地区进行军事演习，以达到在各地区的安全保障目的。国防战略方面，各国都继续追求军事装备的现代化，提升军队战斗能

① 《印尼白皮书提出建立“独立的国防工业”》，http：//www. dsti. net/Information/News/99975。

力和应急反应能力，同时着重加大对网络、太空等安全新领域的军事布局，以抢占未来军事安全高地。

参考文献

Major Episodes of Political Violence 1946 – 2015, http：//www. systemicpeace. org/warlist/warlist. htm.

Heidelberg Institute for International Conflict Research at the Department of Political Science, University of Heidelberg, *Conflict Barometer 2015*, http：//www. hiik. de/en/konfliktbarometer/pdf/ConflictBarometer_ 2015. pdf.

SIPRI, *Trends in World Military Expenditure*, 2015, https：//www. sipri. org/.

王晓军：《新版〈俄罗斯联邦国家安全战略〉解读》，《现代军事》2016 年第 2 期。

舒桂编译《俄罗斯联邦新版国家安全战略解读》，《中国信息安全》2016 年第 1 期。

肖石忠：《美国 2016 财年国防预算的重点、难点与变数》，《环球瞭望》2015 年第 3 期。

新华网：http：//www. xinhuanet. com。

环球网：http：//www. huanqiu. com。

人民网：http：//www. people. com. cn。

中国军网：http：//www. 81. cn。

凤凰网：http：//news. ifeng. com。

国防科技信息网：http：//www. dsti. net/。

中国社会科学网：http：//www. cssn. cn/。

Y.6
中国周边安全形势评估（2015～2016年）

王 雷*

摘 要： 过去一年，中国周边安全形势呈现了一些新变化，主要表现为：中美、中日关系竞争、对抗的成分显著增多；俄日、日韩关系相互走近、不断改善的趋势在加强；南海、东海局势持续紧张、引发冲突的风险在加大；恐怖组织、极端宗教势力对我周边渗透的威胁在增多。转型期内中国与周边国家的矛盾、摩擦有所增多，但中国周边安全的大格局并没有发生根本逆转，求和平、谋发展、促合作仍然是主流趋势。

关键词： 周边安全 再平衡战略 安全困境 恐怖主义

当前，中国周边安全环境正处于特殊的转型期。随着权力格局、安全结构、地区秩序的不断演进，中国周边安全形势也在经历着深刻转变。从全局层面来看，整体稳定与局部紧张并存、传统安全与非传统安全问题相互交错，安全形势日趋复杂多变。从区域层面来看，北部、西部、南部陆地方向安全形势较为稳定，但非传统安全问题日益凸显。东部、南部海洋方向安全形势持续紧张，传统安全问题更具挑战性。从地理范围来看，随着中国持续崛起、国家利益向外扩展，周边的界限也在相应扩大。新时期

* 王雷，中国社会科学院世界经济与政治研究所助理研究员，主要研究领域为中国外交战略、周边安全等。

中国塑造周边安全的能力在提升，但是维护周边安全稳定、保护国家利益的挑战在增多。

一 中国周边安全形势的新变化、新趋势

2016 年中国周边安全形势总体上依然延续了近几年的发展趋势，但是，随着安全问题、要素的不断变换，一些国家内外政策、对外战略的不断调整，中国周边安全形势也呈现了一些新变化、新特点。这主要表现为：中美、中日关系竞争、对抗的成分显著增多；俄日、日韩关系相互走近，不断改善的趋势在加强；南海、东海局势持续紧张，引发冲突的风险在加大；恐怖组织、极端宗教势力对我周边渗透的威胁在增多。

（一）中美、中日关系竞争、对抗的成分显著增多

过去一年，美国推进“再平衡”战略制衡中国的意图十分明显，主要表现在三方面。首先，继续强化对华军事部署和威慑。在东亚地区，美国纵容日本推进“军事正常化”，不断强化岛链基地群建设，对中国走向大洋进行战略遏制。在东南亚、南亚方向，美国扩大了与新加坡、菲律宾、越南、印度等国的防务合作关系。其次，高调介入南海争端，推动在韩部署“萨德”系统。过去一年，美国不仅怂恿南海争议国频频向中国发难，而且直接派遣舰机进入中国南海岛礁附近水域、空域，挑衅中国主权与海洋权益。在朝鲜半岛，美国以遏制朝鲜导弹威胁为名，推进在韩部署“萨德”系统，意图打破地区战略平衡、维持霸权。再次，积极扩展“亲美疏中”关系网。在亚太地区，美国正将政治高层互动、经济交往的对象延伸到过去少有接触的国家。2015 年底国务卿克里访问了中亚五国，搭建了“C5 +1”（中亚五国 + 美国）对话机制。[1] 2016 年克里和奥巴马多次访问老挝、柬埔寨、越南

---

① Catherine Putz, “US Secretary of State to Visit All Five Central Asian States,” *The Diplomat*, October 28, 2015.

等国。美国扩大伙伴关系网的动机并不单纯，挤压中国外交、经济、战略空间的小动作一直不断。

同样，中日关系虽已呈现回暖迹象，但总体改善依然缓慢。过去一年，日本对华政策依然延续“双面性”，口头上宣称要改善双边关系，行动上却给中国不断制造麻烦。在历史问题上，安倍政府继续美化侵略历史；在钓鱼岛问题上，继续攻击中国正常的维权行为；日本不仅利用 G7、东盟峰会等多边场合诋毁中国形象，而且通过军事合作插手南海问题；在台湾问题上，日本不仅炒作“日台军事合作”等敏感话题，而且邀请台湾驻日机构代表参加官方活动，甚至将“台北文化中心”更名为“台湾文化中心”。不仅如此，日本对华军事部署不断强化。2016 年日本国会通过了史上规模最大的防务预算，首次超过 5 万亿日元（约合 446 亿美元）。随着新安保法于 2016 年 3 月正式实施，日本开始强化西南诸岛的警戒、防备力量。此举一方面是要配合新安保法案的落地，另一方面显然要加强对中国突破第一岛链进入西太平洋的监视和封锁，与美国亚太“再平衡”战略实现对接。①

显然，不管是基于“对抗思维”的“再平衡”战略，还是安倍政府实际奉行的对华遏制政策，都在显著加剧中美、中日关系的竞争性与对抗性。

（二）俄日、韩日关系相互走近，不断改善的趋势在加强

自 2015 年俄日两国恢复“2＋2”交流机制后，2016 年普京与安倍又举行了两次首脑会谈。应该看到，近年来俄日首脑会晤次数已远超美日首脑会晤。俄日关系不断走近，互送秋波显然各有所需。首先，从经济方面来看，有助于推动俄日经贸合作。日本需要俄罗斯的市场和能源，俄罗斯需要日本的投资和技术。就内政层面来看，安倍谋取通过缓和日俄关系赢得民众支持，缓解国内改革压力。普京改善俄日关系，谋求打破西方制裁，缓解民生压力。从国际层面来看，日本希望发展俄日关系，分化中俄关系，尝试摆脱

---

① 侯隽：《新安保法：日本迈向战争歧途的危险一步》，《学习时报》2016 年 4 月 11 日，第 2 版。

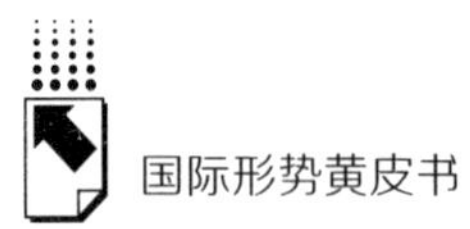

美国的束缚。俄罗斯希望改善日俄关系，增强在东亚的影响力和战略杠杆。[①] 当前，安倍通过经济合作撬动日俄领土谈判的策略已初显成效，俄罗斯虽然在领土问题上很难做出实质让步，但立场已有所软化。普京表示，俄日关系是俄罗斯外交“最优先的课题”，愿与安倍就各种问题探讨妥协方案。当然，鉴于领土争端的复杂性以及美国对日本外交政策的巨大影响，日俄关系短期取得重大突破并不现实，但从中长期来看，改善趋势很可能逐步加强。

同样，受朝核问题陷入僵局、中日恢复首脑会谈以及美国外交不断施压等因素的影响，过去一年，韩国朴槿惠政府逐步调整对日外交思路，推行历史与安保、经济议题相分离的“双轨”政策。该政策调整得到了日本的积极回应，两国高层互动、双边会谈迅速恢复。2015 年 11 月，长期中断的韩日首脑会晤再度重启，之后两国又就彻底解决慰安妇问题达成协议。种种迹象表明，韩日关系已经开始走出低谷，步入改善轨道。当然，韩国调整对日外交的幅度是有限的，将历史问题与其他议题剥离，并不意味着韩国将搁置历史问题或在历史问题上放弃原则；将经济、文化合作议题置于优先地位，也不意味着韩国对与日本的安保合作会放弃戒心。应当看到，当前韩国依然不愿与日本签订双边“军事情报保护协定”和“军需相互援助协定”，坚持在美、日、韩三边框架下共享情报。[②] 同样，在日本自卫队进入朝鲜半岛问题上，韩国坚持日方必须得到韩方同意。显然，韩日关系调整和改善仍面临诸多限制。不过，两国关系相互走近已成事实，势必对周边国家、地区局势产生影响。

（三）南海、东海局势持续紧张，引发冲突的风险在加大

过去一年，南海仲裁案不断发酵导致各方外交、法理斗争日趋激烈。但

---

① 高飞、张建：《俄日关系走近：各有利益考量》，《当代世界》2016 年第 6 期，第 39～41 页。

② 石源华、张驰：《韩国朴槿惠政府对日政策的调整》，《现代国际关系》2016 年第 1 期，第 36～39 页。

危险的是，美、日针对中国的军事挑衅不断增多，南海问题军事化的风险在加大。2015 年 10 月，美国派遣军舰进入中国南沙诸碧礁周围 12 海里水域。11 月派遣“B－52”战略轰炸机从距离南沙华阳礁 2 海里的空中飞过。2016 年 1 月，美舰进入中国西沙中建岛附近 12 海里水域。3 月后“斯坦尼斯”号航母战斗群又长时间在南海逗留，甚至搭载国防部长，以此炫耀武力。不仅如此，继美军获准在新加坡部署反潜巡逻机后，2016 年 3 月美菲达成军事协议，获准以轮换驻扎形式使用该国 5 处军事基地。5 月美国宣布全面解除对越武器禁运，8 月又与印度签署了《后勤交流备忘录》。同样，日本与菲律宾、越南的军事合作也在升温。2016 年 2 月，日菲两国签订了首份军事装备合作协议，日本同意向菲律宾租借 5 架 TC－90 飞机，用于南海侦察和巡逻。3 月日本海军舰艇访问苏比克湾，参与次月举行的美菲联合军演。4 月日本军舰访问越南，战后首次停靠金兰湾。① 9 月安倍政府同意向菲律宾提供贷款，购买“大型巡逻舰”，意图强化针对中国的海上警备能力。

在东海方向，中日之间的摩擦、对抗也持续不断。为了强化西南诸岛防卫，2016 年 3 月日本决定向与那国岛（距钓鱼岛约 150 公里，距中国台湾约 110 公里）派驻自卫队，建立雷达站。年底前还计划在鹿儿岛县奄美大岛和冲绳县宫古岛等地驻扎警备部队，部署反舰、地空导弹。② 日本在中日东海争议岛屿附近强化军事力量，显然是要加强对中国进出西太平洋海空编队的侦察、监视和打击能力。值得警惕的是，2016 年 6 月，中日军机在东海爆发严重对峙事件，日机开启火控雷达照射中方飞机，挑衅动作十分危险。应该看到，虽然中美在南海的军事对抗在加剧，但两国已就重大军事行动相互通报机制和海空相遇安全行为准则达成共识。相反，中日之间既无通畅的政治沟通渠道，也未建立相应的海空紧急联络机制。因此，相关事态很容易升级并造成误判，进而引发潜在的冲突。

---

① 吴兵、刘洪宇：《新安保法案下日本南海政策的新动向》，《当代世界》2016 年第 6 期，第 31～34 页。

② Jesse Johnson, “GSDF Brings Yonaguni Radar Station Online to Keep Closer Eye on China,” *The Japan Times*, Mar 28, 2016.

显然，美国、日本已将东海、南海博弈上升到与中国争夺亚太主导权的高度，随着军事对抗、安全两难不断加剧，中国在海洋方向面临冲突的风险在增加。

（四）恐怖组织、极端宗教势力对我周边渗透的威胁在增多

过去一年，以“伊斯兰国”“基地”为代表的国际恐怖组织、极端宗教势力对我周边渗透力度逐步加强。在东南亚和南亚，继2015年8月位于泰国曼谷商业中心的四面佛景点发生爆炸案后，2016年1月14日，印度尼西亚首都雅加达遭受汽车连环爆炸袭击，“伊斯兰国”宣称对此负责，策划者是身在叙利亚的印尼裔极端分子，目的是呼应“伊斯兰国”在全球的恐怖活动。2016年6月28日至7月1日，“伊斯兰国”在马来西亚、阿富汗、孟加拉国接连制造恐怖袭击。7月5日，印尼、泰国再度遭受恐怖袭击。在中亚地区，5月塔吉克斯坦当局挫败了“红色婚礼”恐袭计划，6月至7月，哈萨克斯坦阿克托比和阿拉木图先后遭遇连环恐怖袭击，8月30日，与叙利亚“努斯拉阵线”有染的“东突厥斯坦”伊斯兰运动（即“东伊运”）分子对中国驻吉尔吉斯斯坦大使馆实施了自杀性汽车炸弹袭击。[①] 种种迹象表明，自“9·11”事件以来，中国周边的反恐斗争正在进入一个新的严峻期。

第一，东南亚、中亚一些国家已经成为国际恐怖组织、宗教极端势力的招募中心，目前已有数千名来自马来西亚、印尼、菲律宾、新加坡、中亚国家包括中国新疆的极端分子奔赴伊拉克、叙利亚参战。“伊斯兰国”甚至成立了“马来群岛战斗小组”，东突分子也在叙利亚北部安营扎寨。他们的目的不仅仅是接受战斗洗礼，还包括获得资金援助、接受暴恐技能的训练。第二，“伊斯兰国”正寻求在印尼、阿富汗、巴基斯坦等地扩展网络，建立长期活动的据点，[②]“基地”、“阿塔”、“巴塔”和“乌伊运”等极端宗教组织

---

① Olga Dzyubenko, “Kyrgyzstan Says Uighur Militant Groups behind Attack on China’s Embassy,” *Yahoo News*, September 7, 2016.

② 李伟：《“伊斯兰国”正在开辟域外战线》，《世界知识》2015年第5期，第30~31页。

大量盘踞在塔吉克斯坦－阿富汗－土库曼斯坦边界地区，伺机扩张。随着“圣战分子”向中国周边不断回流，中国周边成为恐怖主义高危地带的风险在加大。第三，随着暴恐能力不断提升，“东伊运”恐怖势力的活动空间在增大。目前该组织已形成以南亚、伊叙为主要活动基地，以东南亚、中亚为主要偷逃通道、活动跳板的跨境暴恐网络，对我国边境地区特别是西北安全构成直接威胁。[①] 第四，中国海外利益受袭的风险在加大。东南亚、中亚、南亚是我国推进“一带一路”合作的重点区域，中国在一些国家有大量的能源、基建项目投资。过去一年，中国驻外机构、公民在老挝、巴基斯坦、吉尔吉斯斯坦频繁受袭表明，此类威胁或将持续加剧。

二　中国周边热点、敏感问题追踪与评估

过去一年，中国周边热点、敏感问题持续发作，一定程度降低了周边安全的稳定性。在东北亚，朝鲜两次核试验导致半岛局势高度紧张，美韩谋求在韩部署“萨德”反导系统致局势更为复杂；在东南亚，缅甸、老挝、越南、菲律宾先后经历了换届选举，一些国家内部局势依然欠缺稳定，对华关系走向仍存较大变数；在南亚，印巴局势依然十分敏感，中印边境纷争龃龉不断；在中亚，阿富汗局势依然动荡，经济危机、极端宗教、民族问题、大国博弈正在威胁地区稳定，一些国家领导层的更新换代也在加剧局势走向的不确定性。

（一）东北亚：朝核问题与“萨德”入韩

继2015年12月朝鲜最高领导人金正恩宣布朝鲜拥有“氢弹”后，2016年1月6日、9月9日朝鲜又进行了两次核试验。外界普遍认为，第四次核试验的主要目的是验证和推进与氢弹相关的技术，第五次核试验主要是推进

---

① 张金荣、张欣月、杨尧：《“伊斯兰国”向东南亚渗透剖析》，《当代世界》2016年第6期，第46～49页。

核弹头的小型化、轻量化和多样化。应该看到，自2011年金正恩执政以来，朝鲜已经进行了三次核试验。仅过去一年，就进行两次核试验和十多次的导弹试射，朝鲜不断加强核、导能力显然有多重考量：①从技术层面来看，朝鲜一方面是要实现核装置的小型化，最终完成“弹箭结合”，另一方面是要掌握铀弹技术以及提高裂变材料利用效率的助爆技术，强化核武器的威慑力；②从安全层面来讲，朝鲜希望通过研制核武器提升军事实力，恢复半岛军力平衡，维持政权生存；③从战略层面来讲，朝鲜期望通过强化核、导技术增强博弈筹码，迫使美国放弃敌视政策，实现朝美直接对话。显然，朝鲜的核武能力正在快速提升，但是拥核并没有给朝鲜带来其想要的安全，其处境正变得更为孤立。

朝鲜不顾国际社会反对进行核试验，不仅加剧了朝鲜半岛南北双方的紧张和对立，强化了美、韩、日同盟，而且为美国在韩部署“萨德”系统提供了借口。众所周知，韩美两国私下里讨论“萨德”问题由来已久。由于该问题对地区安全高度敏感，韩国的立场一直比较模糊，但是，朝鲜第四次核试验显然促使韩国最终下定决心引入“萨德”。韩国的担忧自然有其理由，面对朝鲜在拥核道路上狂奔，如果还不着手全面提升防御能力，那么韩国的安全恐将无法获得保障。同样，面对民众的不满，韩国政府也要做出果断回应，不管“萨德”能否挡住朝鲜的核导威胁，但有总比没有强。[①] 对美国来讲，在韩部署“萨德”自然有其特殊意义。首先，“萨德”问题显然离间了中韩关系，推动了美、日、韩三边安全合作，将美韩同盟捆绑得更加紧密。其次，“萨德”问题有助于配合东海、台海、南海形势，从多个方向对中国实施牵制和制衡。再者，“萨德”系统远远超出了韩国自身防卫的需要，美国将反导系统直接部署到中俄两家门口，打破地区战略平衡的意图不言自明。

在“萨德”问题上，韩美两国无视中国关切的做法对中韩、中美关系

---

① 董向荣：《韩国决定部署萨德的战略考量与战术安排》，《当代世界》2016年第8期，第29～33页。

以及东北亚安全造成了严重的负面影响，中韩、中美之间的政治互信在降低，推动半岛无核化变得更加困难，通过多边合作解决朝核问题、维护半岛稳定的前景变得更加不明朗。“萨德”入韩更多服务于美国的战略利益，韩国作为中等国家鲁莽地介入大国纷争很可能最终得不偿失。

（二）东南亚：缅、老、越、菲大选后政局与对华政策走向

2015 年 11 月缅甸举行全国大选，昂山素季领导的民盟获得压倒性胜利。2016 年 3 月，随着民盟资深成员吴廷觉当选新任总统，民盟开始正式执政，缅甸政治权力实现了平稳过渡。但是，应该看到，当前缅甸宪法及其权力安排依然确保了军方对核心政治权力的掌控。比如，在国防安全委员会中，军方依然掌握主导权。在议会中，军方拥有 25% 的非选举席位，对宪法修正及重大事务拥有一票否决权。同样，宪法不仅要求国防部长、内政部长、边境事务部长这些重要职位由军方来任命，而且规定缅甸军方有权在特殊情况下接管国家。① 对民盟来讲，未来执政之路挑战重重。首先，民盟政府与军方的关系仍存较大变数。军方虽已承认大选结果，但强调不会退出政治舞台。实际上，民盟想要推动政治改革，必须谨慎处理与军方的关系，但寻找利益平衡点显然并不容易。其次，民盟的执政能力备受质疑。经济建设、改善民生不同于政治斗争，民盟需要强化人才和制度建设。再次，修宪问题同样敏感。若民盟不惜代价执意推进修宪，很可能触及军方核心利益，引发政局动荡。最后，实现民族和解举步维艰。即使在大选期间，军方与少数民族武装的冲突依然不断。2016 年 8 月底，缅甸召开了旨在实现永久和平的“21 世纪彬龙会议”。从目前的情况来看，会议未取得任何突破性成果，缅甸持久和平之路依然任重道远。②

过去一年，老挝、越南、菲律宾相继举行换届选举。2016 年 1 月，老挝人民革命党召开“十大”，本扬 · 沃拉吉当选新任总书记。值得注意的

① 郭继光：《缅甸总统选举与未来政治走向》，《当代世界》2016 年第 4 期，第 60 ~ 62 页。

② 宋清润：《缅甸持久和平之路任重道远》，《文汇报》2016 年 9 月 7 日，第 6 版。

是，美国正在加强与老挝新政府的接触。鉴于中美博弈、南海争端日趋加剧，老挝对华政策很可能面临美国、越南更大的压力。同样，2016 年 1 月，越南共产党召开了“十二大”，选举了新的领导集体（总书记阮富仲、总理阮春福、国家主席陈大光、国会主席阮氏金银），这一布局凸显了“以老带新”“权力制衡”的特点。显然，面对内外复杂形势，越南一方面要继续改革开放，另一方面也要防范外部风险。[①] 对于南海问题，新政府态度谨慎，倾向于延续“既合作又斗争”的策略。对于中越关系，新政府立场较为务实，侧重于友好合作。对菲律宾来讲，杜特尔特执政以来，对华不断释放积极信号，双方接触有所增多。但是，鉴于南海争端导致两国关系陷入低谷，负面效应短期料将难以消除，改善前景仍存较大变数。

（三）南亚：印巴克什米尔问题、中印领土争端与战略猜忌

过去一年，印巴两国因克什米尔问题再起争端。2016 年 7 月，印度军警击毙了一名武装组织头领，导致印控克区爆发大规模反印示威和冲突，造成重大人员伤亡。巴基斯坦随后表示，在道义、政治、外交上给予印控克区的穆斯林兄弟全力支持，印巴关系随之再度紧张。众所周知，印控克什米尔地区穆斯林人口占比为 75%，政治上寻求“高度自治”。近二十年来，新德里治理印控克区主要依赖政治高压、经济施舍和军事维稳。但凡出现问题，大多把原因归咎于巴基斯坦，进而要求巴方结束对巴控克区的“非法占领”，停止支持反印暴力活动和恐怖主义。[②] 此次事件如出一辙，印度在印控克区高压打击穆斯林“反叛组织”，巴基斯坦则强烈抗议印度当局对克什米尔“自由运动”的残酷镇压。7 月 20 日，巴基斯坦举行了全国抗议活动，要求印度履行联合国安理会关于克什米尔全民公决的决议。与此同时，巴外交机构也在多方活动，寻求国际支持。中国对印巴克什米尔争端升级高度关注，希望各方能通过对话和平解决问题，尽快恢复局势稳定。不过，鉴于克

① 潘金娥：《从越南十二大看越南革新的走向》，《当代世界与社会主义》2016 年第 1 期，第 54 页。

② Aziz - Ud - Din Ahmad, “Indian Controlled Kashmir,” *Pakistan Today*, Sept. 11, 2016.

什米尔问题直接涉及印巴领土主权核心利益，妥协空间十分有限，因此，紧张事态延续下去的可能性更大。

在南亚地区，中印边界争端与战略猜忌也是难以化解的敏感问题。尽管莫迪执政以来，中印经济合作不断扩大，但两国之间仍然缺乏军事互信。过去一年，为了强化边界争议地区的实际控制权，印度采取了一系列升级动作。一是对靠近中印边界地区的道路、机场、通信网络进行升级和战备改造。二是在克什米尔北部拉达克山区部署了三个坦克团。三是在阿鲁纳恰尔邦（即我藏南地区）部署了布拉莫斯巡航导弹团。显然，印度对中国崛起充满担忧，这不仅仅涉及领土争端，还包括战略猜忌。中国建设中巴经济走廊，在南亚开展正常的政治、经济活动多被印度解读为“中国意图向印度洋扩张，削弱印度的地区主导地位”。不难发现，过去一年印度与美国、日本、越南的防务关系加速提升。由于担心斯里兰卡、尼泊尔等国疏远印度、转向中国，印度对两国内政加大了干预。中国在斯里兰卡科伦坡港口城的投资项目受到冲击，不得不停工一年并重新签署协议。[①] 印度封锁尼印边界，对尼泊尔实施能源禁运，也影响了中尼关系的正常发展。[②] 不仅如此，无论是炒作“中国阻止印度加入核供应国”，还是爆发印度驱逐中国记者的事件，都表明中印尚未找到缓解安全两难、战略猜忌的好办法。

（四）中亚：阿富汗乱局、中亚国家转型困境

过去一年，阿富汗局势依然动荡。从体制内来看，加尼阵营与阿卜杜拉阵营矛盾不断。以阿塔·努尔为代表的塔吉克族势力、哈利利为代表的哈扎拉族势力对现状不满，不断向阿卜杜拉施压，要求为北方民族争取更多权益。两大阵营围绕外交、内政、国防和财政权力分配、人事安排争夺不休。从体制外来看，中央政府与阿富汗“塔利班”、“哈卡尼网络”和伊斯兰党等反叛势力的缠斗不休。自 2015 年以来，“塔利班”等反叛组织在阿富汗

---

① 《中斯签署科伦坡港口城项目新协议》，中国网，http：//finance. china. com. cn/roll/20160813/3857478. shtml。

② Khagendra N. Sharma, “Unwarranted Regression,” *The Kathmandu Post*, July 8, 2016.

全境“多点开花”，除了西部与伊朗接壤地区之外，在其他各个方向均有较大“斩获”。正因如此，2016 年 7 月奥巴马政府再度放缓撤军步伐，决定将驻阿美军维持在 8400 人的水平，直至其任期结束。①

“塔利班”方面也出现了新的变化。2016 年 5 月 25 日，该组织发表声明，确认领导人曼苏尔在美军空袭中丧生。“塔利班”随后选举了曼苏尔副手海巴图拉·阿洪扎达为新任领导人，任命“塔利班”分支“哈卡尼网络”领导人西拉杰丁·哈卡尼和奥马尔的儿子雅各布分别担任阿洪扎达的第一、第二副手。阿洪扎达被认为是“塔利班”坚定的“鹰派”人物。“哈卡尼网络”被国际社会列为恐怖组织，雅各布派别也十分激进和极端。② 总之，从“塔利班”高层新的权力安排来看，该组织内部主张和谈的势力受到较大削弱，短期内与政府重新对话的可能性并不大。

中国与相关国家对阿富汗安全、社会发展陷入困境高度关注。为尽快重启阿富汗和平进程，2016 年初中国、美国、巴基斯坦、阿富汗四方成立了协调小组机制，着力推动阿富汗政府与“塔利班”直接谈判。2016 年 5 月，阿富汗首席执行官阿卜杜拉访华，两国领导人达成多项共识，中国决定在安全、经济领域对阿加大援助。2016 年 8 月，中国、阿富汗、巴基斯坦、塔吉克斯坦四国建立了军队反恐合作协调机制，决定在反恐形势研判、线索核查、情报共享、反恐能力建设、反恐联合训练、人员培训方面开展协调并提供相互支持。③ 种种迹象表明，支持阿富汗打击恐怖主义、加强安全能力建设是中阿关系今后发展的一个重要方向。

过去一年，中亚国家转型面临的困境和挑战持续加大。从经济上看，金融危机持续发酵导致中亚国家普遍面临经济衰退、调整经济结构和发展模式的巨大压力。从政治上来看，一些国家政权交接、领导人新老更替存在较大不确定性。如果处理不当，很可能引发政局动荡。从民族问题来看，经济发展不平衡导致民族、部族矛盾十分突出，经常引发政治冲突。从宗教问题来

---

① 《奥巴马宣布将驻阿富汗美军维持在约 8400 人》，新华网，2016 年 7 月 7 日。

② 王世达：《阿富汗和平之路的现在与未来》，《现代国际关系》2016 年第 7 期，第 48 页。

③ 《中国阿富汗等四国宣布加强军队反恐合作机制》，联合早报网，2016 年 8 月 5 日。

看，经济贫困、社会动荡为伊斯兰极端组织、极端思想发展提供了合适的土壤，境外宗教极端势力也在借机加大渗透力度。从大国博弈层面来看，俄、美、日、欧都在加大战略经营，大国利益不断碰撞势必加剧中亚国家转型之路的复杂性。[①]

三　中国周边安全形势展望与预测

毫无疑问，过去一年，中国周边安全形势正变得日益复杂而多变，大国竞争博弈加剧，海洋领土争端升级，传统安全与非传统安全问题相互交织、地区热点敏感问题频繁发作，都在削弱周边安全环境的稳定性。转型期内中国与周边国家的矛盾、摩擦有所增多，但是各方掌控危机、引导局势转变的经验和能力也在提升。显然，中国周边安全的大格局并没有发生根本逆转，求和平、谋发展、促合作仍然是主流趋势。

对中美关系来讲，探索新型大国关系之路并不顺畅。美国缺乏与“非敌非友”大国友善相处的历史经验，中国作为新兴大国也缺乏与超级大国互动的历史体验。[②] 随着美国愈发倾向于将中国定性为“战略竞争对手”，中国倾向于判断美国愈发转向遏制中国崛起，中美之间竞争、对抗的成分很可能继续上升，但是两国关系陷入敌对的风险不大。尽管双方在安全、战略层面存在猜忌，但必须看到，中美之间依然存在广泛的共同利益，现实中都在努力加强对话和接触，倾向于通过建设性的方式处理矛盾和分歧，致力于维持总体和平与稳定。因此，在可见的预期内，中美关系斗而不破的局面很可能延续下去。

对中日关系来讲，当前最大的问题是日本当政者对外战略思想严重背离和平发展的时代潮流，脱离日本基本国情，在中国“是敌是友”问题上越

① Eugene Rumer, Richard Sokolsky, Paul Stronski, “U. S. Policy Toward Central Asia 3. 0,” Research Paper, Carnegie Endowment for International Peace, January 25, 2016.

② 傅莹：《杭州 G20 峰会能让美国对中国不再战略误判吗?》，《参考消息》2016 年 9 月 2 日。

来越朝着“与中国为敌”的方向倾斜。[①] 过去一年，安倍政府对华政策的“投机性”给中日关系带来了更多麻烦。日本想要改善对华关系，必须在历史问题上谨言慎行，不再采取敌视中国的政策，特别是不能继续插手南海问题，不能利用台湾政局变化与台发展暧昧关系。不过，鉴于日本政治精英、普通民众对中国崛起普遍抱有失落感和恐惧感，对中日之间角色、地位的互换仍很不适应，中日关系短期内走出低谷仍然阻力重重。

对于海洋领土权益争端而言，由于美国、日本正在通过外交、军事手段加大南海问题的介入，菲律宾、越南等国谋求迫使中国承认非法的“仲裁结果”，日本在钓鱼岛问题以及中日东海争端上仍然奉行顽固的对抗立场，中国与相关国家的博弈、斗争延续下去的可能性依然较大，纠纷、摩擦短期内恐将无法得到有效解决。但是，不能解决并不代表不能缓和，陷入僵局并不等于不能妥协。应该看到，过去一年中美、中越、中菲摩擦发生后，各方都在努力控制局势，避免危机失控，显然，各方十分清楚，解决相互间存在的分歧与矛盾，最现实有效的方式还是对话与合作。

朝鲜半岛局势依然高度敏感，无论朝鲜的核、导试验还是美国在韩部署“萨德”系统本质上都在加剧紧张局势，无助于推进半岛无核化、维护半岛和平与稳定。对朝鲜而言，如果觉得朝美对话没有前景，安全又没有保证，很可能再次进行导弹试射和核试验。对美、日、韩三方而言，如果觉得朝鲜不愿彻底弃核，继续强化核武技术，很可能进一步强化经济制裁与军事威慑。不难发现，朝鲜进行第五次核试验后，半岛局势再次上演了美、日、韩推动制裁加码、势态紧张升级、双方大举军演的“老套”剧情。鉴于双方仍然无法摆脱“零和”对抗，朝核问题短期重返对话轨道仍存较大障碍。

随着恐怖主义在中东、北非地区进入活跃期，中国面临着国际恐怖组织、极端宗教势力向我周边不断渗透，强化活动能力的巨大挑战。同样，随着“走出去”战略的不断推进，“一带一路”倡议的不断对接，中国投资正

---

① 冯昭奎：《“区分开来”原则与后冷战时代的中日关系》，《当代世界》2016 年第 7 期，第 23 页。

在大举进入中亚、东南亚、南亚、中东等不稳定区域，中国驻外机构、公民受到恐怖主义和暴力袭击的威胁与日俱增。不仅如此，随着中国国际地位的不断提高、国家利益的向外扩展，中国在这方面面临的压力势必不断增加。鉴于维护境外国家利益、保护同胞生命财产已经成为刻不容缓的问题和挑战，中国参加地区、国际反恐合作的步伐很可能会加快。

结　语

总之，中国周边安全环境的转型仍在持续，各方对地区安全形势的转变仍在不断适应，中国需要进一步适应自己的大国身份和责任，周边国家也需要不断适应中国作为大国的和平发展。如果各方能够抓住机遇、相向而行，尽快就地区安全合作机制、规范达成共识，那么中国与周边国家的上述调整和摸索就会显著缩短，反之，则可能面临较长的磨合期。

参考文献

傅莹：《杭州 G20 峰会能让美国对中国不再战略误判吗?》，《参考消息》2016 年 9 月 2 日。

董向荣：《韩国决定部署萨德的战略考量与战术安排》，《当代世界》2016 年第 8 期。

冯昭奎：《“区分开来”原则与后冷战时代的中日关系》，《当代世界》2016 年第 7 期。

高飞、张建：《俄日关系走近：各有利益考量》，《当代世界》2016 年第 6 期。

郭继光：《缅甸总统选举与未来政治走向》，《当代世界》2016 年第 4 期。

侯隽：《新安保法：日本迈向战争歧途的危险一步》，《学习时报》2016 年 4 月 11 日，第 2 版。

李伟：《“伊斯兰国”正在开辟域外战线》，《世界知识》2015 年第 5 期。

潘金娥：《从越南十二大看越南革新的走向》，《当代世界与社会主义》2016 年第 1 期。

宋清润：《缅甸持久和平之路任重道远》，《文汇报》2016 年 9 月 7 日。

石源华、张驰：《韩国朴槿惠政府对日政策的调整》，《现代国际关系》2016 年第 1 期。

吴兵、刘洪宇：《新安保法案下日本南海政策的新动向》，《当代世界》2016 年第 6 期。

王世达：《阿富汗和平之路的现在与未来》，《现代国际关系》2016 年第 7 期。

张金荣、张欣月、杨尧：《"伊斯兰国"向东南亚渗透剖析》，《当代世界》2016 年第 6 期。

Aziz – Ud – Din Ahmad, "Indian Controlled Kashmir," *Pakistan Today*, Sept. 11, 2016.

Catherine Putz, "US Secretary of State to Visit All Five Central Asian States," *The Diplomat*, October 28, 2015.

Eugene Rumer, Richard Sokolsky, Paul Stronski, "U. S. Policy Toward Central Asia 3. 0," Research Paper, Carnegie Endowment for International Peace, January 25, 2016.

Jesse Johnson, "GSDF Brings Yonaguni Radar Station Online to Keep Closer Eye on China," *The Japan Times*, Mar 28, 2016.

Khagendra N. Sharma, "Unwarranted Regression," *The Kathmandu Post*, July 8, 2016.

Olga Dzyubenko, "Kyrgyzstan Says Uighur Militant Groups behind Attack on China's Embassy," *Yahoo News*, September 7, 2016.

全球问题与全球治理

Global Issues and Global Governance

Y.7

网络空间国际治理的新动向

郎　平*

摘　要：网络空间国际治理进程在2016年出现了若干新动向：第一，IANA管理权移交接近完成，美国政府正式放弃对全球互联网域名和地址的监管；第二，国家安全与个人信息隐私保护之间的冲突凸显，互联网治理逐渐超越模式之争，议题不断深化；第三，网络主权概念得到国际认同，中美网络安全执法合作取得新进展；第四，数字经济合作进入全球经济治理框架，成为网络空间国际治理的重要利益契合点。上述动向说明，网络空间的国际治理在技术、共同政策、安全和经济层面上呈现出不同发展态势，分层化趋势明显，应采用不同的模式和策略加以应对。

* 郎平，中国社会科学院世界经济与政治研究所副研究员，国际政治理论研究室副主任，主要研究领域为网络空间安全与治理等。

关键词： 网络空间治理 IANA 管理权移交 网络安全 苹果手机解密事件 数字经济

随着信息技术的快速发展，网络空间正与现实空间紧密融合，网络空间国际治理在技术、公共政策、安全和经济层面进一步深化，国家与社会、国家与国家之间的冲突和博弈在多个层面上展开。虽然目前仍然没有明确的答案和统一的规则，但是这些冲突和博弈本身所揭示的新动向，正是网络空间国际治理不断深化和演变的重要推动力。

一 美批准 IANA 管理权移交，ICANN 脱离美政府监管几成定局

“斯诺登事件”之后，美国政府迫于国际压力，于 2014 年 3 月宣布准备将其对互联网数字分配机构（IANA）的职能管理权移交给全球多利益相关方社群。2016 年，历时两年多的 ICANN（互联网名称与数字地址分配机构）改革终于落下帷幕。8 月 16 日，美国国家电信和信息管理局（NTIA）宣布，NTIA 已将 ICANN 提交的报告详细审核完毕，除非发生重大阻碍，NTIA 准备让互联网数字分配机构职能合同于 2016 年 10 月 1 日到期失效。[①] 这意味着美国政府与 ICANN 间的 IANA 职能合同有望如期失效，美国商务部将放弃对互联网根域名服务器的监管权，正式移交给 ICANN 管理。

ICANN 的改革虽然是一项复杂的工程，但总体进程还是比较顺利的，基本上是按照 2015 年第 53 届会议上提出的时间表来逐步推进的。2016 年 3 月，在摩洛哥马拉喀什举行的 ICANN 第 55 届会议上，IANA 管理权移交方

---

① https://www.ntia.doc.gov/files/ntia/publications/20160816marby.pdf.

案获社群通过，ICANN 的六个章程组织①先后通过了加强 ICANN 问责制跨社群工作组第一工作流程报告。3 月 10 日，ICANN 董事会将提案提交给 NTIA，至此，IANA 管理权移交的整体方案已由全球互联网社群成员共同制定完成。方案提交后，根据 NTIA 的要求，5 月 27 日，ICANN 董事会批准了新的 ICANN 章程，充分容纳了各方在移交过程中的建议，旨在建立一个加强的、社群赋权的、独立的 ICANN。

2016 年 6 月 9 日，NTIA 发布了对 IANA 管理权移交方案的审核报告，报告认可由全球互联网社群制定的移交方案符合 NTIA 2014 年宣布启动移交进程时所预设的全部条件。② 6 月 23 日，加强 ICANN 问责制跨社群工作组联合主席宣布启动问责制方案第二阶段工作流程，明确了 9 个需要社群、员工或董事会加强问责制的领域，③ 以确保新的问责制机制能够顺利实施。8 月 12 日，ICANN 发布公告，宣布向 NTIA 提交了 IANA 管理权移交实施规划报告，并宣布成立“公共技术标识符机构”（PTI，即移交后的 IANA），作为 ICANN 下属的一个非营利性公益机构，承担互联网号码分配职能；成立客户常任委员会（CSC）负责对 PTI 董事会和运营工作的监督；成立根区发展审核委员会（RZERC），负责对今后根区架构和运营模式的调整提出建议。④ 如果没有意外发生，确认移交之后，ICANN 还将完成一些后续的工作流程，例如在 2016 年 9 月 30 日前完成 PTI 章程、ICANN-PTI 间域名职能协议以及 ICANN-PTI 间服务协议，并且在未来一段时期进行相关机构和机制

---

① 安全性和稳定性咨询委员会（SSAC）、地址支持组织（ASO）、一般会员咨询委员会（ALAC）、政府咨询委员会（GAC）、通用名称支持组织（GNSO）、国家和地区代码名称支持组织（ccNSO）。

② 报告全文见 https：//www. ntia. doc. gov/report/2016/iana – stewardship – transition – proposal – assessment – report；方案全文见 https：//community. icann. org/x/8w2AAw。

③ 议题包括：增强透明度；加强 ICANN 多样性；划定 ICANN 员工问责制的清晰界限；拟定工作计划加强支持组织和咨询委员会的问责制；制定框架，解释 ICANN 怎样在有限的使命及工作范畴内尊重人权；扩充 ICANN 合同的司法管辖区域，以便解决合同纠纷；监察官的角色和职能；在撤职 ICANN 董事讨论中需遵循善意行为方针；进入独立审查程序前投诉人和 ICANN 之间的沟通流程。参见 ICANN 北京合作中心《CCWG 问责制联合主席宣布在赫尔辛基启动第二阶段工作流程》，微信公众号，2016 年 6 月 24 日。

④ https：//www. icann. org/news/announcement – 3 – 2016 – 08 – 12 – en.

的磨合，确保整个机构和互联网体系的平稳有效运行。

对于美国政府的权力移交，美国互联网业界给予了积极的肯定。2016年4月，英特尔、亚马逊、微软、惠普、戴尔、思科、美国国际工商理事会（USCIB）、互联网基础设施联盟（IIC）、互联网协会（IA）、计算机与通信产业协会（CCIA）、信息通信产业理事会（ITI）等11家企业与行业组织联名致函美国国会，支持IANA管理权移交方案。信函称："互联网是当今世界最伟大的创新平台，也是人类设计的最出色的通信网络，我们这些企业依赖于互联网稳定、安全的未来。互联网的寻址系统使互联网维持了全球性、可扩展性和互操作性。我们对IANA管理权移交方案表示祝贺，它将确保一个全球互联网的安全稳定。"① 5月24日，互联网架构委员会主席安德鲁·沙利文（Andrew Sullivan）在国会听证时表示，美国政府移交IANA管理权是一件好事，原因有三点：一是NTIA的介入在一定程度上降低了IANA的效率。二是移交方案最大限度地保证了ICANN原有工作方式和体系的延续性。三是移交方案的制定和准备工作很充分，获得了全球互联网社群的支持。基于此，移交方案应该立即开始实施。②

但是，美国国内一些保守派却对此表示了极大的担忧。2016年5月，保守党智库美国传统基金会（Heritage Foundation）研究员布雷特·谢弗（Brett D. Schaefer）在参议院听证会上表示，目前的移交方案仍然存在诸多的不确定性，例如它会使政府在ICANN中的权力有所增加；还有一些重要的问题例如人权、ICANN的所属地管辖权都还没有得到解决；当前的问责制方案并没有得到实践检验，新的章程文本过于冗长，两倍于旧的版本，诸多机制和程序都可能存在难以预见的错误和瑕疵。他认为，美国政府应该延长与ICANN的现有合同，直到确认现有的移交方案能够确保ICANN的安全

① An Open Letter to Congress from U. S. Business, http://static.politico.com/55/b3/12c93cc94ef1a1aec591c0a22da2/an-open-letter-to-congress-from-us-business-iana.

② Statement of Andrew Sullivan, Chair, Internet Architecture Board, before the United States Senate Committee on Commerce, Science, and Transportation, "Examining the Multistakeholder Plan for Transitioning the Internet Assigned Number Authority," May 24, 2016.

运转。[①] 8 月 12 日，得克萨斯州共和党议员泰德·克鲁兹（Ted Cruz）、犹他州共和党议员麦克·李（Mike Lee）和威斯康星州共和党议员肖恩·达菲（Sean Duffy）给民主党政府写信，再次抱怨这个“把互联网拱手相送的计划”是对现行约束政策的蔑视。反对这一提案的人士还希望，确保美国保留对域名 . gov（政府网站域名后缀）和 . mil（军队网站域名后缀）的单一拥有权。[②] 8 月 16 日，布雷特·谢弗再次发声，指责 NTIA 的这一决定“直接违背”了现行法律，并呼吁国会应当“在这一事件上行动起来，保卫宪法赋予的权力”。另一位保守派组织“科技自由”（Tech Freedom）智库主席贝林·斯佐卡（Berin Szoka）表示，即使国会不行动，很快也会有个人作为原告来到法庭上就这一问题讨说法，域名功能应当是政府资产，绝不可以在没有国会同意的情况下就被私有化。[③] 进入 9 月，保守派更是发起了最后的冲击，16 日，克鲁兹等 11 名共和党参议员发表联合声明，呼吁民主党参议员反对 IANA 移交。[④]

到目前为止，美国政府在 IANA 管理权移交问题上的立场还是很明确的。8 月 16 日，美国 NTIA 局长劳伦斯·施特里克林（Lawrence E. Strickling）在一篇博客中写道：“这一移交代表了美国政府，在受到三届政府支持后，终于达成长期以来承诺私有化互联网域名系统的最后一步”；

① Statement of Brett D. Schaefer, The Heritage Foundation, before the United States Senate Committee on Commerce, Science, and Transportation, "Examining the Multistakeholder Plan for Transitioning the Internet Assigned Number Authority," May 24, 2016.

② “Cruz, Lankford, and Lee Raise New Concerns about ICANN's Relationship with Authoritarian China,” Senators Send Letter to ICANN Chairman Dr. Stephen Crocker, March 3, 2016, https://www.cruz.senate.gov/?p=press_release&id=2603.

③ Monika Ermert, “US Government Announces Go - Ahead for IANA Transition by October,” *Intellectual Property Watch*, August 17 2016.

④ 争议的焦点包括：移交是否会成为外国政府在 ICANN 获得更多权力的工具；是否会危及互联网自由；是否可以延期进行；是否会危害互联网治理的多利益相关方模式；可能会导致互联网分裂；ICANN 的司法管辖权问题；是否涉及美国政府财产的转移；NTIA 是否涉嫌违反国会法案。Michael Berkens, “GOP Senators Issue Statement Against ICANN October 1 Oversight Transition,” September 16, 2016, http://www.thedomains.com/2016/09/16/gop-senators-issue-statement-icann-october-1-oversight-transition/。

“如果美国政府此次不能完成这一权力转移，各国要求以多边政府运营形式来替代多方利益相关者模式的呼声只会越来越高”。[①] 9月16日，美国国务院主管网络事务的三名高官发表署名文章，反驳共和党的攻击，确认移交的必要性。[②] 对美国政府来说，虽然放弃了IANA的监管权，但是美国在ICANN的影响力仍然存在。首先，ICANN仍然是注册在美国加州的一家公司，它仍然保留着对ICANN的法律管辖权。其次，美国实现了将ICANN的运营完全私有化的目标，任何其他国家的政府都无从干预其运营。再次，美国互联网企业和技术人员凭借其绝对领先的技术优势，仍然在ICANN的各个社群和委员会中持有重要的话语权。基于此，美国政府有足够的理由将IANA管理权的移交工作进行到底。但是，在美国三权分立的制度下，美国政府的决策常常会受到立法部门以及司法部门的阻挠，特别是国会共和党保守势力一方面试图阻止移交法案的通过，另一方面也在设法将阻挠移交的条款捆绑纳入新的预算拨款法案。因此，最后的结果可能是移交或者不移交，也有可能是立即移交或者推迟移交，10月1日将最后揭晓。

然而，无论怎样，IANA管理权移交对ICANN以及全球互联网的发展来说无疑是一个重要的里程碑。它是一个时期的结束，也是一个新时期的开始。未来一段时期，ICANN将面临新章程下新旧机制磨合的考验，美国政府退出后的监管真空是否能够由赋权的社群实现，问责制是否能够发挥效用，都是关系到全球互联网安全、稳定、有效运行的重要问题。在ICANN内部，还存在不同利益集团之间的矛盾，常常是各国政府一个立场、各国知识产权所有者一个立场、各国注册商一个立场。从这个意义上说，维持现有的域名体系、维护全球单一的互联网，是符合包括世界各国以及全球互联网用户的根本利益的，而这也是ICANN及其多利益

---

① Lawrence E. Strickling, “Update on IANA Transition,” August 16, 2016, https://www.ntia.doc.gov/blog/2016/update-iana-transition.

② Daniel A. Sepulveda, “Internet Stewardship Transition Critical to Internet's Future,” Sep. 16, 2016, http://www.circleid.com/posts/20160916_internet_stewardship_transition_critical_to_internets_future/.

相关方模式得以在各种冲突和争论中能够安全、有效运转和保持活力的重要基础。

二　个人信息保护与数据安全受到关注，网络空间治理需寻求与国家安全的平衡点

在网络空间治理中，公共政策的制定始终是互联网企业与政府之间利益博弈的焦点。作为互联网产业向前发展的推动力量和主要行为体，企业的战略考量主要基于维护企业的利益和价值观，而政府作为政策的制定者，不仅仅要为产业的发展创造良好、安全的环境，而且要维护整个国家的政治经济安全。美国政府与苹果和微软两大互联网巨头之间的争议就凸显了互联网产业发展与国家安全之间的矛盾，也提示了网络空间治理多方参与协商的必要性。

（一）FBI 与苹果公司的手机解密大战

事情起源于 2015 年 12 月 2 日，美国加利福尼亚州圣贝纳迪诺县发生一起枪击案，造成多人死伤，警方找到一部凶手的苹果手机，但因为无法解锁难以获取手机中存储的信息，案件侦破陷入困境。案发不久，FBI 手持搜查令上门，要求苹果公司提供关于这部手机的一切信息，但遭到了苹果的拒绝。2016 年 2 月 16 日，FBI 再次对苹果公司施压，要求其执行联邦法院的法庭指令，专门为其开发一套“政府系统”，帮助其破解苹果手机密码。苹果公司对此严词拒绝，公司 CEO 库克在公开信中表示，苹果公司必须要保护用户的信息，“我们是隐私权的坚定拥护者，我们之所以做这些事情，因为它们都是对的”。库克接受美国《时代》周刊杂志专访，炮轰 FBI 的做法比黑客泄露明星的裸照还要恶劣，并表示在这件事上不会妥协。[①] FBI 和苹果公司的战火随即蔓延至整个科技圈，脸书、谷歌、亚马逊、推特、微软等

---

① “Apple CEO Tim Cook on FBI, Security, Privacy: Transcript,” *Time*, March 17, 2016.

知名互联网公司纷纷表态支持苹果公司。最终，FBI 利用来自第三方的方法破解了手机，从而避免了与苹果公司对簿公堂。

一边是公民权益，一边是国家安全，不仅苹果公司没有退路，美国政府也没什么选择，这就是网络空间治理中当前一个无解的僵局。苹果公司在声明中称，“苹果坚信，美国和世界人民都值得我们去保护他们的数据、安全和隐私。为了其中一项，而去牺牲另外一项，只会将人民和国家置于更大的危险境地”。美国政府之所以如此强硬，也是担忧其他科技公司会“滥用”苹果公司这个“先例”，如果这次让苹果公司赢了，别的公司也可能会跟进，而这将会大幅减少情报机构所能获得的数据，大大削弱现有的“打击－缴获信息－分析－再打击”反恐模式的有效性。微软创始人比尔·盖茨接受《金融时报》专访时表示，自己并没有支持任何一方，一方面他相信苹果公司的抗争是有价值的，但同时希望能在防范政府滥权和国家安全之间取得平衡。①

虽然这场战火最终以和谐的方式收尾，但它所引发的争论有着重要的启示意义。如何在政府监管和个人信息与隐私保护之间寻求一个平衡，还需要广泛和深入的讨论与争论。个人信息的界定目前仍然缺乏明晰的标准，而在大数据时代，个人信息和隐私的内涵和外延在无限扩张，很难找到和制定某项法律法规适用所有的问题。而政府在应对这些新问题、新挑战的时候，该用什么样的包容性方式加以监管和治理，也需要创新性的思考。从这个意义上说，苹果公司与 FBI 的争论还远没有结束，相信今后还会有更多的“苹果”公司和“FBI”卷入类似的纷争，即使我们无法拿出统一的解决方案，但正如苹果公司在回应声明中所说，“公民自由、公共安全和隐私等诸多问题，这值得开展全国性的大讨论”。

（二）美国政府与微软公司的数据索取争议

作为承载着网络空间的各种信息的数据，它对于国家安全的重要性不言

① Adam Segal, “Reactions to the Apple – FBI Clash in the San Bernardino Case,” February 18, 2016.

而喻，很多国家将其上升为战略的高度加以规划，奥巴马政府更是将其比喻为现实世界的“新石油”。但是，这些数据应该存放在哪里、归谁所有和管辖，却并没有一个统一的答案和标准，尤其是当数据涉及国家安全问题的时候。

2013 年 12 月，美国纽约南区联邦地区法院助理法官詹姆斯·弗朗西斯（James C. Francis）签发搜查令，要求微软公司协助一起毒品案件的调查，将一名微软用户的电子邮件内容和其他账户信息提交给美国政府，遭到微软的拒绝。当事双方各执一词，美国执法部门认为，微软是注册于美国的公司，美国政府有权要求一个美国公司提供其控制或所拥有的信息记录。微软则认为，美国政府依据《存储传播法案》（*Stored Communication Act*）申请的搜查令只在美国境内有效，电子邮件内容存放于微软爱尔兰数据中心，不归美国政府管辖，美国法律不适用；况且，电子邮件内容不应该被认定为记录（record），而应是财产（property），美国执法部门必须拿到“具有境外法律效果的搜查和扣押令”，才能要求微软交出邮件内容。

这一争议在互联网公司中引发了轩然大波。2014 年 12 月 15 日，苹果、思科、亚马逊等 28 家全球领先的技术和媒体公司、35 位知名计算机科学家以及 23 家行业协会和政策倡导组织提交了 10 份“法庭之友”陈述，支持微软拒绝交出该用户电子邮件内容，并就此搜查令提起上诉。[①] 2016 年 7 月 14 日，美国联邦第二巡回上诉法院终于对这个问题做出了解答。上诉法院的三位法官一致认为，FBI 的搜查令不具域外效力，要获取境外数据，应通过双边司法协助条约解决。[②] 根据这一判决，数据的存储地点是判定数据管辖权的首要依据，而不是数据控制者所在的属地管辖。换言之，根据美国现行法律，微软存储于爱尔兰的数据主权归属于爱尔兰，而不是微软所在的美国。

这个案件的最终判决具有重要的现实意义。按照美国现行法律，涉及个

---

① 洪延青：《数字时代，美国政府的手能伸多长》，《中国经济周刊》2015 年第 5 期。

② “Microsoft Wins Appeal on Overseas Data Searches,” *The New York Times*, July 14, 2016.

人隐私的数据应受到存储国法律的保护，一个国家的政府对存储于本国境内的数据享有主权。如果涉及国家安全需要跨境获取存储于他国的数据信息，那么必须依靠两个主权国家之间签署司法协助条约来实现。2016 年 6 月，欧盟与美国就最终版的“隐私盾协议”达成一致，修改包括对存储欧洲网民数据的公司的严格监管规定以及对美国安全部门监测的限制，无疑也是寻求跨境数据存储与国家安全之间平衡的一个有效办法。从全球的视野来看，主权国家之间就数据主权的适用范围尽快展开谈判并制定相应的国际法规范，有助于避免因数据保护而带来商业活动受阻的现象，不至于延缓全球经济的复苏和增长的动力。

三　国际网络空间安全规则谈判取得突破，中美网络安全对话与合作积极推进

随着网络空间与国家安全日益紧密相关，如何避免网络空间的军事化和减少网络空间对国际和平与安全的威胁就成为国际社会关注的焦点。1998 年 9 月，俄罗斯在联合国大会第一委员会提交了一份《从国际安全角度看信息和电信领域的发展》的决议草案。2006 年，这一决议草案的提议国逐渐扩大到包括中、美、欧在内的 30 多个国家和地区[①]，由此开启了主权国家间网络安全对话与谈判的艰难进程。从 2004 年联合国大会成立第一个政府专家组（GGE）开始，国际社会就在商讨缔结一项网络安全行为规范的国际条约的可能性。2015 年 7 月，第四个政府专家组向联合国大会第七十届会议提交报告，汇报了专家组所取得的重大进展，提请成员国审议其建议并考虑如何落实。虽然直到今天，缔结条约的目标实现仍然遥遥无期，但是越来越多的国家加入到对话和谈判中来，新一届政府专家组即将成立并继续推进这项进程，这无疑也是网络空间国际安全治理的积极进步。

① 截至 2015 年 12 月，这一决议草案的提案国已经多达 80 余个国家。参见联合国大会文件 A/70/455，18 November，2015。

2015年，专家组所取得的重大进展主要体现在以下几个方面。第一，提出了11项自愿的、非约束性国家负责任行为规范、规则或原则建议，建议各国进行合作，防止有害的信通技术行为，特别是在和平时期不攻击别国关键的基础设施方面达成共识。第二，建议各国以自愿的方式在政策技术、多边协商机制、区域合作、关键基础设施保护等四个层面进一步建立信任措施，以增强合作和透明度，降低冲突风险。第三，呼吁国际社会协助加强关键通信技术基础设施的安全，帮助培养技能，制定适当的立法、战略和规章，提出了8项有助于提升信通技术安全和能力建设方面的国际合作和援助建议。第四，在发展中国家与发达国家对立的焦点，即国际法如何适用网络空间的问题上，最终达成了妥协。一方面，报告强调国际法、《联合国宪章》和主权原则的重要性，指出各国拥有采取与国际法相符并得到《联合国宪章》承认措施的固有权利；另一方面，报告提到既定的国际法原则，包括人道主义原则、必要性原则、相称原则和区分原则，回应了美国等发达国家的关切。[①]

在全球建立网络空间的国家行为准则和规范是一项艰巨且漫长的工程。2015年11月，联合国大会第一委员会就上述报告进行了审议，建议大会通过此项决议，促请会员国将专家组报告作为其使用信息和通信技术的指南，进一步推动信息领域现有和潜在威胁的多边审议和评估。[②] 2016年10月，新一届的政府专家组即将成立，它面临的主要任务和挑战是如何深化和拓展2015年报告中提出的法律义务和准则，如何推进能力建设和信任建立措施的可操作性，如何进一步细化国际化在信息技术领域的应用和适用性，如何界定旨在加强全球信息和电信系统安全的有关国际概念等。在全球创建一个开放、稳定、安全、无障碍、和平的网络空间，仅仅依靠联合国的努力是不够的，双边、区域和多边对话、协商及能力建设平台更加不可或缺，这也是中美网络安全对话令全球瞩目的原因。

---

① 联合国大会：《关于从国际安全的角度看信息和电信领域的发展政府专家组的报告》，A/70/174，2015年7月22日。

② 联合国大会：《从国际安全的角度看信息和电信领域的发展第一委员会的报告》，A/70/455，2015年11月18日。

作为当今世界最大的两个经济体，中美之间的网络安全博弈始于2010年谷歌公司宣布退出中国市场，而2014年美国政府以网络窃密为由对5名中国军官提起诉讼，网络安全在中美关系中的热度大幅升温，网络议题首次超越传统政治、经济、安全议题，成为中美首脑会晤的核心议题。2015年9月，中国国家主席习近平对美国进行国事访问，就网络空间安全达成6项共识，[①] 释放出积极的信号。为落实两国元首的会晤共识，12月1日，中美在华盛顿举行了首次打击网络犯罪及相关事项高级别联合对话，达成《中美打击网络犯罪及相关事项指导原则》，并同意建立打击网络犯罪及相关事项的热线。2016年，中美网络安全对话进展顺利。6月，第二次高级别联合对话取得重要成果；8月，中美网络安全保护专家研讨会在北京顺利举办；10月和12月，中美还将举行针对不正当使用技术和通信帮助暴力恐怖活动研讨会以及第三次高级别联合对话。

尽管中美在网络安全领域（例如网络军备控制）还存在诸多分歧，但是一年多来的进展还是非常积极的。中美两国采取的打击网络犯罪、在危机时建立高层热线等信任措施，都在推进两国网络安全合作中发挥着积极的作用。而建立一套完整的规范和程序来解决和防范网络空间的冲突、制定网络空间国际规则，才具有更加现实的意义。正如习近平主席和奥巴马总统在G20杭州峰会会晤时所指出的，中美在网络领域拥有共同利益和责任，只有加强两国在这一领域的合作，才能携手共同应对挑战。

四　数字经济合作进入国际多边治理框架，各国迎来前所未有的发展机遇

在当今全球经济不景气的背景下，信息产业的发展带来了一次新的数字

① 这六项共识包括：对外国投资不应进行不必要的网络安全审查；双方政府承诺均不得从事或者在知情情况下支持网络窃取知识产权（包括贸易秘密以及其他机密商业信息）的行为；双方同意对就恶意网络活动提供信息及协助的请求要及时给予回应；共同继续制定和推动国际社会网络空间合适的国家行为准则；建立两国打击网络犯罪及相关事项高级别联合对话机制等。

革命，大数据、云计算、机器人等重要的技术创新将会为传统工业带来以智能化为核心的工业 4.0 革命。抓住数字经济时代的发展机遇，是世界各国面临的重要任务。在这个意义上，数字经济合作与其他几个层面相比，无疑最能够凝聚国际社会的共同利益。因此，围绕数字经济的国际合作已经成为全球经济治理的一项重要内容。

在上述背景下，G20 作为当前重要的全球经济治理平台，率先将“互联网”纳入了合作议题。2015 年 11 月，在土耳其安塔利亚峰会上，“互联网”一词首次出现在 G20 峰会的领导人公报中。公报指出，互联网经济对全球增长带来的机遇和挑战以及信息通信技术发展的重要性，呼吁成员国就网络安全问题加强合作，并特别强调在 G20 框架下推动发展中国家信通技术的发展，消除发达国家与发展中国家之间的数字鸿沟，以提升“互联网促进世界经济增长和发展的潜力”。2016 年，中国成为 G20 的主席国，在 T20、C20 等各项配套活动中，创新驱动和数字经济都是一个重要的主题。在 9 月的杭州峰会上，以安塔利亚峰会工作为基础，G20 领导人制定了《二十国集团数字经济发展与合作倡议》，着眼于为发展数字经济和应对数字鸿沟创造更有利条件，涉及网络准入、信息流动、隐私和个人数据保护、信通技术领域投资、电子商务合作、知识产权保护等内容。[①]

作为新兴经济体的重要治理机构，2016 年 4 月，印度外交部和观察家研究智库（Observer Research Foundation）在印度德里联合举办了“数字金砖闭门会议”，旨在为金砖国家搭建一个交流国内经验的平台，以便更好地维护互联网安全、数据完整和扩大互联网接入，探讨金砖国家各相关机构如何就共同的挑战进行合作与协作，并且呼吁国际社会在网络弹性和数字经济规则制定中重视新兴经济体的利益和诉求。在数十位来自政府、企业、公民社会、科研机构等会议代表的努力下，会议的最终成果是一份对金砖国家政府决策者提出的 15 项政策建议，涉及互联网规制和立场的协调、互联网用户权益保护和数据主权、信息通信技术的社会融入以及培育初创企业和科技创

① 《二十国集团领导人杭州峰会公报》，人民网，2016 年 9 月 5 日。

新等四个方面，以推动信息通信技术在经济增长和社会发展中发挥促进作用。

从趋势来看，随着信息技术和互联网的迅速发展与普及，数字经济将会成为国家经济发展和改善人民生活水平的重要推动力。在全球经济发展不景气的背景下，各主要国家纷纷制定本国的数字经济发展战略，数字经济已成为深化国家间经济合作的重要抓手。特别是对发展中国家来说，一方面，电子商务和数字市场的发展有助于众多边缘人口摆脱贫困，从数字经济中获益；另一方面，数字经济的发展需要政府为其创造一个安全和稳定的网络环境。但是，这些国家数字经济潜力的发挥却往往受限于低水平的信息基础设施，与发达国家相比数字鸿沟的劣势还很明显，这样的局面不仅妨碍了发展中国家的数字经济发展，同时也限制了发达国家更大限度地享受数字经济的红利。因此，只有通过国际合作，建立跨境合作机制，加强人员、信息、技术和资本的共享和交流，建立无缝的全球电子商务市场，才能更好地把握时代所赋予的发展机遇，实现合作和共赢发展。

五　结语

2016 年对于网络空间国际治理而言是一个递进的分水岭。自 2003 年开始就争论不休的多利益相关方模式和多边模式之争渐渐开始偃旗息鼓，两种模式在不同领域分别适用的观点已经逐渐被接受；网络主权的概念也被写入了联合国官方文件，不再成为网络治理的矛盾焦点；国家行为体在治理中的作用不可或缺，但多方共同参与的模式已是大势所趋。在技术和公共政策层面，矛盾的焦点将转向政府行为体与非政府行为体就国家安全与个人信息保护、维护人权之间的争论；在网络安全层面，中美之间的网络安全博弈对于全球规则的制定将有重要的引领意义；在数字经济层面，如何采取切实措施深化合作、将原则落到实处，是国际社会面临的首要任务。可以断言，网络空间治理的国际进程将逐渐步入深水区，国家之间、国家与社会之间的冲突将更加复杂多变，治理进程的推进难度也会更大。中国积极参与网络空间的国际治理进程，应针对上述分层化的趋势加以区别和灵活应对。

参考文献

IANA Stewardship Proposal Assessment Report, https://www.ntia.doc.gov/report/2016/.

Statement of Brett D. Schaefer, The Heritage Foundation, before the United States Senate Committee on Commerce, Science, and Transportation, "Examining the Multistakeholder Plan for Transitioning the Internet Assigned Number Authority," May 24, 2016.

"Cruz, Lankford, and Lee Raise New Concerns about ICANN's Relationship with Authoritarian China," Senators Send Letter to ICANN Chairman Dr. Stephen Crocker, March 3, 2016, https://www.cruz.senate.gov/?p=press_release&id=2603.

Monika Ermert, "US Government Announces Go – Ahead for IANA Transition by October," *Intellectual Property Watch*, August 17, 2016.

联合国大会:《从国际安全的角度看信息和电信领域的发展第一委员会的报告》, A/70/455, 2015 年 11 月 18 日。

联合国大会:《关于从国际安全的角度看信息和电信领域的发展政府专家组的报告》, A/70/174, 2015 年 7 月 22 日。

Y.8 全球能源政治（2015~2016年）

薛　力*

摘　要： 过去一年多，全球油气价格触底后略有回升，全球经济缓慢复苏。主要产油国依然未能就限产保价达成协议，保持或扩大市场份额是这些国家的优先选项。2016年9月28日意外达成的限产协议11月份落实，效果有待观察。乌克兰形势趋于缓和但离全面解决仍有距离，俄乌能源供需"脱钩"步伐加快。亚洲与非洲能源政治热点国家形势略有好转，政府处境多有改善。拉美主要产油国经济下行导致政治动荡。全球核电长期复苏势头确立，未来重心在亚洲特别是中国。中国核电技术成功进入发达国家市场。

关键词： 能源形势　主要产油国　政治博弈　全球核电

2015年全球经济增长率为2.6%，远未恢复到2008年金融危机前的水平，显示世界经济增长依然疲弱。而过去一年多时间里，全球能源形势主要表现为：石油、天然气与煤炭等化石能源价格均经历了大幅下跌，石油价格经历了触及低点后缓慢回升的过程，但仍处于相对低位，标志性的西得克萨斯轻质油（WTI）价格在2015年7月22日跌破50美元/桶后，继续下行并在2016年2月11日触及26.21美元/桶低位后开始回升，但在6月8日升

* 薛力，中国社会科学院世界经济与政治研究所研究员，国际战略研究室主任。主要研究领域为国际战略、中国外交、能源政治，近期比较关注南海问题与"一带一路"战略。

至51.23美元/桶后又下行，此后一直徘徊在41～50美元/桶的区间。[①] 美国亨利中心的天然气价格降至1999年以来的最低水平，煤炭价格则经历了连续第四年的下跌，在全球一次能源消费中所占比重也低于30%，为2005年以来的最低水平。[②] 即使如此，全球石油与天然气的产量分别增长了3.2%与2.2%，消费量则分别增长了1.9%与1.7%。[③] 但美国与日本2015年能源消费陷于负增长，欧盟则增长1.6%。新兴经济体的能源消费虽然占58.1%，但中国的能源消费仅增长1.5%，印度则高于5%，结果是，2015年全球一次能源消费量仅增长1%，远低于1.9%的10年平均值。[④]

在这个背景下，以欧佩克为代表的产油国依然未能就限产保价达成强有力的协议，各大产油国看重的依然是保住自己的市场份额，伊朗、伊拉克等则侧重于扩大市场份额。俄罗斯、委内瑞拉等重度依赖能源出口收入的产油国经济陷入萎缩，在外交上也难以像高油价时期那样发力。俄罗斯曾有意与沙特等就限产保价采取措施，[⑤] 却遭到伊朗的坚决反对，而伊拉克则扮演了“闷声大发财”的角色。核电复苏迹象明显，陆续有几大核电项目敲定，最典型的是新一届英国政府最终放行了欣克利角C核电站项目。

一　欧洲能源政治：俄乌能源博弈新特点

2015年欧洲能源与经济出现分化：欧元区经济增长1.6%，[⑥] 欧盟能源消费恰巧也增长1.6%。[⑦] 而能源政治热点国家俄罗斯与乌克兰则是另外一

---

① Cushing，OK Crude Oil Future Contract 1（Dollars per Barrel），http：//www.eia.gov/dnav/pet/hist/LeafHandler.ashx？n = PET&s = RCLC1&f = D.

② 英国石油公司：《BP世界能源统计年鉴2016》，第2、4页。

③ 英国石油公司：《BP世界能源统计年鉴2016》，第8、24页。

④ 英国石油公司：《BP世界能源统计年鉴2016》，第2页。

⑤ 《俄愿与其他产油国共商限产保价问题》，新浪网，http：//finance.sina.com.cn/world/20151005/153023406005.shtml。

⑥ 国际货币基金组织：《世界经济展望》，2016，第169页。

⑦ 英国石油公司：《BP世界能源统计年鉴2016》，第2页。欧盟28个成员国中，只有19个加入欧元区，主要经济体中英国没有加入欧元区。

种情况。俄罗斯与乌克兰的经济分别增长 -3.7% 与 -9.9%,[①] 石油消费分别增长 -16.1% 与 -5.2%,[②] 天然气生产分别增长 -1.5% 与 -2.8%,[③] 消费分别增长 -5.0% 和 -21.8%。[④] 俄罗斯石油生产增长 1.2%,达到 1098 万桶,为 2005 年以来最高。[⑤] 乌克兰石油产量情况不详。

这表明,2015 年两国经济均陷于衰退,乌克兰的情况比俄罗斯更为严重。从趋势上看,2015 年乌克兰经济衰退幅度从第一季度到第四季度逐步减小,国际货币基金组织预测 2016 年将实现 1.5% 的正增长,而俄罗斯将依然负增长 1.8%。[⑥]

但两国的能源博弈依然在继续。乌克兰 3/4 的天然气依赖进口,其中俄罗斯占 90% 以上,但 2015 年已经下降到 37%,并会进一步下降。[⑦] 乌克兰摆脱对俄罗斯天然气依赖的迹象非常明显。这对于一心加入欧盟乃至北约的乌克兰来说是必要的。而俄罗斯也在努力摆脱天然气出口的 50% 需过境乌克兰的状态。两个同为古罗斯后裔的民族国家在渐行渐远,而天然气则成为观察两国关系的风向标。过去一年里两国继续“斗气”。2015 年 6 月底普京表示,在天然气价格大幅度下降的情况下,无法再给乌克兰折扣价,并在 7 月 1 日对乌克兰断气(在乌克兰支付一部分气款后恢复)。乌克兰夏季已经不需要从俄罗斯进口天然气。6 月底乌克兰政府通过 234 号决议,决定年内建立 10 亿美元能源储备基金,[⑧] 利用夏季充实地下储气库,增加与欧洲国家的反向供气协议,补充接收液化天然气的合同。9 月份开始就对 2016 年 3 月底的天然气供应进行谈判,但因为乌克兰东部问题缠绕,进展并不顺利,

① 国际货币基金组织:《世界经济展望》,2016,第 174 页。

② 英国石油公司:《BP 世界能源统计年鉴 2016》,第 9 页。

③ 英国石油公司:《BP 世界能源统计年鉴 2016》,第 22 页。

④ 英国石油公司:《BP 世界能源统计年鉴 2016》,第 23 页。

⑤ 英国石油公司:《BP 世界能源统计年鉴 2016》,第 8 页。

⑥ 国际货币基金组织:《世界经济展望》,2016,第 172 页。

⑦ 《乌克兰国家石油困境中求生存》,中国石油新闻中心网,http://news.cnpc.com.cn/system/2016/06/06/001595699.shtml。

⑧ 《俄乌“斗气”犹未休》,人民网,http://energy.people.com.cn/n/2015/0713/c71661-27297635.html。

双方互相采取对抗性措施：禁止对方飞机飞越本国领空，停止跨境电力输送。俄方表示将再次停气，乌克兰则干脆宣布停止向俄罗斯购买天然气。

2015 年 2 月新明斯克协议签署后，乌克兰东部形势趋于缓和，冲突造成的伤亡人数明显下降，一些协议条款得到全部或部分落实。尽管冲突双方信任度依然不高，局势依然脆弱，许多重武器并没有依照协议撤出，双方都有一些违反人权的行为。但参与签署协议的四方都认为协议总体上是有效的，并在 2015 年底达成共识，把协议延长一年。2016 年以来，东部地区没有发生大规模战斗，但当地经济依然萧条，许多精英选择离开。另外，乌克兰与俄罗斯并没有就这一地区特别是顿涅茨克与卢甘斯克的未来安排达成共识。而 2014 年 7 月马航 MH170 被击落事件调查有了新进展，联合调查组 9 月 2 日公布中期调查报告，认定击落客机的导弹来自俄罗斯，这意味着调查组可能会在最终报告中认定是乌克兰东部亲俄武装击落了客机。

二 亚洲能源政治：热点国家政府处境改善

亚洲油气行业的特点一直是“西产东用”。就东亚与南亚而言，2015 年主要产油国中，产量增加的国家有马来西亚（6.9%），泰国（6.0%），中国（1.5%）和文莱（0.4%）；产量减少的有越南（-3.4%），印尼（-3.0%）和印度（-1.1%）。但日产量超百万桶的只有中国（430.9 万桶），[①] 占消费量 1196.8 万桶的 36%。[②] 而印尼则在 2016 年 1 月恢复了在欧佩克的活动。[③] 允许一个石油进口国恢复活动，显示欧佩克有意扩大自己对此类国家的影响力，包括参与其石油业中下游经济活动。

西亚国家石油日产量最大的是沙特（1209.2 万桶）、[④] 伊拉克（403.1

① 英国石油公司：《BP 世界能源统计年鉴 2016》，第 8 页。

② 英国石油公司：《BP 世界能源统计年鉴 2016》，第 9 页。

③ OPEC，Member Countries，http：//www.opec.org/opec_web/en/about_us/25.htm.

④ 欧佩克的数据为 1019.3 万桶，未触及 1980 年的历史高位，但连续两年保持升势，参见 OPEC，*Annual Statistical Bulletin 2016*，p. 28。

万桶）、伊朗（392 万桶）、阿联酋（390.2 万桶）与科威特（309.6 万桶）。沙特日产量达到创纪录的1200 万桶，这表明它依然在贯彻“保持与扩大市场份额”“与伊朗竞争”政策，而无意扮演“限产保价领头羊”的传统角色。2016 年以来也是如此，所谓“联合限产”多停留在口头阶段。[①]

伊朗无意签署限产协议可以理解。2015 年 7 月签署的伊朗核问题全面协议，使得伊朗得以开足马力生产，这对于受制裁多年的伊朗非常重要，因此，其石油部长 2016 年 9 月底公开表示，在日产量达到 400 万桶之前，不会冻结产量。[②] 但老化的设备限制了产能的提升，新投资项目转变为产能需要时间，因此，2015 年的产量仅仅提升了 4.5%，还没有恢复到 2011 年前的水平。倒是治安形势不佳的伊拉克 2015 年石油产量猛增了 22.9%，[③] 这表明伊拉克已经具备较大幅度提升产量的能力，但其提升的幅度还是受到了国内教派间的政治斗争、ISIS 的干扰、不时发生的恐怖袭击案等因素的影响。伊拉克已把预期目标从 2017 年日产 1200 万桶下调到 2020 年日产 900 万桶，并可能进一步下调。[④] ISIS 是伊拉克目前的忧患，长远的忧患则是国家统一。占领基尔库克油田的库尔德人，独立倾向潜滋暗长。

2015 年西亚石油产量降幅最大的是也门（-67.8%，4.7 万桶）与叙利亚（-18.2%，2.7 万桶），[⑤] 叙利亚的降幅小于 2014 年的 44.4%，但也门的降幅则明显大于 2014 年的 3.7%。[⑥] 这两个国家的石油产量不大，高峰年份的日产量也不到 60 万桶，却是国际政治中的两个热点，而能源因素在其中扮演了一定的角色。

也门能影响石油业的主因是其扼守曼德海峡的地理位置，而非其石油产

---

① 《沙特产油量新高的内忧外患》，中国石油新闻中心网，http://news.cnpc.com.cn/system/2016/08/30/001608297.shtml。

② 《伊朗拒绝沙特减产提议》，FT 中文网，http://www.ftchinese.com/story/001069541。

③ 英国石油公司：《BP 世界能源统计年鉴 2016》，第 8 页。

④ 《中东产油国现状：伊拉克战争之后的石油市场》，今日头条网，http://toutiao.com/i6283091389706142209/。

⑤ 英国石油公司：《BP 世界能源统计年鉴 2016》，第 8 页。

⑥ 英国石油公司：《BP 世界能源统计年鉴 2015》，第 8 页。

量。沙特联手埃及、阿联酋在 2015 年 12 月从胡塞武装手中夺回了扼守曼德海峡的哈尼斯群岛，胡塞武装则在 2016 年 1 月攻入沙特南部的吉赞省并控制了具有战略意义的阿尔杜德（Al - Dood）。到 4 月初，也门形势为：以萨那为中心的地区为胡塞武装所控制，哈德拉毛省被“基地”组织控制，其余地区为阿拉伯联军控制。为打击“基地”组织，美军在 4 月中旬重返也门，除了空中打击“基地”组织外，也从情报等方面支持政府军。政府军在 4 月底打死 800 多名“基地”组织成员，并控制哈德拉毛省省会穆卡拉。但政府军与阿拉伯联军在对付伊朗支持的胡塞武装方面，效果不彰。胡塞武装还效仿哈马斯对以色列的做法，向沙特境内的民用目标发射火箭。[①] 沙特为首的联军武器先进，但战斗力有限，短期内不大可能彻底打垮胡塞武装。

叙利亚形势过去一年里朝着有利于阿萨德政府的方向转变，在对付反政府武装方面由被动转为主动，扩大了控制区，夺回一些重要城市，[②] “伊斯兰国”（ISIS）的势力明显被削弱，美国的态度由“阿萨德必须下台”转为“不谋求政权更迭”，[③] 欧盟的立场与此相似。发生这种变化的主要原因是：俄罗斯 2015 年 9 月底开始的军事干预特别是大规模空袭阻止了反政府武装的攻势，美国和欧盟为了阻止俄罗斯打击温和派反政府武装不得不加大对 ISIS 的空袭力度。ISIS 多名重要人物在空袭中毙命，叙利亚库尔德武装则夺回叙利亚北部 ISIS 重要据点曼比季市，土耳其军队及其支持的叙利亚反对派武装 6 月初夺取“伊斯兰国”在叙土边境地带最后几个据点，从而关闭

① 《也门胡赛武装击中纳吉兰电厂 所幸未造成中方人员伤亡》，新浪网，http：//finance. sina. com. cn/roll/2016 - 08 - 29/doc - ifxvitex9191231. shtml。

② 如巴尔米拉、代尔祖尔，并在 2016 年 6 月初向 ISIS 的大本营拉卡发起进攻，2016 年 9 月底甚至开始进攻反对派占领的工业重镇阿勒颇市的东部地区，参见宦翔等《叙利亚政府军逼近 IS “首都” 俄罗斯空袭助阵》，中新网，http：//www. chinanews. com/gj/2016/06 - 06/7895003. shtml；《叙利亚阿勒颇战事升级：美俄舌战 政府军轰炸》，凤凰网，http：//finance. ifeng. com/a/20160927/14906535_ 0. shtml。

③ 《克里：叙利亚政权更迭非美国所求》，新华网，http：//news. xinhuanet. com/world/2015 - 12/17/c_ 128540823. htm。

了 ISIS 武器与人员的一大运输通道。[①] 而伊拉克政府军也夺回一些被 ISIS 占领的地区并解放了费卢杰、提克里特、拉马迪等长期被 ISIS 占领的城市，还与库尔德人武装共同包围了伊拉克第二大城市摩苏尔。难民潮与频发的恐怖袭击，使得欧洲希望借助阿萨德政权从根源上减少涌向欧洲的难民数量。在多方联合打击下，ISIS 地盘明显萎缩并加快向利比亚等地转移。值得关注的是，普京以“已经完成任务”为名于 2016 年 3 月下令从叙利亚撤出俄主要军事力量，[②] 中国则在 8 月与叙利亚达成共识：为叙利亚培训军官并提供人道主义援助。[③] 获得安理会两个常任理事国的上述支持，对于阿萨德来说等于获得了“政权双保险”。反对派的背后则是美国、法国、英国三个安理会常任理事国。

目前叙利亚问题政治解决的实质程序是：美俄先达成协议，然后提交叙利亚国际支持小组与联合国，获得联合国与支持小组各方的认可后，再交给日内瓦和谈，由政府军与反对派进行谈判。问题在于，叙利亚政府与反对派对于政治解决的目标、途径并没有达成共识，美俄双方对叙利亚战场局势的控制力也有限。因此，叙利亚问题似乎成了一个死结，至少在目前看不到解决的希望。正因为如此，2016 年 9 月 10 日，美俄双方外长在日内瓦历经 10 多个小时谈判后达成的新停火协议并没有被各方严格遵守，12 日生效后连预期的 7 天都没能维持，[④] 小规模冲突不断，17 日甚至出现美国主导的国际联盟“误炸”政府军据点造成 200 多人死伤的事件。[⑤] 叙利亚政府因而于 19 日宣布结束停火，并在阿勒颇等地展开大规模攻势。

---

① 《IS 身陷“孤岛”四面楚歌》，网易网，http：//news. 163. com/16/0906/01/C08BA45J00014AED. html。

② 《普京撤军叙利亚三大考虑》，新华网，http：//news. xinhuanet. com/world/2016 – 03/15/c_128801073. htm。

③ 《中国军队将向叙利亚提供援助和培训》，中国经济新闻网，http：//www. ce02. net/guoji/19814. html。

④ 《美俄就叙停火协议达成一致》，中国社会科学网，http：//pic. cssn. cn/gj/gj_ gjzl/gj_sdgc/201609/t20160912_ 3199500. shtml。

⑤ 《美军空袭致 200 余叙政府军死伤称“并非有意”》，环球网，http：//mil. huanqiu. com/world/2016 – 09/9451149. html? weqreqreqr。

中国采取上述行动支持叙利亚政府大概有两种原因：在叙利亚这个大国势力角逐场体现大国的责任与存在；当作中俄全面战略协作的一个环节。“五常”一齐介入的小国冲突（或曰内战）在冷战以后已经不多见。笔者两年来的思考体会是：多重矛盾交错、多个大国利益交织的叙利亚已经成为中东地区的“第二个巴勒斯坦”，但中国在中东的利益主要是经济性的，在叙利亚对俄罗斯的战略配合有必要确定一条“红线”，毕竟，俄罗斯在与中国举行南海联合军演之前，就把潜艇卖给越南，与越南合作开发油气的规模不亚于欧美能源公司，有些油气田已经在九段线内。另外，俄罗斯一方面与中国建立全面战略协作伙伴关系，另一方面却长期拒绝修建任何跨境大桥。①

三　美洲能源政治：经济下行与政治“右转”

2015年美洲主要产油国分为两个阵营：产量增加国，包括美国（8.5%）、巴西（7.9%）、加拿大（2.8%）、哥伦比亚（1.7%）、阿根廷（0.1%）；产量下跌国，包括秘鲁（-11.1%）、墨西哥（-7.0%）、特立尼达和多巴哥（-4.8%）、厄瓜多尔（-2.4%）、委内瑞拉（-2.1%）。②天然气领域的情形类似，差别在于委内瑞拉转入前一阵营（13.2%）。③经济增长率方面，拉美2015年整体增长率为-0.9%，但个体分化。秘鲁增长3.3%，哥伦比亚3.1%，墨西哥2.5%，阿根廷2.1%，委内瑞拉-5.7%，

① 中国的黑龙江省与俄罗斯的边界长达2981公里，其中绝大部分以黑龙江与乌苏里江为界，由于俄罗斯消极不配合，迄今没有一座跨河大桥建成通车。俄罗斯是中国与邻国间“有河无桥”的唯一一个国家。受“一带一路”倡议推动，同江大桥总算即将完工，而黑河大桥也将投入建设。《黑河-布市黑龙江大桥项目向前迈出重要一步》，黑河市政府网，http://www.heihe.gov.cn/html/2016-03/6-38-49-85801.html。《黑河跨黑龙江大桥可研调整报告获批》，光明网，http://news.gmw.cn/newspaper/2016-09/20/content_116311569.htm。《中国铁建大桥工程局集团同江中俄铁路项目向最后工期发起总攻》，新华网，http://www.tj.xinhuanet.com/news/2016-08/29/c_1119473703.htm。

② 英国石油公司：《BP世界能源统计年鉴2016》，第8页。

③ 英国石油公司：《BP世界能源统计年鉴2016》，第22页。

巴西 -3.8%。[①] 与此相搭配的是拉美政治右转：中右翼候选人毛里西奥·马克里战胜左翼候选人丹尼尔·肖利，当选阿根廷总统；巴西劳工党出身的总统罗塞夫被弹劾；反对派成为委内瑞拉议会大多数；哥伦比亚革命武装力量与政府达成停火协议。

拉美主要油气生产国的政治形势受能源影响比较大，比如墨西哥总统涅托竞选口号之一就是进行大规模能源改革。他上台后也确实在落实能源改革，2014 年《能源改革法案》通过后，两年来的实施进展也为外界所肯定。有媒体测算，2018 年起能源改革将使得墨西哥的 GDP 额外增加 1%，[②] 但在此之前则属于改革阵痛期，因此墨西哥 2015 年的油气产量反而低于 2014 年。就过去一年多而言，拉美能源政治的典型样板除了委内瑞拉这个常客外，巴西也可以算一个。经济负增长是这两个国家政局不稳的基本背景因素。

（一）巴西：石油与政治的勾连

巴西的石油日产量从 2005 年的 171.3 万桶增加到 2014 年的 252.7 万桶，增长了 47.5%，已经超过墨西哥并逼近委内瑞拉。[③] 预计 2020 年将达到 420 万桶。[④] 同期天然气产量更是翻了一番多。[⑤] 巴西 1986 年开始实施水深超过 1000 米的深海石油技术发展计划，现在已经能进行超 3000 米水深海域的油气开采，而海上油田贡献了石油产量的 80%，其中绝大部分集中在

---

① IMF，*World Development Indicators*，World Data Bank，http://databank.worldbank.org/data/reports.aspx?Code = NY.GDP.MKTP.KD.ZG&id = af3ce82b&report_name = Popular_indicators&populartype = series&ispopular = y&Type = TABLE. 世行表格中没有阿根廷数据，相关数据来自《阿根廷 2015 年经济增长 2.1%》，凤凰网，http://finance.ifeng.com/a/20160331/14300241_0.shtml。

② 《墨西哥能源改革带来新变化》，中国石油新闻中心网，http://news.cnpc.com.cn/system/2016/09/06/001609558.shtml。

③ 英国石油公司：《BP 世界能源统计年鉴 2016》，第 8 页。

④ 《巴西深海油气储藏量潜力巨大 成就巴西强国梦想》，中国电力企业联合会网，http://www.cec.org.cn/xiangguanhangye/2013-05-10/102051.html。

⑤ 英国石油公司：《BP 世界能源统计年鉴 2016》，第 22 页。

东南部里约热内卢州沿海的坎普斯海盆及邻近海域。[①]

巴西国家石油公司（Petrobras）占有巴西绝大部分陆地和海上石油与天然气油田，在深海和超深海石油勘探开采领域具备世界顶尖的技术和经验，并在拉丁美洲、墨西哥湾和西部非洲等地区拥有石油开采业务。该公司在美国《石油情报周刊》列出的2015年全球最大石油公司中排第12位，[②] 是巴西进入全球500强的两企业之一，贡献了巴西GDP的10%。[③]

丰厚的石油收入使得该巴西国家石油公司对巴西政坛具有巨大的影响力。但这只是一个方面。2015年该公司腐败案爆发，被揭露长期以来贿赂政客和政党，公司高管勾结承包商，在10年间挪用公司的20亿美元资金。这被称为几十年来巴西最大的腐败案，数十位政界人士受到牵连，执政党劳工党因此失去议会主导权，[④] 众议院前议长库尼亚与两位内阁部长相继因此去职，接替罗塞夫出任总统的特梅尔也被媒体揭露与此案有关，[⑤] 并在转正不到一个月就被最高法院调查，[⑥] 甚至连前总统卢拉也因此受到指控。[⑦] 而罗塞夫被弹劾的主因是财政违法，次要原因就是阻挠腐败案调查。[⑧] 能源与政治两者关系中的阴暗面在这里得到了充分的演绎。

---

① 《巴西深海油气储藏量潜力巨大 成就巴西强国梦想》，中国电力企业联合会网，http：//www. cec. org. cn/xiangguanhangye/2013 -05 -10/102051. html。

② 《全球最大50家石油公司排行榜》，搜狐网，http：//mt. sohu. com/20160516/n449661560. shtm。

③ 《巴西石油公司涉嫌严重腐败受到调查》，环球网，http：//world. huanqiu. com/hot/2015 -02/5623259. html。

④ 《巴西石油公司涉嫌严重腐败受到调查》，环球网，http：//world. huanqiu. com/hot/2015 -02/5623259. html。

⑤ 《雪球越滚越大 巴西代总统特梅尔也卷入腐败案》，环球网，http：//world. huanqiu. com/hot/2016 -06/9051553. html。

⑥ 《转正不到1个月！巴西新总统涉贪腐被查》，人民网，http：//fj. people. com. cn/n2/2016/0926/c181466 -29063336. html。

⑦ 《巴西检察院正式指控前总统卢拉涉嫌巴油腐败案》，新华网，http：//news. xinhuanet. com/ttgg/2016 -09/15/c_ 1119569134. htm。

⑧ 《罗塞夫涉嫌干涉石油公司腐败案巴西最高法院调查》，中国网，http：//news. china. com. cn/world/2016 -08/17/content_ 39111373. htm。

（二）委内瑞拉：经济恶化促进政治生态变化

BP 的数据显示委内瑞拉的石油日产量从 2014 年的 268.5 万桶减少到 2015 年的 262.6 万桶。[①] 而欧佩克的数据则显示同期产量从 299.9 万桶增加到 300.9 万桶。[②] 但都说明了一点：委内瑞拉确实无力增加石油产量。而委内瑞拉对石油出口收入的依赖程度高于其他美洲主要产油国。

高油价时期把 60% 的石油收入用于民生项目，这是查韦斯能始终维持高支持率的主要原因。低油价直接导致委内瑞拉经济形势日益恶化。而持续的高通胀、高失业率动摇了执政党统一社会主义党的民意基础，在 2015 年 12 月的议会选举中，统一社会主义党失去议会多数，这在查韦斯 1998 年上台以来是第一次。在 167 个议席中，反对党联盟取得 112 席，统一社会主义党仅获 55 席，这意味着反对党将掌握修改宪法、批准和修改各类法律、调查副总统和部长等内阁成员、批准或否决政府预算的权利等权力。但 1999 年宪法规定国会无权弹劾总统，民众可以通过公投罢免总统。

为此，国会 2016 年 4 月 22 日通过《公投法》，以简化弹劾马杜罗的过程与步伐，现在已经完成启动公投的第一阶段即收集 1% 选民签名，正推进第二阶段即收集 20% 选民签名。国会 5 月还拒绝实行马杜罗颁布的紧急状态令，而这是马杜罗获得特殊权力管理经济的法律依据。[③] 反对派还组织了多次大规模示威。这些对马杜罗构成了巨大的压力，连关键支持力量军方也开始动摇，6 月多位前将领出现在批评马杜罗的声明中。[④] 马杜罗则采取多方面措施应对：动用军队维持社会秩序，推动各大产油国签署石油冻产协

---

① 英国石油公司：《BP 世界能源统计年鉴 2016》，第 8 页。

② OPEC，*Annual Statistical Bulletin 2016*，p. 23.

③ 《委内瑞拉国会拒绝实行马杜罗颁布的紧急状态令》，环球网，http：//world. huanqiu. com/hot/2016 -05/8948283. html。

④ 《外媒：委内瑞拉将领批评马杜罗 给现政府沉重一击》，新华网，http：//news. xinhuanet. com/world/2016 -06/13/c_ 129055730. htm。

议，争取国际援助，通过选举委员会延缓公投进程。[①]

委内瑞拉是拉美左翼联盟的旗手，过去十多年来通过出口廉价石油和提供低息融资等方式支持古巴等左翼国家，壮大了拉美左翼联盟。在反对党控制议会后，这些政策已经在调整中，而委内瑞拉的地区影响力也明显下降。[②] 一般认为，公投难以避免但不会在 2017 年 1 月 10 日前举行。这样，即使马杜罗被罢免，副总统接任，执政联盟可以继续执政两年，无须提早进行总统选举。

四　非洲能源政治：热点国家形势好转

非洲大陆 2015 年石油产量与上一年持平。前三大产油国中，阿尔及利亚持平，尼日利亚下降 1.5%，安哥拉提升 6.8%。[③] 依据欧佩克的数据，安哥拉已经超越尼日利亚成为非洲第一产油大国。[④] 可见，尽管欧美媒体与非政府组织喜欢拿安哥拉石油开发中的腐败说事，但整体而言，安哥拉的油气开采比其他非洲国家更有成效。一个证据是，安哥拉国家石油公司（Sonangol）已经在中东、南美多个国家参与油气开发。稳定的政局、政府对油气开采的有效管理使得参与油气开采的国际石油公司得以集中精力进行开发，更多的国际石油公司在进入。1975 ~ 2002 年内战期间安哥拉的油气几乎全部来自浅海与深海。内战结束后陆上油气勘探开始缓慢恢复，主要集中在卡宾达地区。[⑤] 加蓬则在 2016 年 7 月重新加入欧佩克。[⑥] 接纳石油储量

① 冯俊扬等：《委内瑞拉局势日趋复杂尚未失控 美国加紧搅局》，环球网，http：//world.huanqiu.com/hot/2016 - 09/9444933.html。

② 徐烨、王瑛：《委内瑞拉右翼主导议会 马杜罗怎么办?》，新华网，http：//news.xinhuanet.com/world/2016 - 01/08/c_ 128609024.htm。

③ 英国石油公司：《BP 世界能源统计年鉴 2016》，第 8 页。

④ OPEC，*Annual Statistical Bulletin 2016*，p. 28.

⑤ 《EIA 最新报告：安哥拉油气行业现状分析》，石油圈网，http：//www.oilsns.com/article/47507。

⑥ OPEC，Member Countries，http：//www.opec.org/opec_ web/en/about_ us/25.htm.

才20亿桶、日产量才23.3万桶的加蓬，[①] 显示欧佩克希望增加自己在小产油国中的代表性。

非洲主要产油国中，2015年降幅最大的是突尼斯（-14.1%）、利比亚（-13.4%）、苏丹（-12.3%）与南苏丹（-4.9%），[②] 几个高度依赖油气收入的小国。2016年上半年突尼斯产量继续减少。突尼斯石油产量自2008年以来稳步下降，表明油气田储量下降是主因，社会动荡只是次要原因。在一些年份加大了下降的幅度，如2011年的茉莉花革命与2016年上半年高失业率导致的抗议活动。该国经济状况不太好，但政局基本稳定。苏丹石油产量大幅下降的原因不明，推测原因有：油田老化导致出油量下降，在低油价背景下减少开采高成本区块（如稠油、低产量区块）。本文重点分析南苏丹与利比亚。

南苏丹的主要问题是不时爆发的大规模武装冲突。政府与反对派在国际社会调停下于2015年8月签署的《解决南苏丹冲突协议》并没有被全面落实，双方继续不时发生冲突，马沙尔也没能依据协议复任第一副总统。2016年4月7日，安理会通过关于南苏丹问题的第2280号决议和主席声明，要求南苏丹各方加紧落实《解决南苏丹冲突协议》，尽快组建民族团结过渡政府。[③] 26日马沙尔回到朱巴。29日过渡政府成立，朱巴形势趋于稳定。但从6月起冲突再起，先是在西加扎勒河省的瓦乌大打出手，造成当地大批民众逃亡。7月7日则开始在朱巴"练兵"并造成数百人死亡。10日，一发流弹击中中国维和部队装甲车并造成2人牺牲、2人重伤、3人轻伤。[④] 基尔与马沙尔称当时两人在开会，对此并不知情。11日两人下令各自部队停火。[⑤] 中国驻南苏丹使馆迅速启动应急机制，中国政府表示考虑采取包括开

① 英国石油公司：《BP世界能源统计年鉴2016》，第6、8页。

② 英国石油公司：《BP世界能源统计年鉴2016》，第8页。

③ 《安理会就南苏丹问题通过决议和主席声明》，新华网，http://news.xinhuanet.com/world/2016-04/08/c_1118563854.htm。

④ 《中国两名维和人员在南苏丹牺牲》，新华每日电讯，http://news.xinhuanet.com/mrdx/2016-07/12/c_135506957.htm。

⑤ 《南苏丹冲突双方领导人下令停火》，新华网，http://news.xinhuanet.com/world/2016-07/13/c_129140561_2.htm。

展撤离行动在内的一系列措施。[①] 目前南苏丹局势相对稳定。但油田本身不是双方攻击的目标，油田局势基本稳定，日产量从15.5万桶下降到14.8万桶，下降幅度不算大。没能实现大幅度增长的原因或许与低油价有关。南苏丹虽然石油储量甚大，但原油需通过苏丹境内的管道运输到港口出口，而昂贵的过境管道运输费导致生产商输送得越多亏损越多。[②]

利比亚的问题是东西"两个政府""两个议会"之争以及ISIS势力的崛起。东部的世俗派政府与议会，军事上得到津坦民兵与哈夫塔尔的国民军的支持，外部则得到埃及、阿联酋与欧美的支持。西部的宗教派政府，军事上得到米苏拉塔民兵的支持，外部则得到土耳其、卡塔尔等国的支持。两派纷争的结果是，一方面造成上百万民众逃离家园，其中相当部分涌向欧洲；另一方面给了ISIS以可乘之机。ISIS在叙利亚与伊拉克遭到打击后，急于寻找新的立足点。控制苏尔特等地后，ISIS以此为据点招兵买马，向欧洲国家输送极端武装分子并发动恐怖袭击。[③] 这又反过来促使国际社会特别是欧美加大力度干预利比亚的政治进程。结果是，2015年12月双方签署了《利比亚政治协议》。[④] 2016年1月底，民族团结政府成立。利比亚军方和美军加大力度打击利境内ISIS势力。利比亚形势开始好转，石油产量与出口开始增长，国际能源署估计2016年底石油日产量可能达到70万桶。[⑤] 可见导致利比亚2015年石油产量大幅度下降的因素正在逐步消除。这似乎揭示了一点：欧美以前在推动利比亚战后重建方面下的功夫不够。

---

① 《中国两名维和人员在南苏丹牺牲》，新华每日电讯，http://news.xinhuanet.com/mrdx/2016-07/12/c_135506957.htm。

② 《进退两难的中石油苏丹困局》，国际石油网，http://oil.in-en.com/html/oil-2497128.shtml。

③ 《莫让IS在利比亚坐大》，环球网，http://world.huanqiu.com/hot/2016-02/8590972.html。

④ 《利比亚政治过渡：五年后的从头再来》，中国社会科学网，http://www.cssn.cn/zzx/gjzzx_zzx/201603/t20160325_2938256.shtml。

⑤ 《利比亚原油产量增至每日35万桶 未来可能继续回升》，环球网，http://finance.huanqiu.com/roll/2016-06/9066350.html。

五 全球核电：长期复苏势头确立

福岛核泄漏事故促使许多国家反思自己的核电政策。考察过去一年多全球核电发展态势，可以得出以下几点结论。

（一）全球趋势

发展核电并非主要经济体的共同选择，少数主要经济体如德国、意大利等对核电说不，但美、中、韩、英、法、俄、西班牙等则坚持发展核电，只是提高了安全标准。即使日本，也意识到放弃核电不现实，并在2014年的《能源白皮书》中把核电定位为“为能源供求结构稳定做出贡献的重要基荷电源”,[①] 且于2015年8月正式重启川内核电站。[②] 此外，更有许多新兴经济体（如越南）乃至产油国加入（如伊朗与阿联酋）或酝酿加入（如沙特阿拉伯）核电使用国行列。核电复苏已经有几年，现在可以比较有把握地说，全球已大致摆脱“福岛阴影”，长期发展核电的势头已确立，其重心在亚洲特别是中国。

从反应堆数量看，全球投入使用的核反应堆数量明显增长，从2015年9月19日的436个[③]增加到2016年9月19日的450个,[④] 截至2015年12月31日则为441个。这是2011年福岛核泄漏事故以来增长最快的年份。而按年度论，2015年全球新接入电网的反应堆为10个，在建67个，其中新开工建设7个。[⑤] 2016年还将有9个反应堆接入电网。

---

① 《日本内阁通过白皮书将重启核电》，人民网，http：//japan. people. com. cn/n/2014/0618/c35463 - 25164497. html。

② 《日本重启核电站结束“零核电”状态》，新华网，http：//news. xinhuanet. com/2015 - 08/11/c_ 1116213442. htm。

③ 薛力：《全球能源政治：2014 ~ 2015》，《全球政治与安全报告（2016）》，社会科学文献出版社，2015，第91页。

④ IAEA, PRIS - Reactor status reports - Operational & Long - Term Shutdown - By Country, https：//www. iaea. org/PRIS/WorldStatistics/OperationalReactorsByCountry. aspx.

⑤ IAEA, *Nuclear Power Reactors in the World*, 2016 Edition, Vienna, pp. 20 - 24.

从趋势上看，依据《BP 世界能源展望》2016 中文版报告，到 2035 年的展望期内，全球核电将年均增长 1.9%，其中北美与欧洲的核电消费将减少，日本将在未来 5 年重启核反应堆，中国将进入核电消费快速增长期，年均增长率将达到 11.2%，2020 年的消费量将比 2015 年多一倍，2035 年将是 2015 年的 9 倍。而中国 2015 年的核电消费比上一年猛增 28.9%，达到 38.9 百万吨油当量，一举超过韩国，成为核电消费全球第四大国，仅次于美国、法国与俄罗斯。①

（二）中国特点

中国核电发展迅速体现在多个方面。①陆上核电站方面，2015 年底在建核反应堆数量保持 20 个，保持全球第一，是排在第二到第五位的 4 个国家（俄罗斯、印度、阿联酋、美国）的总和。② 到 2030 年，中国的核反应堆数量将超过法国的 58 个，成为全球第二。近日有消息称，未来 10 年，中国将至少兴建 60 座核电站。③ 如果属实，届时中国核反应堆数量将超过美国。②将启动海上浮动核电站建设，以满足海上钻井平台、海岛开发、偏远地区等提供热电水等能源需求。④ ③在参与国际核电市场竞争上也将展现新姿态。自主品牌“华龙一号”继落户巴基斯坦之后，又落户罗马尼亚，⑤ 并有可能进入英国、肯尼亚、南非等国市场。④英国新首相特丽莎·梅 2016 年 9 月 15 日批准兴建欣克利角 C 核电站，29 日，中、英、法三国在伦敦签署最终投资协议，这显然有助于在布拉德维尔 B 项目中使用“华龙一号”技术。中国核电公司首次进入了发达国家市场，但意义更大的是核电技术进

① 英国石油公司：《BP 世界能源统计年鉴 2016》，第 35、39 页。

② PRIS-Country Statistics，https：//www.iaea.org/PRIS/CountryStatistics/CountryStatisticsLandingPage.aspx.

③ 《国家核电副总：中国未来 10 年至少建造 60 座核电厂》，环球网，http：//tech.huanqiu.com/domestic/2016 - 09/9458627.html。

④ 《中国计划 2016 年底启动浮动核电站示范堆建设》，新华网，http：//news.xinhuanet.com/politics/2016 - 03/01/c_ 1118204120.htm。

⑤ 《罗马尼亚确定中罗核电项目为优先投资项目》，新华网，http：//news.xinhuanet.com/world/2016 - 05/28/c_ 1118947707.htm。

入发达国家市场。

当然，核电在中国电力中所占比重不大可能达到法国的水平，甚至不容易达到美国的比重。2015 年核电在法国、美国、中国电力中所占比重分别为 76.1%、19.8%与 3.0%。

六　结语

过去一年多，原油价格触底回升并盘桓于每桶 41～50 美元的区间，天然气市场情形类似，核电复苏趋势确立。部分与此相关，2015 年全球经济温和复苏，发达经济体三大块即美国、欧洲、日本中，美国表现最好。但主要产油国经济形势不佳，有些陷入负增长。高度依赖能源收入的主要石油出口国未能就限产保价达成协议，沙特、俄罗斯、伊朗、伊拉克、安哥拉都提升了产量，以保护或扩展市场，并增加收入。亚洲、非洲的能源政治热点国家总体形势趋于好转，但俄罗斯、委内瑞拉、巴西的经济形势恶化。普京的地位依然稳固，委内瑞拉国会变天且总统更替的可能性上升，巴西则实现了领导人的非正常更替且可能有新的变数。

2016 年 9 月 28 日，在欧佩克达成的限产协议出乎市场意外，并导致国际油价上涨，但基于以下原因，一般认为效果有限：全球供大于求的基本面没有改变，限产是以 8 月份的高峰产量为基础微调 0.7% 且要到 11 月份才出台具体实施方案，没有限制伊朗产量，俄罗斯与美国没有参与。①

参考文献

IAEA, PRIS - Reactor status reports - Operational & Long - Term Shutdown - By

① 《欧佩克意外达成限产协议 国际油价告别熊市?》，光明网，http://life.gmw.cn/2016-10/01/content_22263276.htm。

Country, https://www.iaea.org/PRIS/WorldStatistics/OperationalReactorsByCountry.aspx.

IAEA, *Nuclear Power Reactors in the World*, 2016 Edition, Vienna, http://www-pub.iaea.org/books/IAEABooks/.

OPEC, *Annual Statistical Bulletin 2016*, http://www.opec.org/opec_web.

IMF, *World Development Indicators*, databank.worldbank.org.

OPEC, Member Countries, http://www.opec.org/opec_web/en/about_us/25.htm.

英国石油公司:《BP世界能源统计年鉴2016》。

国际货币基金组织:《世界经济展望》（2016年）。

中国石油新闻中心网：http://news.cnpc.com.cn。

人民网：http://www.people.com.cn/。

新华网：http://news.xinhuanet.com/world/。

中新网：http://www.chinanews.com。

光明网：http://news.gmw.cn/newspaper。

环球网：http://world.huanqiu.com/。

中国网：http://news.china.com.cn/world/。

Y.9
全球恐怖主义与反恐怖斗争（2015 ~2016年）

邵　峰*

摘　要：2015 ~2016 年度，全球反恐形势依然严峻，世界上多数国家都面临着恐怖主义的现实威胁。当今威胁最大的恐怖主义组织“伊斯兰国”，面临多方联合打击仍然顽固抵抗，且势力和威胁蔓延到更大的区域。全球反恐形势正面临着恐怖分子回流、“独狼”式恐怖袭击增多以及社交平台成招募工具等新挑战。全球恐怖主义和反恐形势出现了几个新特点：重大恐怖袭击频仍，死伤人数触目惊心；“伊斯兰国”疯狂报复，西方国家尤其是欧洲成为重灾区；暗流汹涌，潜在的恐怖威胁必须引起国际社会的警惕。

关键词：恐怖主义　全球反恐　“伊斯兰国”

一　全球恐怖主义总体形势和发展态势评估

2015 年以来，全球反恐形势仍然异常严峻，“基地”组织威胁依旧，“伊斯兰国”势头不减，世界上多数国家都面临着恐怖主义的现实威胁。在遭到美国及其盟友、俄罗斯和当地政府军的三重打击下，“伊斯兰国”对相

* 邵峰，中国社会科学院世界经济与政治研究所研究员，主要研究领域为国际反恐、核扩散问题和中国的对外战略。

关国家尤其是欧洲展开了疯狂的报复性恐怖袭击，同时其势力扩张也呈现快速发展态势，遭受恐怖主义威胁的地区范围扩大，国际反恐斗争面临严峻挑战。

（一）从权威统计数据看，全球反恐形势依然十分严峻

2016 年 6 月 2 日，美国国务院发布的《2015 年度全球恐怖主义报告》显示，2015 年全球范围内发生的恐怖袭击数量为 11774 次，比 2014 年下降 13%，恐怖袭击致死人数为 28328 名，比 2014 年下降 14%。这是上述两项数字自 2012 年以来首次出现下降趋势。这主要是由于在伊拉克、巴基斯坦和尼日利亚的恐怖袭击有所减少。此外，2015 年全球遭受恐怖袭击的国家数量也由一年前的 95 个降至 92 个。然而，令人不安的是，在其他一些国家，包括阿富汗、孟加拉国、埃及、菲律宾、叙利亚和土耳其等，恐怖袭击的数量和死亡人数在 2015 年都比 2014 年明显增加。①

需指出的是，作为统计数据来源的马里兰大学的统计数字与美国国务院的报告出现了细微的差别。根据设在马里兰大学的恐怖主义研究和应对国家联盟（National Consortium for the Study of Terrorism and Responses to Terrorism，START）负责运转的全球恐怖主义研究数据库（Global Terrorism Database，GTD）的统计，2015 年，恐怖袭击的总数和死亡人数与 2014 年相比均下降了 12%，这是自 2009 年以来全世界恐怖袭击和死亡数量的第一次下降。②

从数据统计看，2015 年全球反恐形势似乎有微弱的好转，其实不然。仔细分析可知，在一些反恐的重点国家，由于当地政府武装力量在美国、俄罗斯等国际联军的支援下，打击恐怖主义组织取得了一些进展，暂时性地缓解了恐怖主义的压力，但是距离根本消灭这几股主要的恐怖势力还差得很远。此外，从 2016 年的实际情况看，以“伊斯兰国”为首的恐怖主义势力

① U. S. Department of State，“Country Reports on Terrorism 2015，” http：//www. state. gov/j/ct/rls/crt/2015/index. htm.

② Beth Schwartz，“2015 Global Terrorism Database Now Available，” http：//www. start. umd. edu/news/2015 - global - terrorism - database - now - available，June 30，2016.

展开疯狂报复，重大恐怖袭击案层出不穷，从直观感觉来看，全球反恐形势又出现了继续恶化的趋势。

（二）从地理范围来看，恐怖主义的肆虐集中在若干重点地区

从全球恐怖主义研究数据库网站发布的 2015 年恐怖袭击烈度地图可以明显看出，全世界很少有可以置身于恐怖主义威胁之外的国家，其中最严重、最集中的区域有三个，即以伊拉克和叙利亚为中心的中东地区、阿富汗和巴基斯坦地区、尼日利亚及周边地区。此外，比较明显的区域还有利比亚、索马里、乌克兰东部、也门、印度、孟加拉国、菲律宾等。①

根据全球恐怖主义研究数据库的统计，尽管 2015 年遭受恐袭的国家多达 92 个，但从地理空间分布上看，遭受袭击的地点和死亡人数均呈现相对集中的特点。50% 以上的袭击发生在 5 个国家，即伊拉克、阿富汗、巴基斯坦、印度和菲律宾，而 69% 的死亡也发生在伊拉克、阿富汗、尼日利亚、叙利亚和也门 5 个国家。②

（三）从犯罪主体来看，四大罪魁，“伊斯兰国”为首

在上一年度的报告中，笔者曾指出“伊斯兰国”、“基地”、“博科圣地”和“塔利班”四大恐怖组织成为威胁世界和平与安全的四大毒瘤。根据《2015 年度全球恐怖主义报告》发布的数据，2015 年实施恐怖袭击最多的 5 个组织分别是“塔利班”、“伊斯兰国”、“博科圣地”（Boko Haram）、印共（毛）（Communist Party of India-Maoist）、库尔德工人党（Kurdistan Workers' Party）。仔细分析，印共（毛）和库尔德工人党的破坏能力与影响只局限于当地，恐怖袭击数量和致死人数也与前三位差得太远，而“基地”组织虽然近来直接参与的恐怖袭击数量不多，但是其旗帜作用和意识形态宣

---

① http：//www.start.umd.edu/gtd/images/START_GlobalTerrorismDatabase_2015TerroristAttacksConcentrationIntensityMap.jpg.

② Beth Schwartz，“2015 Global Terrorism Database Now Available，” http：//www.start.umd.edu/news/2015 - global - terrorism - database - now - available，June 30，2016.

传的影响力仍然不可小觑。有鉴于此，笔者坚持原先的判断，四大恐怖组织仍然是本年度全球恐怖主义威胁的罪魁祸首。

表1　2015年实施恐怖袭击最多的5个恐怖组织情况

组织名称	恐怖袭击总数		致死人员总数		受伤人员总数	
	2015年	2014年	2015年	2014年	2015年	2014年
“塔利班”	1093	895	4512	3492	4746	3313
“伊斯兰国”	931	1090	6050	6328	6010	5859
“博科圣地”	491	454	5450	6663	3318	1747
印共(毛)	343	307	176	191	163	165
库尔德工人党	238	47	287	12	580	19

资料来源：“Country Reports on Terrorism 2015”的附录“National Consortium for the Study of Terrorism and Responses to Terrorism：Annex of Statistical Information”，http：//www. state. gov/j/ct/rls/crt/2015/257526. htm。

尤其是“伊斯兰国”，更是在多国部队的联手高压打击下顽强生存下来，而且在两个方面的表现引人注目。其一，在伊拉克和叙利亚与联军激烈交战的同时，对欧美等西方国家展开大规模报复性恐怖袭击，制造了多起重大的恐怖袭击，对西方国家的安全环境造成现实的重大威胁。其二，在思想和组织上加大扩张力度，影响力、分支机构和控制地区得到了大规模扩展，恐怖势力范围外溢到中东地区以外的广大地区。

《2015年度全球恐怖主义报告》称，“伊斯兰国”仍然是目前全球最主要的恐怖主义威胁。在国际社会全力围剿之下，“伊斯兰国”所占领土大量萎缩，资金链出现断裂，从外部流向其控制区的外籍战士人数也出现下降。在过去一年中，虽然该组织在伊拉克和叙利亚的势力有所萎缩，但该组织在中东、北非、西非、南亚以及俄罗斯北高加索地区建立了分支，恐怖势力持续扩散。

根据全球恐怖主义数据库的统计，2015年，因为一些原有的恐怖组织宣誓效忠“伊斯兰国”，导致其攻击的地理范围和附属组织得到扩大。除了西非的“博科圣地”，“伊斯兰国”最活跃的分支位于阿富汗、巴基斯坦、埃及、利比亚和也门。有超过15个恐怖组织自行宣布成为“伊斯兰国”的

“行省”，而2014年只有4个。[①]

值得注意的是，利比亚有成为“伊斯兰国”发展新中心的趋势。由于利比亚兼具得天独厚的地理位置、丰富的能源、可资利用的国内因素等优势，“伊斯兰国”在叙利亚、伊拉克等地面临生存压力的形势下，正移师利比亚，试图在利比亚复制其在伊拉克和叙利亚的扩张和管理模式，将其作为发展的“新中心”。[②] 2014年8月以来，利比亚出现两个议会、两个政府并立的局面，两派武装冲突不断。混乱的局面成为恐怖和极端势力滋生的温床，它们趁机在利境内扩大势力范围，其中“伊斯兰国”分支的扩张最为显著。据估计，在利比亚的“伊斯兰国”武装人员人数已达到6500人以上。目前，该组织已占据利比亚东部城市德尔纳、中西部城市苏尔特和塞卜拉泰部分地区，并对班加西、的黎波里等重要城市形成严重威胁。如何严防“伊斯兰国”坐大是摆在利比亚乃至国际社会面前的一大课题。[③]

（四）从犯罪手段来看，自杀式爆炸仍然是最大威胁且呈上升趋势

恐怖分子实施的恐怖袭击中，使用的手段五花八门，但其中造成伤亡最多、最难防范的还是自杀式炸弹袭击。

2015年10月10日，土耳其首都安卡拉中央火车站附近发生两次自杀式爆炸，造成97人死亡、246人受伤。土耳其政府怀疑是极端组织“伊斯兰国”所为。

2016年7月3日凌晨，伊拉克首都巴格达南部卡拉达区发生的自杀式爆炸袭击导致292人死亡，另有超过200人受伤。极端组织“伊斯兰国”武装分子引爆汽车炸弹，摧毁了附近一处购物商场和多家商铺。这是伊拉克十多年战乱中最严重的一起爆炸袭击。

---

① Beth Schwartz, “2015 Global Terrorism Database Now Available,” http://www.start.umd.edu/news/2015-global-terrorism-database-now-available, June 30, 2016.

② 王金岩：《利比亚已成为“伊斯兰国”的“新中心”》，《当代世界》2016年第6期。

③ 《莫让“伊斯兰国”在利比亚坐大》，新华社突尼斯2016年2月22日电，http://news.xinhuanet.com/world/2016-02/23/c_1118132018.htm。

根据《2015年度全球恐怖主义报告》的数据，炸弹袭击仍然是恐怖分子作案的最主要手段，占2015年恐怖袭击的52%。其中自杀式爆炸袭击数量为726次，发生在24个国家，比2014年增加了26%，致死人数为6712，伤者超过1万人。

根据美国芝加哥大学安全和恐怖主义项目（The Chicago Project on Security and Terrorism，CPOST）发布的年度报告《2015年自杀式袭击指数》（*2015 Suicide Attack Index*），2015年在超过15个国家发生了600起自杀式爆炸恐怖袭击，造成5858人死亡，11026人受伤。其中，伊拉克、尼日利亚、阿富汗、叙利亚排在前4位。相比2014年，2015年自杀式袭击的数量增加了9%，连续第三年显著增长。①

（五）从全球反恐斗争的角度看，国际社会面临新的挑战

《2015年度全球恐怖主义报告》指出，全球反恐形势正面临着恐怖分子回流、“独狼”式恐怖袭击增多以及社交平台成招募工具等新挑战，尤其是社交网站成为国际社会同恐怖组织斗争的新战场。

经历多次恐怖袭击事件后，欧美多国开始加大反恐力度，那些曾前往叙利亚、伊拉克等地参战又返回本国的欧美年轻人成为各国重点盯防的对象。因为这些年轻人在中东亲身经历或者目睹了残忍血腥的杀戮，思想会更趋极端，回到本国后势必对当地安全造成潜在的巨大威胁。如何应对这些回流的极端人员可能发动的恐怖袭击一直是让人头疼的问题。根据美国中央情报局公布的数字，在叙利亚，据信有来自80个国家的1.5万多名外籍武装人员参与作战。美国反恐专家指出，恐怖组织的最终目的是通过招募持西方国家护照的极端分子，最终使这些恐怖分子回流至美国或欧洲发动恐怖袭击。而叙利亚当前局势又让人不由得想起20世纪80年代的阿富汗战争。当时，数以千计的外籍武装人员在战后并未停止作战，而是返回埃及、阿尔及利亚等

① 美国芝加哥大学安全和恐怖主义项目的数据库和年度报告，http：//cpost. uchicago. edu/news/2015_ suicide_ attack_ index_ released/，and http：//cpostdata. uchicago. edu/search_ results_ new。

国发动袭击，使得恐怖主义和极端思想外溢。当前，欧美国家担心的就是类似的情形再度上演。[①] 更可怕的是，在大批中东难民涌入欧洲的背景下，谁也说不清其中到底裹挟着多少恐怖分子，这种现实的威胁和潜在的心理威慑将长期存在，对欧洲的政治、社会、安全局势构成严重挑战。

目前的恐怖主义袭击很多是“独狼”式行动，尤其是在西方国家，相对那些有组织的恐怖袭击活动而言更加难以防范。2016 年 6 月 12 日凌晨，美国佛罗里达州奥兰多市一家同性恋酒吧“脉动奥兰多”夜总会发生美国 30 年以来最惨烈的大规模枪击案，造成 50 人死亡、53 人受伤。奥巴马称，“这标志着美国历史上最严重的枪击事件”，“今天对于同性恋社群（LGBT）来说是令人悲伤的一天”。“伊斯兰国”宣称对此事负责。欧洲的“独狼”出现的频率似乎更高，严重恶化了欧洲的社会稳定和安全局势。2016 年 7 月 22 日傍晚，一名袭击者首先在慕尼黑市北部奥林匹亚购物中心一家快餐店内用手枪向人群开火，然后向购物中心内和逃离的人群射击。枪击案共造成包括袭击者在内的 10 人死亡，另有 16 人受伤。

有学者认为，恐怖分子的理性表现在策划恐怖活动时，他们会进行合理的选择。这就类似犯罪学中的犯罪转移，转移到更容易成功的区域，选择更容易成功的方式。“9・11”恐怖袭击之后，恐怖组织就出现了细胞化的趋势，化整为零，独立作战。“独狼”可以认为是这种趋势发展到极致的必然表现。[②]

有学者指出，“独狼”恐怖袭击并不是新出现的袭击形式，但近年来之所以成为国际恐怖袭击的重要形式，与“基地”组织的策略调整以及互联网的普及等因素密切相关。首先，“基地”组织的“独狼”恐怖主义思想愈发成熟。2006 年，“基地”组织接连在互联网上发布了两本有关“独狼”恐怖袭击的书籍：一是《抵抗占领者的新策略》，二是《如何独立开展斗

---

① 石寿河、郑斌、穆东：《欧美严控“回流型”极端分子》，《国际先驱导报》2015 年 1 月 29 日。

② 此处引用李子木的观点，来自《天下周刊圆桌会：美举国反恐 为何仍难防“独狼”?》，http：//news. sina. com. cn/w/zg/2016 -06 -20/doc - ifxtfrrf0700653. shtml。

争》。其次，“基地”组织日趋倚重“独狼”恐怖袭击策略，在新头目艾曼·扎瓦希里领导下，“独狼”袭击愈发成为“基地”组织恐怖袭击核心策略。再次，国际恐怖组织通过各种途径加大反美反西方宣传，宣称伊斯兰与西方之间爆发了“文明的冲突”，鼓动穆斯林对美欧等国发动“圣战”。最后，互联网在恐怖活动中的作用日趋上升，已经成为恐怖组织进行行动联络、袭击策划、人员招募和思想传播的主要途径。①

很明显，“伊斯兰国”复制并执行了“基地”组织的“独狼”恐怖主义思想，在对西方展开的报复性恐怖袭击中，很大比例都是采取的“独狼”行动。

二 全球恐怖主义和反恐形势的新特点

从2015年以来，全球恐怖主义活动和反恐形势仍然保持了高压打击、威胁蔓延的态势，同时出现了一些新特点和新动向。

（一）重大恐怖袭击频仍，死伤人数触目惊心

2015年以来，给人的直观感觉就是重大恐怖袭击增多，大案要案此起彼伏，对国际社会的安全和稳定造成巨大冲击。下面仅列举几起在欧美以外地区发生的重大恐怖袭击案件，已经足以看出目前全球反恐形势的严峻。

2015年10月31日，俄罗斯科加雷姆航空公司一架从埃及沙姆沙伊赫飞往俄罗斯圣彼得堡的客机起飞后不久在埃及西奈半岛坠毁，机上217名乘客和7名机组人员无一生还。2016年6月28日晚，土耳其伊斯坦布尔阿塔图尔克国际机场发生3起连环自杀式爆炸袭击，造成41人死亡、239人受伤。2016年8月18日，土耳其东部地区连遭库尔德武装分子袭击，造成9人死亡、200多人受伤。

① 严帅：《“独狼”恐怖主义现象及其治理探析》，《现代国际关系》2014年第5期。

（二）“伊斯兰国”疯狂报复，西方国家尤其是欧洲成为重灾区

由于美国及其盟友协助伊拉克政府加强了对“伊斯兰国”控制区的进攻，再加上俄罗斯也公开帮助叙利亚政府军对恐怖组织的地盘展开反攻，“伊斯兰国”受到重创。在此形势下，“伊斯兰国”对相关国家开展了大规模报复性恐怖袭击，西方国家尤其是欧洲成为“伊斯兰国”报复袭击的主要目标。

2015 年 11 月 13 日深夜，一场毫无先兆的连环爆炸、枪战打破了巴黎夜空的宁静。巴黎发生连环恐怖袭击，共发生 5 次爆炸和 5 次枪击，导致至少 128 人遇难，伤员超过 300 人。系列恐袭案发生在巴黎巴塔克朗音乐厅、首都市中心多条街道以及巴黎北面圣德尼市法兰西体育场附近。8 名恐怖袭击者死亡，其中 7 名是以“人体炸弹”的形式自杀身亡。“伊斯兰国”在“推特”上发文叫嚣称，伦敦将是下一个目标，罗马与华盛顿也在劫难逃。

2016 年 3 月 22 日上午 8 时左右，比利时首都布鲁塞尔的国际机场发生两起爆炸，随后马尔贝克地铁站的地铁车厢内发生第三起爆炸。案件共导致 34 人死亡，340 人受伤。

2016 年 7 月 14 日 22 时 45 分，法国南部地中海沿岸旅游胜地尼斯市，一名突尼斯裔法国男子驾驶一辆租用的冷藏货柜卡车，在英国人漫步大道上疯狂冲撞碾轧观看国庆节烟火的民众，最终被击毙。此次恐怖袭击已经导致包括儿童在内的 84 人遇难，202 人受伤。

恐怖主义以及难民潮沉重打击了欧洲的社会秩序和经济发展，其严重程度可以从中国游客对欧洲的望而却步，转而对日本和韩国的趋之若鹜得到佐证。2016 年 7 月 12 日，韩国观光公社（韩国旅游发展局）发布的统计数据显示，上半年访问韩国的外国游客同比增加 21%，为 810 万人次。[①] 考虑到其他国家游客规模的稳定性，估计大部分增长应该是中国游客的贡献。尽管

---

① 《2016 年上半年访韩外国游客同比增加 21%》，韩联社首尔 2016 年 7 月 12 日电，http://cn.konest.com/contents/news_detail.html?id=27824&mobile。

中日政治关系不稳定等问题令人担忧，但访日中国游客持续增加。2016年上半年，中国内地赴日旅游人数达307.66万人，再创新高。[①] 英国《每日快报》2016年7月20日报道，由于恐怖袭击频发，大量中国游客拒绝前往欧洲旅游，这种现象重创欧洲旅游业。最近发生在德法两国的恐怖袭击增加了人们的恐惧感，游客生怕成为下一个受害者。[②]

（三）暗流汹涌，潜在威胁必须引起国际社会的警惕

令人担忧的是，除了眼前风头正劲的“伊斯兰国”之外，“基地”组织似乎正在积蓄力量，同时还有其他的恐怖主义隐患正在酝酿新的威胁。潜在威胁主要可归结为两点。

第一，对努斯拉阵线的发展必须给予足够重视。2016年2月，美国战争研究院（Institute for the Study of War）与美国企业研究所（American Enterprise Institute）联合公布的一份报告显示，“基地”组织叙利亚分支努斯拉阵线（Jabhatal-Nusra）给美国带来的长期威胁可能甚于“伊斯兰国”。美国及其盟友对“伊斯兰国”合力打击，而对努斯拉阵线的忽视则给了后者苟延残喘的空间。目前，约有来自100个国家的3.5万人投身叙利亚内战中，其中，努斯拉阵线吸引的外来武装人员仅次于“伊斯兰国”。努斯拉阵线一直与叙民间势力、与其他反对派和当地部族保持密切联系，它的目标是一方面确保“后阿萨德时期”的叙利亚不会被更为激进的势力染指，另一方面为“基地”组织续存实力。努斯拉阵线目前不对叙利亚之外的地方发动恐怖袭击，只是权宜之计。美国之前默许俄罗斯对叙境内极端势力的空袭，会在某种程度上把叙境内其他反对派推向“基地”组织的怀抱。[③]

---

① 《日媒称中国投资者聚焦日本市场　赴日游客量上涨》，中金网2016年9月21日讯，http：//news.cngold.com.cn/20160921d1702n88060738.html。

② 《英媒：中国游客因担忧恐怖袭击拒绝赴欧旅游》，环球网，2016年7月21日，http：//world.huanqiu.com/exclusive/2016－07/9206630.html。

③ The Institute for the Study of War（ISW），“NEW REPORT SERIES—U.S. Grand Strategy：Destroying ISIS and al Qaeda，”Mar 14，2016，http：//understandingwar.org/backgrounder.

第二，单一问题恐怖主义也应给予高度关注。近年来，国际社会的主要注意力都集中在宗教型恐怖主义和民族分离型恐怖主义，而实际上，其他类型的恐怖主义也从未消失，值得引起各国政府的高度关注。各种由于对某个具体问题不满而导致的某些势力或个人对社会展开的恐怖袭击广泛存在于国际社会，在西方国家尤为突出。首先，由于大量难民涌入导致欧洲的新法西斯主义出现上升势头。新法西斯主义奉行反动的种族主义，突出的表现是仇外、排外，对难民、移民的个别攻击时有发生，在德国、意大利和法国等国家表现得比较突出。其次，非洲裔和其他一些少数族裔在美国长期生活在“执法过度”和“司法不公”的阴影下，2016 年，美国警察在执法过程中对黑人动辄开枪的恶行已经在美国各大城市激起了接二连三的大规模抗议游行，而警察被报复性枪杀的案子也越来越多。再次，对同性恋问题等一些社会现象抱有极端不满情绪的激进分子也有可能制造恐怖袭击。2016 年 6 月 12 日“脉动奥兰多”夜总会发生的枪击案，造成 50 人死亡。枪手既有为“伊斯兰国”报复的背景，同时也具有仇恨同性恋的心理。9 月 17 日晚，纽约曼哈顿区切尔西社区的一个垃圾桶被投放爆炸装置，爆炸导致 29 人受伤。媒体根据网上信息分析，曼哈顿爆炸案疑似嫌犯可能为同性恋人权分子，袭击是对奥兰多枪击案的报复。

（四）中国的反恐形势不容乐观

2015 年以来，中国面临的恐怖主义威胁趋于严峻。国际著名智库经济与和平研究所发布的《2015 年全球恐怖主义指数》报告显示，中国在 162 个国家中排第 22 名，比 2014 年（第 25 名）提升了 3 位，属于受恐怖威胁较高的国家之一。[①] 这主要表现为三个方面。

第一，在中国境内特别是新疆地区，尽管政府全力打压，但是恐怖主义袭击事件仍有发生。2015 年 9 月 18 日上午，新疆阿克苏地区拜城县的一座

---

① Institute for Economics and Peace, “Global Terrorism Index 2015,” http://economicsandpeace.org/wp-content/uploads/2015/11/2015-Global-Terrorism-Index-Report.pdf.

煤矿曾发生一起至少50人死亡的恐怖袭击事件，大部分受害者都是来自四川的农民工，5名警察也在事故中殉职，此外还有50人受伤。这些袭击者冲到煤矿主要是为了弄炸药。

第二，境外的恐怖袭击对中国的海外利益和人员安全构成严重威胁。本年度发生了多起伤害中国公民的恐怖袭击。2015年11月19日，“伊斯兰国”宣布已经杀害了1名中国人质和1名挪威人质。中国人质名为樊京辉，50岁，来自北京，是一名自由职业咨询师。2015年11月20日早晨，位于马里首都巴马科市中心的丽笙酒店遭到一群武装分子袭击，造成27人死亡，其中包括3名中国公民。“伊斯兰马格里布基地组织”（AQIM）和它的附属组织“莫拉比顿”宣称负责。2016年5月31日晚，联合国马里多层面综合稳定特派团位于加奥的维和人员营区遭汽车炸弹袭击，造成中国驻马里维和人员1人牺牲、4人受伤。“伊斯兰马格里布基地组织”称该组织制造了袭击。2016年8月30日上午，中国驻吉尔吉斯斯坦使馆遭汽车炸弹袭击，造成使馆3名人员轻伤，使馆大门和围墙受损。吉官方称，袭击者为恐怖组织“‘东突厥斯坦’伊斯兰运动”（“东伊运”）成员。

第三，沿线国家和周边国家的反恐形势恶化对中国的周边安全环境和推进“一带一路”建设构成现实的重大威胁。目前“一带一路”已经进入战略推进阶段。然而，“一带一路”的沿线国家中有很多深受恐怖主义之害，特别是中国周边的中亚邻国哈萨克斯坦、吉尔吉斯斯坦、塔吉克斯坦三国均发生过多次恐怖袭击。比如，2016年6月5日，一伙武装人员袭击了哈萨克斯坦西部经济文化中心阿克托别市两个武器商店和一处军营，抢获武器后与当地警方和军人激烈交火。恐怖袭击事件共造成包括暴徒在内的17人死亡、28人受伤。

本年度，为加强反恐斗争，中国政府进行了一些机构设置和法律的完善。为了进一步加强对反恐怖工作的组织领导，2015年12月，中国公安部设立专职反恐专员。2015年12月27日，国家主席习近平签署第36号主席令，《中华人民共和国反恐怖主义法》自2016年1月1日起施行。

三 结语

2015 年以来，全球反恐形势依然十分严峻，究其原因，一是恐怖主义产生和发展的根源难以在短时期内消除；二是反恐国际合作存在难以调和的分歧和矛盾，尤其是美俄关系的恶化成为最重要的障碍；三是奥巴马政府任期时日无多，继续坚持“不干蠢事”的外交原则，其精髓在于“克制”和“收缩”，以及动员联盟国家和伙伴国家采取集体行动，分担风险与责任，[①]同时在国内政治中也尽量避免挑事而影响下任总统大选，因此在全球反恐问题上采取了拖延和维持的策略。

展望 2017 年，在全球反恐问题上有四个问题需要国际社会重点关注：其一，美国新一届政府上台后反恐战略是否会有所调整，是继续收缩还是强力出击？其二，“伊斯兰国”到底会坚持多久，现在的美俄空中打击、当地政府军地面进攻的模式能否最终获胜？其三，利比亚的安全局势和反恐态势如何发展，是否真的会成为“伊斯兰国”发展的新中心？其四，在“一带一路”倡议推进的过程中，中国在反恐问题上与相关国家如何在政策和实践层面深化国际反恐合作？

参考文献

U. S. Department of State, “Country Reports on Terrorism 2015,” http://www. state. gov/j/ct/rls/crt/2015/index. htm.

Beth Schwartz, “2015 Global Terrorism Database Now Available,” http://www. start. umd. edu/news/2015 - global - terrorism - database - now - available, June 30, 2016.

The Institute for the Study of War (ISW), “NEW REPORT SERIES—U. S. Grand

① 王缉思：《美国开始韬光养晦不干蠢事 避免对华开战》，《环球时报》2015 年 3 月 30 日。

Strategy：Destroying ISIS and al Qaeda，” Mar 14，2016，http：//understandingwar. org/backgrounder.

Institute for Economics and Peace，“ Global Terrorism Index 2015，” http：//economicsandpeace. org/wp – content/uploads/2015/11/2015 – Global – Terrorism – Index – Report. pdf.

美国芝加哥大学安全和恐怖主义项目的数据库和年度报告，http：//cpost. uchicago. edu/news/2015_ suicide_ attack_ index_ release。

王金岩：《利比亚已成为“伊斯兰国”的“新中心”》，《当代世界》2016 年第 6 期。

严帅：《“独狼”恐怖主义现象及其治理探析》，《现代国际关系》2014 年第 5 期。

王缉思：《美国开始韬光养晦不干蠢事　避免对华开战》，《环球时报》2015 年 3 月 30 日。

Y.10

2016年全球难民与移民问题

杨靖旼*

摘　要： 2015～2016年，全球被迫迁徙的人数、迁徙致死人数如上年预计再创新高，难民中的未成年人处境危险。被迫迁徙仍然集中于世界最欠发达地区，近期状况很难有所改善。反迁入移民政策在许多西方国家呼声愈烈，民粹主义势力在本轮难移民迁徙中得到增强，加之欧洲地区的恐怖袭击肆虐，受袭国家的反恐行动不济，难民也同经济移民一样，在各国政治竞选的舆论战中成为"替罪羊"。同时，国际社会也显现出国际道义、人道主义精神，正为难民做出可能的努力。联大通过了《关于难民和移民的纽约宣言》，预示着治理大规模危机迁徙的全球性框架即将建立；欧盟也提出布拉迪斯拉发路线图。中国正式加入国际移民组织，开启了参与国际移民合作的新篇章。

关键词： 被迫迁徙难民　国际移民　反移民　国际人道主义

一　2016年移民、难民问题治理面临的挑战

2015～2016年，全球难民、移民问题依然十分严峻，成为国际社会广为关注的一项重大治理议题。由于遭遇西方国家的选举周期，这也使难民、

* 杨靖旼，中央编译局世界发展战略研究部全球治理研究处助理研究员，博士后，主要研究领域为全球治理、难民问题。

移民问题与政党选举交织在一起，成为党派权力争夺的热门话题，更加剧了这一问题治理的复杂性。

（一）被迫迁徙人数、迁徙致死人数再创新高

2015年全球被迫迁徙的人数再次刷新纪录。全球范围内因受迫害、冲突、普遍暴力和侵犯人权行为而被迫迁徙的人数比上一年增加580万，总人数高达6530万人。1996～2015年20年间被迫迁徙的人数增长75%（1996年为3730万）。其中难民总人数为2130万（含2015年新增难民180万，仅20.14万难民返乡），境内流离失所者4080万（含新增境内流离失所者860万），寻求庇护者320万（新增庇护申请近200万）。还有1000万无国籍者，这些人因没有国籍，不能享受教育、医疗、雇佣和自由迁徙等的基本权利。除总人数外，每天都有近3.4万人被迫迁徙。过半难民都是年龄小于18岁的未成年人。无人陪同或是失散的儿童散布在78个国家，主要包括阿富汗、厄立特里亚、叙利亚和索马里。这些儿童递交的庇护申请仅2015年就达9.8万份，是联合国难民署自2006年开始记录以来的最高数量。

世界范围内在迁徙过程中丧生的人数仍在持续上升。根据国际移民组织（IOM）"失踪移民项目"的记录，2016年上半年，全球范围内已经有3770人在迁徙中失踪或是丧生，人数比上年同期增加28%，比2014年同期增长52%。[①] 地中海、南非、中东和非洲之角地区的移民死亡数量促成了2016年全球迁徙死亡数量的剧增。与2015年相比略有不同的是，加勒比和东南亚地区的死亡数量有所减少。[②] 在被称为迁徙海上死亡之路的地中海地区，丧生者和失踪者占全球数量的78%（2901人），同比增长18%（2015年为60%）。[③]

① IOM's Global Migration Data Analysis Centre, "Dangerous Journeys- International Migration Increasingly Unsafe in 2016," Issue No. 4, August 2016, http://publications.iom.int/system/files/gmda.

② IOM's Global Migration Data Analysis Centre, "Dangerous Journeys- International Migration Increasingly Unsafe in 2016," Issue No. 4, August 2016, http://publications.iom.int/system/files/gmdac_ data_ briefing_ series_ issue4. pdf.

③ Marco Procaccini, "Two Children Drown Every Day on Average Trying to Reach Safety in Europe," February 19, 2016, http://www.unhcr.org/56c707d66.html.

截至8月24日，2016年从陆路与海路到达欧洲的移民与难民已有282078人。8月11～21日的10天时间里，希腊海岸警卫队（Hellenic Coast Guard，HCG）就开展了16次搜救行动，从莱斯沃斯、萨摩斯岛、科斯、希俄斯还有米克诺斯岛海域救起601名移民和难民。根据希腊政府的数据，仅8月就有2302人越境进入希腊。将近915名移民和难民在塞尔维亚北部的过境区域等待进入匈牙利。这是自7月5日匈牙利当局将移民、难民推离国境护栏8公里合法化之后，等待人数第一次降到1000人以下。截至8月24日，土耳其海岸警卫队在2016年共救起28306名移民和难民，同时有174人丧生。利比亚海岸警卫队还时常发现有尸体冲到利比亚海滩。[①]

这些地区死亡数量相比世界其他地区更高，还因为受到更多的重视。仍有许多人在到达地中海地区之前就已经经历了危险的陆路，包括穿越撒哈拉沙漠到达去往意大利的站点，或是从中东到达希腊，这些线路都是2016年上半年人们去往欧洲最频繁的路线。迁徙者在途中常会遭遇严酷的自然环境和缺水情况，还会遭受庇护所或蛇头的虐待及暴力行为。

（二）欠发达地区的难民困境

被迫迁徙往往集中在国家层级的治理能力普遍较弱的世界最欠发达地区，动荡中的难民来源国也被迫成为收容国。南苏丹的持续冲突，导致超过1.1万人逃往世界第六大难民来源国刚果民主共和国以及动荡的中非共和国。[②] 难民署估计，在2016年3月中旬有7000名南苏丹人在班博提（Bambouti）处于极端困境之中。[③] 到2016年3月3日，联合国难民署登记的481.59万叙利亚

① IOM, *Europe/Mediterranean - Migration Crisis Response Situation Report*, August 25, 2016, http://www.iom.int/sitreps/europemediterranean-migration-crisis-response-situation-report-25-august-2016.

② 2016年初在乌干达登记的南苏丹难民已经超过1.4万，且绝大多数为18岁以下的女性和儿童。截至2015年年中，埃塞俄比亚（27.54万）、苏丹（19.07万）、乌干达（17.96万）收容了大多数南苏丹难民。

③ UNHCR, "South Sudan Fighting Forces Thousands to Flee," March 11, 2016, http://www.unhcr.org/56e2c75e6.html.

难民中，有40万身处世界第十大难民来源国的伊拉克。[①]

1. 非洲地区

2015年被迫迁徙的状况瞬息万变，但非洲仍旧是世界上收容难民数量最多的地区，占难民总量的绝大部分。联合国难民署在非洲大陆援助了1800多万难民。[②] 在南苏丹有超过610万人亟待救援。从2013年12月开始，危机使得230万人流离失所，其中包括75.14万逃往邻国和161万境内流离失所者。[③]

2015年3月底，也门局势突变，波及该国22个省份中的21个。暴力加剧了人道主义危机，加深了原本就极为匮乏的自然资源、服务和基础设施压力。到2015年底，有250万人成为也门境内流离失所者，预计还有2万个也门家庭也会最终流离失所。[④]

中非共和国是世界最贫穷的国家之一。从2013年开始，约有46.8万难民因为暴力逃离家园，被安置于喀麦隆、乍得、刚果（金）以及刚果（布）。直到2016年2月的和平选举，还有超过41.5万的境内流离失所者。短暂的平稳后，2016年6月中旬，该国再次陷入混乱，国内有3000人遭到恐吓，还有近6000名妇女、儿童和老人去往乍得、喀麦隆南部寻求庇护。成千上万的人步行数周藏匿于森林，没有任何食物与饮水。该国仍是世界寻求庇护最缺乏资金支持的地方。最基本的生存救援不足，水、食物、庇护所是这些难民最缺乏的。[⑤]

2. 中美洲“街头帮派”

2015年，联合国难民署在美洲开展“巴西行动计划”（Brazil Plan of Action）。这一行动的主要任务是：处理一些国家难民的无国籍问题，支持

---

① UNHCR, *Mid-Year Trends 2015*, http://www.unhcr.org/cgi-bin/texis/vtx/home.

② UNHCR, *Global Report 2015*, http://www.unhcr.org/574ed6e14.html.

③ IOM, South Sudan - Humanitarian Update # 68 , August 22, 2016, http://www.iom.int/sitreps/south-sudan-humanitarian-update-68-22-august-2016.

④ UNHCR, *Global Trends: Forced Displacement in 2015*, http://www.unhcr.org/statistics/unhcrstats/.

⑤ UNHCR, *CAR Emergency*, http://www.unhcr.org/car-emergency.html.

与促进哥伦比亚的和平进程，应对中美洲北三角国家（the Northern Triangle of Central America，NTCA）因为街头帮派暴力而产生的被迫迁徙问题。危地马拉、萨尔瓦多和洪都拉斯的街头，都充斥着组织严密的“街头帮派”犯罪团伙。有的武装街头帮派几乎完全控制了整个社区，哨兵对每个进出社区的人盯梢，时常不允许国际组织的工作人员进入社区查访。仅有600多万人口的萨尔瓦多1月份记录在案的谋杀就超过700起，2015年的凶杀率为每10万居民103起，是全世界除战争地区外凶杀率最高的国家之一。洪都拉斯的第二大城市圣佩德罗苏拉由于街头帮派问题，2014年成为世界谋杀发生率最高的城市。犯罪分子通过毒品走私、贩运人口和走私武器积累了雄厚资金，不承认国家边界和任何权利，而这三个国家都是“国力羸弱”、政府缺乏应对能力，没有足够的资金与资源打击犯罪。这些严重的暴力犯罪事件，使得这三国的许多民众颠沛流离，甚至逃往国外。一份洪都拉斯的政府报告显示，2005～2014年10年时间，估计有17.4万人成为境内流离失所者，出逃国外寻求庇护的人数也在增加。[①]

（三）迁徙治理的进展与挑战

2016年9月19日，世界各地的领导人在纽约联合国会聚，讨论如何应对“大规模难民与移民流动”问题。峰会当天以联大决议的形式通过《关于难民和移民的纽约宣言》。根据宣言，国际社会将与联合国推动建立一个多方参与的难民问题全面应对框架，应对突发及长期存在的大规模难民流动问题。其中包括保护移民和难民权利，向接受移民国家提供支持，强调移民所做的积极贡献，改善人道主义救援等一系列承诺。国际社会还将启动一个政府间谈判进程，以期在2018年制定通过旨在安全、有序和正常移民的全球契约。[②] 出席难民峰会的国家在2017年还将接收超过36万难民，比

① Zach Dyer, “Gang Threat Drives Growing Displacement Inside Honduras,” September 5, 2016, http://www.unhcr.org/news/stories/2016/9/5.

② 新华社（世界）：《难民和移民问题峰会通过政治宣言，国际移民组织加入联合国系统》，2016年9月19日，http://www.yicai.com/news/5108206.html。

2016年翻一番。2016年，国际社会又从32个国家募集到45亿美元，用于难民援助计划。中国也在原有的援助基础上再增加1亿美元人道主义援助，日本也承诺未来3年提供28亿美元救助全球难民。安理会提名的下一任联合国秘书长古特雷斯曾在联合国难民事务高级专员职位上工作了10年之久，这不仅体现了联合国与国际社会对难民事务的高度重视，而且就古特雷斯的职业取向来看，难民问题也将是未来联合国关注的重点议题之一。

尽管全球治理机制在本次难民危机中努力发挥重要作用，难民所面临的人道主义危机也为全球所关注，但如何治理因各种危机而形成的“危机迁徙”①，依然是全球治理议题中最棘手的问题之一。

1. 危机迁徙是全球治理中最缺乏动力达成集体行动的议题

一方面，该议题缺乏如全球经济治理中赤裸裸的现实利益需求。难民问题一直被认为是道义性与政治性并存的议题。二战后尤其是冷战期间，欧洲存在的难民问题之所以能够被有效处理，是因为国际上存在两大对立阵营，西方国家愿意接收来自苏联阵营的难民，它符合现实的政治需求。但本次难民危机出现的背景下，再无两极对抗，欧洲国家对危机迁徙的应对态度，更多只能靠对人道主义精神的认知与坚持。虽然其中也存在对人力资源的渴求，但这一动力也在声势强大的反移民宣传中磨灭。另一方面，不同于气候变化等一些问题与世界民众切身相关，又有能源利益集团、大国博弈的政治基础，危机迁徙问题缺乏相关的政治基础和“群众基础”。对于非危机迁徙相关地的民众而言，危机迁徙仅出现于新闻中，对难民的同情也只产生于触目惊心的新闻图片，对难民潮背后的原因、难民与命运的抗争过程难以知晓。非相关国家政府更多是出于国际道义而关注这一问题；直接相关的难民原籍国也会因为国家本身治理能力、内部冲突等问题，无暇顾及。

① 有关“危机迁徙”概念，参见杨靖旼《国际危机迁徙与移民问题（2013～2014）》，《全球政治与安全报告（2015）》，社会科学文献出版社，2015，第184～208页。

2. 危机迁徙遭遇西方国家的选举周期，难民危机的本质与主要矛盾一再被刻意左右，反复成为竞选武器与国内矛盾的转化器，治理理念与措施迷失在舆论斗争中

2016 年西方多个主要国家开始进入选举周期：美国总统大选将于 2016 年 11 月 8 日正式进行。德国、法国大选也将于 2017 年开始。移民、就业与经济形势以及社会安全问题，在西方国家的政党选举中早已成为常规性议题。每当进入选举周期，社会安全问题便显得尤为重要，成为执政党与在野党、政治候选人之间相互攻击的工具。但由于政治家、媒体从业者甚至一些非相关国家研究者不专业的观点，又或是为实现政治宣传效果，刻意混淆移民与难民之间的概念，导致对难民群体以及难民保护并不熟悉的普通民众对难民潮产生了无谓的恐惧与抵触。加之一些政治家为替失败的反恐政策开脱，将恐怖袭击归咎于移民或无辜的寻求庇护群体。这类趋势已经不仅是难民治理、移民社会融入的问题，而是政治家为权力斗争需要对难移民议题和热点的利用。

3. 以联合国体系为首的治理规范机制，仍然存在强制约束力缺失的问题

尽管联大决议通过《关于难民和移民的纽约宣言》，但该宣言还只限于启动制定关于大规模迁徙的全球契约的谈判，主要国家的谈判进程能否在 2018 年出台仍然未知。而且，即使全球契约能够如愿出台，与联合国的其他治理契约一样，这份文件虽有广泛的权威性，却仍难具备强制约束力，其规范效应也会让试图签署的国家陷入国内争论之中。9 月 19 日，潘基文与国际移民组织总干事签署《联合国同国际移民组织间关系协定》，国际移民组织正式加入联合国系统。本次危机迁徙问题还逐渐显现出另一种潜在的治理阻滞，即联合国难民署与国际移民组织在治理领域划分上存在的功能权限重合。这会使两大组织在治理实践中因分工不明出现竞争。难民署作为治理难民、类难民等被迫迁徙者、寻求庇护者、境内流离失所者的主导组织，其领导权受到国际移民组织的分割，这一迹象已经在治理地中海区域危机迁徙的实践中显现。两大组织这种潜在的竞争关系还将会在救援行动资金筹措与分配、与相关国家的合作关系、应对措施的制定等方面逐渐产生。如合作关系处理不当，势必对危机迁徙的治理效果产生阻碍。

二 反移民与道义：西方主要国家的迁徙问题

随着全球经济的持续低迷，反迁入移民政策在许多西方国家呼声愈烈，民粹主义势力在本轮危机迁徙中得到增强，加之欧洲地区的恐怖袭击肆虐，受袭国家的反恐行动不济，面临严重人道主义危机的难民，也同发达国家迁入的经济移民一样，在各国政治竞选的舆论战中成为“替罪羊”。在美国，奥巴马的移民行政令失败，“特朗普现象”的出现被认为是“逆全球化”的显性特征；英国脱欧，让欧盟布满了一体化崩塌的疑云；在一些欧洲媒体的表述中，宣扬民粹主义和专制主义的欧洲政党进入了9个欧洲国家的政府或执政联盟，获得的支持率几乎是21世纪初的两倍。例如瑞典民主党已经成为议会第三大党，人民党也成为丹麦议会第二大党。英国、法国和德国的政坛也遭遇了类似的问题。这些变化加剧发达国家将矛头指向移民，使这些国家政府无法充分发挥难民治理作用。

（一）西方国家的民粹主义与反移民倾向

1. 美国

美国共和党总统候选人特朗普以其激进的言论、种族主义色彩浓烈的风格形成了反全球主义的“特朗普现象”。他把抨击非法移民当作竞选的重点问题，反复强调要阻挡墨西哥移民，并在曼哈顿和新泽西发生爆炸后，支持警察采取根据宗教或族裔“定性”的方法，遏制更多攻击。他认为许多罪犯都是未经登记入境者、签证过期的人，给美国带来危险。2014年11月，奥巴马签署了总统令，允许近500万非法移民走出“阴影”，在美国境内合法工作。但2016年6月24日，最高法院大法官以4∶4的票数做出裁决：奥巴马的总统令逾越了总统的职权。行政令在奥巴马任期的剩余时间里都将冻结，这部分移民面临遣返的风险。希拉里曾支持奥巴马的移民行政令，迄今也一直表示会扩大行政令受惠的规模。根据公开的竞选计划，如果竞选成功，她会推行“全面的移民政策改革”，包括向未登记的移民开放“全面平等”的公民通道，拘留或驱逐对公共安全造成威胁的个人。但如果希拉里赢得秋季总统大选，最高法院针对奥巴马行政令的裁决依然会对她在移民政策上的努力形成阻碍。届时希拉里面临的问题，是如何通过法律途径再次进行尝试。但这次否决奥巴马行政令的裁决或许会给希拉里与民主党带来一些政治好处。受裁决影响最深的是拉美裔移民，裁决有利于希拉里动员和激发这一类选民的不满，从而在总统竞选中获得支持。

2. 英国

2016 年 6 月 23 日，英国脱欧公投以同意脱欧者占 51.9%、留欧者占 48.1% 正式宣布英国退出欧盟。英国的脱欧结果成为“逆全球化”现象中最具代表性的证据，不但象征着世界一体化程度最高的欧盟出现断裂，还有可能对欧洲大陆的欧盟国家产生脱欧的负面效应。在举行脱欧公投前夕，益普索莫瑞（Ipsos MORI）最新民调显示，欧盟的难民危机使得绝大多数受访民众认为“人口迁入”是英国面临的最严峻考验，① 消磨了大众对欧盟前景的信心。在脱欧派胜利的背后，以反欧盟和移民为主要政治主张的极右翼政党——独立党（UKIP）起到了至关重要的作用。2014 年 5 月的欧洲议会选举中，独立党大爆冷门获得 23 个席位。2015 年英国大选前夕，英国《每日电讯报》的民调数据显示，独立党的支持率已经在 13% ~14% 区间，位居第三。在 2015 年 4 月发布的独立党竞选纲领中，反移民政策成为最大卖点。纲领规定，“英国将在未来脱离欧盟，还将建立澳大利亚模式的打分移民制，且在五年内禁止非技术性移民”，以及“移民需缴足 5 年以上个税和国民保险才能申请永久居留”，“禁止英国公民的外籍配偶申请英国国籍”。②

---

① The Data Team, “The British Are Growing Increasingly Anxious about Europe,” *The Economist*, April 5, 2016, http://www.economist.com/blogs/graphicdetail/2016/04/chief-concerns.

② 吴艳洁：《英国抉择：高喊反欧盟反移民，独立党能走多远?》，《澎湃》2015 年 5 月 6 日。

3. 法国与奥地利

法国《世界报》2016 年 7 月 7 日所做的一项民调显示，反对大规模移民的法国极右翼政党“国民阵线”领导人让 – 玛丽·勒庞（Jean – Marie Le Pen），在民调中的支持率一路飙升，高达 28%，共和党候选人、前法国总统萨科齐支持率为 21%，现任总统奥朗德的支持率仅为 14%。在民调中，对奥朗德表示完全不满意的民众比率从 43% 上升至 53%。在 2016 年奥地利总统大选中，反对大规模移民的自由党候选人诺贝特·霍费尔（Norbert Hofer）在第一轮竞选中赢得 36.4% 的支持率，在第二轮竞选中仅以 3.1 万张选票输给前绿党领导人亚历山大·范德贝伦（Alexander Van der Bellen）。[①]

4. 德国

德国联邦政府披露的数据显示，2016 年 1 ~6 月德国边境和机场共拒绝了 13324 人的入境请求，这一数字已比去年全年总数还要高出 50%。按照德国内政部此前公布的计划，2016 年德国政府预计将遣返 2.7 万人，此外还准备资助 6.1 万名自愿回国的申请庇护者重返家乡。[②] 从德国科隆火车站跨年大规模性侵案开始，难民收容中心遭性侵、被迫卖淫的报告不断增加，斗殴事件也时有发生。大规模难民入境时无法甄别其犯罪记录，更无法获知其犯罪倾向，非法移民也混入难民队伍。加之，难民身份审核时间长，收容区的艰难生活和性别比例失调，易导致寻求庇护者行为心理的变化。2016 年 1 月 9 日，德国科隆极右翼排外组织“欧洲爱国者抵制西方伊斯兰化”（PEGIDA）的支持者举行了约 1700 人的反难民示威游行。根据德国警方统计，自 2015 年以来，至少发生 817 起针对难民庇护所的袭击事件，2014 年这类事件只有 199 起，2011 年仅为 18 起。这些事件的出现，一度使得德国

① “Francois Hollande Scores Lowest Poll for a French President,” *Euronews*, May 17, 2016, http://www.euronews.com/2016/05/17/francois – hollande – scores – lowest – poll – for – a – french – president.

② 《德国接收难民数量大幅减少》，《光明日报》2016 年 8 月 13 日，http://news.xinhuanet.com/politics/2016 – 08/13/c_ 129226089.htm。

默克尔政府的积极难民政策走向崩溃的边缘。民调显示，德国执政大党基社盟和社民党的选民支持率仍在下跌，反对移民的德国选择党（AFD）的支持率仍在不断攀升，并于3月20日创下13%的历史新纪录。默克尔基民党9月初在麦克伦堡－福尔波门邦（Mecklenburg-Western Pomerania）的地方选举中的短暂失意，使得连同中国媒体在内的大多数媒体将新闻标题换为“默克尔就难民政策认错”。有德国人开始认为，2017年大选时选择党有可能打入德国联邦议会。[①] 左翼党领导人也公开表示，如果有难民践踏德国的好客精神，他们的确应该被扫地出门。[②]

（二）为难民危机做出的人道主义努力

虽然反移民的势力给难民援助带来阻碍，但以默克尔为首的政治家出于国家道义，遵循人道主义精神，也在应对国内外压力的同时为难民做出有限的努力。加之欧洲国家的国家制度以及欧盟的调节机制，会与极右势力、民粹主义形成强有力的抑制效应。英国前首相卡梅伦在辞职前曾宣布英国将收留一部分无人陪伴的难民儿童。[③] 这项政策虽然不是英国难民政策松动的信号，也是面临人道主义精神与道德压力做出的改进。英国脱欧公投后，独立党并没有因为脱欧实现而一帆风顺，相反，该党遭遇到极大的党内困难。继上任主导脱欧的党魁法拉奇（Nigel Farage）因无法承受脱欧压力辞职后，10月5日，刚刚当选不久的英国独立党党魁詹姆斯（Diane James），因缺乏党内领导力没有得到欧洲议会（European Parliament）同僚的支持，无法实现竞选需要做出的改变，而宣布辞去党魁一职。有专家评论詹姆斯的辞职已

① 王曦晨：《被指代价高　默克尔民意续跌》，《香港商报》2016年3月22日，http://stock.hexun.com/2016-03-22/182886672.html。

② 刘淄川：《科隆事件与欧洲移民政策走向》，《经济观察报》2016年1月19日，http://www.eeo.com.cn/2016/0119/282578.shtml。

③ “The Guardian View on Cameron's Offer to Refugee Children: It's the Least He Could Do,” *The Guardian*, May 4, 2016, https://www.theguardian.com/commentisfree/2016/may/04/the-guardian-view-on-camerons。

经让独立党陷入新一轮的内讧与混乱。[1]

默克尔政府借助德国本身基本法中的庇护法，以及良好的经济状况和民众对寻求避难者的欢迎文化，将对难民的包容政策作为实现欧洲领导者及国际道义引领者的方式之一，一直在世界独树一帜。根据9月11日公布的开票初步结果，基督教民主党在下萨克森邦（Lower Saxony）以34.4%的得票率拿下第一，选择党选票仅为7.8%，位居第四，远远落后于基民党。[2] 尽管面对国际、国内的舆论与政治压力，默克尔仍然坚持拒绝关闭德国边境，并继续履行对寻求庇护者的欢迎政策，认为难民问题是对全球道义提出的挑战。

虽然奥巴马关于移民的行政令受挫，但来自欧洲盟友与国内多位民主党议员压力，也使美国调整对叙利亚难民的接收问题。2015年美国总统奥巴马决定，2016年至少接收1万叙利亚难民作为合法难民入境。为了弥补国内行政令的失意，以及从德国手中夺取全球难民治理议题中的主动权，2016年在联合国大会期间，美国组织了难民峰会。9月20日，为了体现其领导力，奥巴马还表示在下一个财年，美国将安置11万来自世界的难民，数量较2015年增加近60%。[3]

（三）欧盟的难民治理与域外合作

欧盟多处遭到恐怖袭击，不但造成巨大的人员伤亡，更使大批民众开始惧怕欧盟外部的迁入移民，甚至迁怒于难民。欧盟针对寻求庇护者的配额计划，已遭到多个欧盟成员国的反对。斯洛伐克、匈牙利、捷克和波兰都拒绝接受欧盟分配给各国的关于寻求庇护者安置份额。迫于压力，这些国家也重新安置了16万希腊和意大利难民营的难民。

---

① "UKIP Leader Diane James Steps Aside after 18 Days on the Job," *CNN*, October 5, 2016, http://edition.cnn.com/2016/10/05/europe/ukip-diane-james-resign/index.html.

② 《德反移民政党“另类选择党”西部地方选举中遇挫》，中国新闻网，2016年9月12日，http://www.chinanews.com/gj/2016/09-12/8001848.shtml。

③ 高石、刘水明、宦翔：《美国安置1万名叙利亚难民计划受阻》，《人民日报》2015年11月21日。

1. 欧盟－土耳其的难民安置协议

2016 年 8 月的 IOM 报告认为，在过去的 14 个月，通过海路入境希腊的人数已经达到 97.09 万，在两周之内将突破 100 万。[①] 到 2016 年 3 月 3 日，土耳其已经登记收容叙利亚难民达 271.58 万人（见图 1）。身处难民营的难民人数为 48.97 万人，仅占叙利亚难民登记总数的 10%。2015 年赴欧难民中八成经由土耳其入境希腊。[②] 由于这一特殊地理位置，土耳其被形容为欧洲难民潮的“闸门”。3 月 18 日，欧盟借助欧盟候选国资格与土耳其就难民政策达成一揽子合作协议，欧盟每遣返一名 3 月 20 日之后抵达希腊且没有申请庇护或申请遭拒的叙利亚非法移民到土耳其，就要从土耳其接收一名提出合法庇护要求的叙利亚合法移民。向难民发放银行借记卡的项目是欧盟与土耳其所签订的难民安置协议的组成部分。

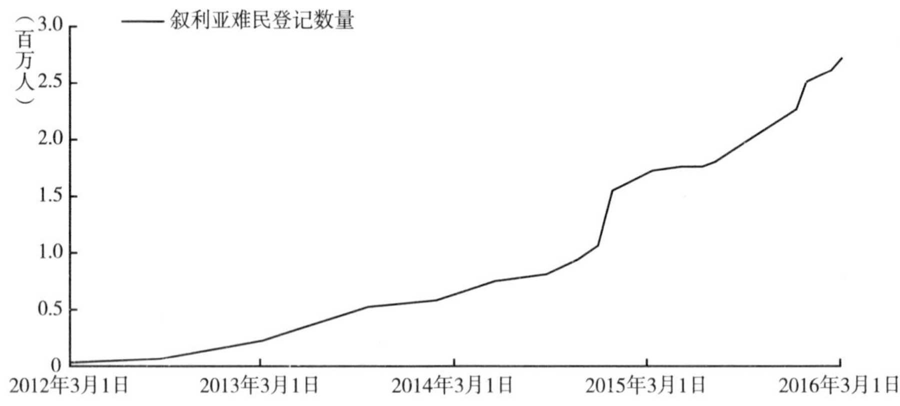

图 1　2012 年 3 月至 2016 年 3 月叙利亚难民在土耳其登记的人数

资料来源：3RP Regional Refugee & Resilience Plan 2016 – 2017 in Response to the Syria Crisis, http://reliefweb.int/report/syrian – arab – republic/。

---

① 国际移民局报告：*Europe/Mediterranean – Migration Crisis Response Situation Report*, August 25, 2016, http://www.iom.int/sitreps/。

② 陈立希：《难民只进不出，希腊叫苦连天》，《北京晚报》2016 年 2 月 25 日，http://bjwb.bjd.com.cn/html/2016 – 02/25/content_ 354932.htm。

作为回报，欧盟承诺向土耳其提供30亿欧元作为难民安置补贴，并放开对土耳其公民进入申根区国家旅游的签证限制、重启土耳其加入欧盟的谈判进程等。土耳其总统埃尔多安称，土耳其为收容难民花费了125亿美元，算上非政府基金已达250亿美元，而从欧盟只获得1.78亿美元。之后，土耳其又向欧盟要求追加30亿欧元难民安置款。根据协议，欧盟在2016年和2017年向土耳其先拨付30亿欧元，第三年再拨付30亿欧元。协议签署后，从土耳其进入欧盟境内的难民数量很快就急剧下降了90%。但难民安置合作协议并没有真正解决难民危机的源头——叙利亚内战，甚至会把难民逼上更危险的逃亡之路。此举不但面临国际法的挑战，土耳其本身的容纳力与安全状况也会对遣返移民带来人道主义危机。①

2. 布拉迪斯拉发路线图

为了在英国“脱欧”后，推进欧盟成员国家在难民、反恐与经济发展方面达成一致，当地时间9月16日，除英国外的欧盟27国领导人在布拉迪斯拉发举行了为期8小时的会议，达成“布拉迪斯拉发路线图”。在峰会上，传统的德法团结行动再次出现，默克尔与奥朗德都将迁徙危机作为欧盟需要应对的核心问题，两位领导人共同携手在尊重寻求庇护权利的同时处理迁徙问题。

关于迁徙问题，“路线图”制定了有关迁徙和外部边界的目标及具体措施。目标：绝不允许非常规的移民（irregular migrants）数量回到2015年开始控制时的数量，并且进一步加强数量控制；确保欧盟外部边界得到完全管控，确保欧盟重新回归申根协议；增加欧盟国家在长期性移民政策上的共识，明确责任，并本着团结精神来实施具体措施。具体措施包括：全面执行欧盟-土耳其宣言，继续支持西巴尔干国家；欧盟成员国承诺为加强保加利亚与土耳其的边界管理提供及时的援助，并持续不断地为一线国家提供支持；2016年结束前，将欧洲边境快速反应机制和海岸警备队全部实施运转；

① Marco Procaccini, “Two Children Drown Every Day on Average Trying to Reach Safety in Europe,” February 19, 2016, http://www.unhcr.org/56c707d66.html.

通过与第三方国家的合作与对话，欧洲理事会（European Council）对减少非法移民流、提高返乡率的移民契约协定进行评估。

“路线图”还针对恐怖分子因欧盟内部的人口自由流动而产生的威胁制定内部安全目标与措施，仍与迁徙问题有巨大相关性。目标：为欧盟成员国提供一切必要的支持，确保欧盟内部的安全与反对恐怖主义。具体措施包括：加强成员国间的合作与安全服务信息交换；确保包括欧盟成员国国民在内的所有人员在穿越欧盟外部边界时要对相关的数据库进行交叉核查；建立“欧盟出行信息与管制系统”（European Travel Information and Authorisation System，ETIAS）来支持数据核查，如有必要，拒绝签证过期者入境；成体系性的对抗激进化，包括在欧盟的授权与支持下驱逐激进分子和禁止入境。

三　中国与国际移民组织

（一）中国的出入境现状

据公安部出入境管理局统计，2015 年全国边防检查机关检查出入境人员首次突破 5 亿人次，达 5.23 亿人次，与 2014 年同期相比（以下简称“同比”）增长 6.72%。其中内地居民 2.55 亿人次，港澳台居民 2.16 亿人次，外国人 5191.59 万人次。

首先，2015 年，内地居民出入境人数同比持续增长，内地居民出入境人数 2.55 亿人次。内地居民出境前往国家、地区居前 10 位的分别是：中国香港、中国澳门、泰国、韩国、日本、中国台湾、越南、美国、新加坡、俄罗斯。同时，外国人入出境人数同比下降。其次，外国人入出境共 5191.59 万人次，同比下降 1.43%。其中入境 2599.80 万人次。外国人入境人数居前 10 位的国家分别是：韩国、日本、越南、美国、俄罗斯、马来西亚、新加坡、蒙古、加拿大、澳大利亚。入境外国人中，就业 88.79 万人次，探亲访友 79.77 万人次，定居 28.63 万人次，学习 26.61 万人次，其他入境目的 662.70 万人次，分别占入境外国人总数的 3.42%、3.07%、

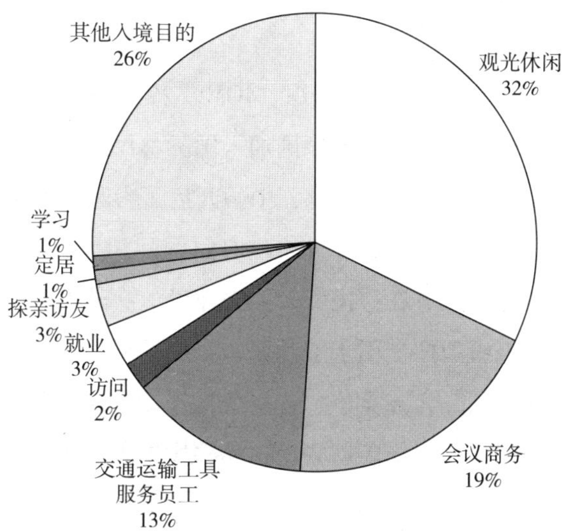

图2　2015年外国人入境中国目的占比

资料来源：中华人民共和国公安部出入境管理局。

1.10%、1.02%和25.49%。最后，打击非法出入境颇有成效。2015年，全国边检共查处非法出境入境人员3252人次，查处其他违反出入境管理法律、法规人员6.2万人次，查获网上追逃人员1767人次，维护了口岸出入境秩序。①

根据OECD数据，2015年有480万人永久迁入OECD国家。2014年，10个OECD国家的新迁入移民就有1个来自中国。② 从外国人来华就业与定居的数量来看，中国与OECD国家相比，在吸引人才竞争上仍然处于劣势。而且在青壮劳动力不足日益凸显的情形下，中国有相当的需求与潜力吸收外来劳动力。在加入国际移民组织后，中国仍需从政策法律与国内就业环境上增强吸引力。

① 中华人民共和国公安部出入境管理局，http://www.mps.gov.cn/n2254996/n2255000/n2255031/c5428297/content.html。

② OECD, *International Migration Outlook 2016*, http://www.keepeek.com/Digital-Asset-Management/oecd/social-issues-migration-health/.

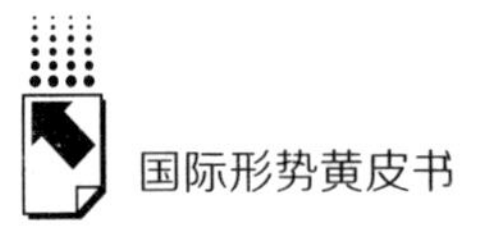

（二）中国与 IOM

2016 年 6 月 30 日，国际移民组织（IOM）特别理事会在瑞士日内瓦举行。会议以协商一致的方式通过了中国加入国际移民组织的申请，中国正式成为该组织的第 165 个成员国。就此，中国开启了参与国际移民合作的新篇章。[①] 国际移民组织是人口迁徙领域的政府间国际组织，中国自 2001 年起成为该组织的观察员，双方在移民管理能力建设、海外领事保护等方面开展大量务实合作。该组织曾向受困于叙利亚、密克罗尼西亚等地的中国公民提供转移协助。中国在国际人才竞争、边境危机迁徙应对、非法移民问题上都面临挑战，加入国际移民组织能够获得国际移民组织治理人口迁徙的丰富经验与先进治理方式。[②] 中国是人口大国，也是移民大国，在成为正式成员之后，将在国际移民领域发挥更大作用，进一步推动移民领域国际合作，贡献中国智慧。

四　结语：对全球难民、移民政策趋势的看法

从国际方面看，目前公众正对政府管理人口迁徙的能力失去信心，大范围的公共舆论开始对迁入移民持反对态度，极端的反移民观点也频繁出现在媒体辩论中。政府未能有效管控大规模的迁徙流，更加深公众对欧洲难民潮的恐惧。然而，大多数国家经济飞速发展的历史经验，以及经济合作与发展组织收集的证据都显示：从中长期来看，人口迁徙对公共财政、经济发展以及劳动力市场都有积极的影响。但这些客观证据近期很难在国际社会舆论中得到扩散，人们担忧的仍然是大规模移民流入与难民潮在短期产生的经济、社会与人身安全威胁，这些舆论会对全球经济复苏产生负面影响。在国际人

① 郭季思：《加入国际移民组织水到渠成》，《人民日报》2016 年 7 月 4 日，http：//paper. people. com. cn/rmrb/html/2016 - 07/04/。

② 《2016 年 6 月 13 日外交部发言人陆慷主持例行记者会》，外交部网站，http：//www. fmprc. gov. cn/nanhai/chn/fyrbt/t1371702. htm。

才竞争的背景下，为刺激全球经济复苏，政府应该更深入地引导社会开展更加务实的辩论，矫正极端的反移民舆论。包括中国在内的求发展国家，对技术性人才的迁入政策会越来越优惠。虽然很难实现对其他类型移民迁入绝对数量的控制，但西方国家还是会通过边境管控措施来疏导更多的合法移民。

全球性的挑战需要全球性的解决方式。在联合国框架下，将会出台更多应对危机迁徙的国际行动。在新一任联合国秘书长的倡导和推动下，相关国家有望达成更多合作共识，履行力所能及的人道主义援助责任。欧盟难民应对措施的实施会因竞选周期而有所阻滞，主要发达国家难移民政策的贯彻在近期会趋向迂回。考虑到土耳其内部的不稳定，欧盟还将开始就大规模危机迁徙问题寻求埃及甚至其他国家的深层次合作，救援资金也会继续向欧盟外部的合作项目与区域倾斜。大规模的危机迁徙是否能够缓解仍然取决于冲突区域的安全局势，因此，短期之内形势不容乐观，促进难民来源国的和平刻不容缓。

参考文献

IOM's Global Migration Data Analysis Centre, "Dangerous Journeys- International Migration Increasingly Unsafe in 2016," Issue No. 4, August 2016, http：//publications. iom. int/system

The Data Team, "The British Are Growing Increasingly Anxious about Europe," *The Economist*, April 5, 2016, http：//www. economist. com/blogs/graphicdetail/2016/04/.

UNHCR, *Mid-Year Trends 2015*, http：//www. unhcr. org/cgi – bin/texis/.

UNHCR, *Global Report 2015*, http：//www. unhcr. org/574ed6e14. html.

UNHCR, *Global Trends：Forced Displacement in 2015*, http：//www. unhcr. org/.

OECD, *International Migration Outlook 2016*, http：//www. keepeek. com/Digital – Asset – Management/.

3RP Regional Refugee & Resilience Plan 2016 – 2017 in Response to the Syria Crisis, http：//reliefweb. int/report/syrian – arab – republic/.

Europe/Mediterranean – Migration Crisis Response Situation Report, August 25, 2016, http：//www. iom. int/sitreps/.

Y.11

全球反腐回顾与动向（2015～2016年）

彭成义*

摘　要：　2016年杭州G20峰会在反腐败国际合作方面推出重要举措，这对于全球腐败治理无疑具有重要意义。事实上，从美国20世纪70年代末推出《海外反腐败法》开始，全球反腐实现了从无到有，逐渐演变成一个全球腐败治理机制的过程。这不仅包括全球层面的反商业贿赂，跨国追逃追赃问题，也包括反洗钱、反腐倡廉技术分享等。十八大后随着中国反腐倡廉的深入推进，我国也借着举办APEC和G20峰会之机大力推动全球反腐合作，并使全球腐败治理开始有更多来自发展中国家的声音和贡献。那么全球反腐的历史和现状如何？过去一年有哪些新的动向？本文就将试图梳理和回答这些问题，以期从中得出一些对我国有益的启示和预判。

关键词：　全球治理　反腐倡廉　追逃追赃

当今世界，不管国家大小贫富，都或多或少受到腐败的困扰和威胁。即使那些腐败较少的国家，也大体经历了由乱到治的过程。而全球层面的反腐败则是近几十年来一个新近的议题，并实现了从无到有，逐渐演

---

* 彭成义，加拿大圣托马斯大学学士，英属哥伦比亚大学硕士，香港城市大学哲学博士，中国社会科学院世界经济与政治研究所助理研究员，主要研究领域为全球政治理论、国外政治思潮、中国反腐国际借鉴等。

变成一个全球反腐败机制的过程。这不仅包括全球层面的反商业贿赂，跨国追逃追赃问题，也包括反洗钱、提供司法协助及反腐倡廉技术分享等。本文对全球反腐进行历史性的回顾并扫描其过去一年的主要动向，重点是全球和区域组织在反腐方面的立法和实践。鉴于二十国集团在当今全球治理中发挥日益重要的作用，2016 年又在我国杭州成功举办并且在反腐败方面有着重大举措，本文也将对 G20 反腐进行重点回顾和介绍。相应地，本文的主体由四部分组成。第一部分对全球层面的反腐进行历史回顾和梳理。第二、三部分分别对全球层面和区域层面反腐动向进行扫描。第四部分回顾 G20 反腐的历程并讨论 2016 年反腐的成果和意义。

一　全球反腐回顾与梳理

全球反腐主要是指各国政府、政府间组织、非政府组织、媒体和公民等反腐参与者所发起的跨国层面的反腐行动，包括相关的协议、政策、法规、倡议、监督、培训和协助活动等。鉴于全球反腐目前的规模和复杂性，在一些观察家看来全球层面的反腐机制（regime）已经形成。[①] 回顾全球反腐的历程，大致可以分为四个阶段。

第一阶段是从20世纪70年代中期到90年代中期

这一阶段以美国联邦政府颁布《海外反腐败法》（*Foreign Corrupt Practices Act*）为标志。《海外反腐败法》又直译为《海外腐败行为法》，其适用对象不仅包括存在海外腐败行为的美国公司和个人（不管腐败行为发生时他们在不在美国国内），也包括和美国有一定关系的外国公司或者个人，比如在美国上市的外国企业，腐败行为发生时人在美国的外国公民或者

---

① Alison Von Rosenvinge, "Global Anti-Corruption Regimes: Why Law Schools May Want to Take A Multi-Jurisdiction Approach," *German Law Journal*, 2009 (10), pp. 785－802; Sebastian Wolf, Diana Schmidt-Pfister (eds.), *International Anti-Corruption Regimes in Europe. Between Corruption, Integration, and Culture*, Baden-Baden: Nomos, 2010.

法人等。[①] 该法出台的背景是1977年美国发生的水门事件。该事件使美国高官和大企业主管这些传统上受人尊重的上层阶层诚信度遭到公众质疑，导致后者普遍要求加强对政府官员和大企业行为的监督，传媒界也借机掀起揭开黑幕运动，各种官方调查随之展开。其中美国证券交易委员会的一份报告就披露美国有400多家公司在海外存在非法或者问题交易。这直接导致美国国会以绝对优势通过了《海外反腐败法》，以便重建公众对于美国商业系统的信心。

美国颁布《海外反腐败法》被不少学者看作是全球反腐规范兴起的开始，[②] 这是因为在此之前国际层面没有任何的反腐败行动。联系当时的冷战国际格局背景，这并不难理解。当时国际反腐举措会被看作是对别国主权的干涉。虽然《海外反腐败法》实质上是美国单方面的国际反腐行动，但是鉴于美国在世界体系中的重要地位，其影响逐渐扩大。尽管《海外反腐败法》早期的实施效果并不理想，因为它客观上削弱了美国公司在海外市场的竞争力，而遭到企业界一定程度的抵制，尤其是对于那些可以把行贿支出计入商业成本而获得税收优惠的公司而言。针对这种情况，美国政府的做法是，一方面对立法进行修订以更适应国际市场的现实情况，另一方面则是大力推进《海外反腐败法》的国际化。这在《海外反腐败法》1988年的修正案中就很明显。修改后的《海外反腐败法》正式要求美国总统采取行动促成其他国家出台与《海外反腐败法》类似的法律，同时对国际商业中的一些费用，如“润滑费”，即用以促进外国政府机构加快履行日常政府活动的小额支出，进行了合法化处理。修正案也扩大了该法的适用对象，将外国企业、自然人或者母公司在美国境内实施的，违反《海外反腐败法》的行为也列入该法管辖范围。在美国的极力推动下，《海外反

---

① “Foreign Corruption Practice Act,” Wikipedia, retrieved on Oct. 4th, 2016, https://en.wikipedia.org/wiki/Foreign_Corrupt_Practices_Act.

② Jennifer L. Mccoy, Heather Heckel, “The Emergence of A Global Anti-Corruption Norm,” *International Politics*, Vol. 38, No. 1, March 2001, pp. 65–90; Alison Von Rosenvinge, “Global Anti-Corruption Regimes: Why Law Schools May Want to Take a Multi-Jurisdiction Approach,” *German Law Journal*, 2009 (10), pp. 785–802.

腐败法》国际化取得了重要进展。一些国家如加拿大就出台类似《海外反腐败法》的国内法。经济合作与发展组织（OECD）则于1997年颁布了《国际商业交易活动反对行贿外国公职人员公约》，标志着全球反腐进入一个新的阶段。

第二阶段是从20世纪90年代中期到21世纪第一个十年的中期前后

这一阶段的标志性事件为OECD推出《国际商业交易活动反对行贿外国公职人员公约》（简称《OECD反贿赂公约》）。该公约是国际上第一部也是唯一一部致力于制裁行贿方的国际反腐败公约。它设立了对OECD成员国所属公司海外行贿行为进行制裁的法律标准。事实上，这也是全球反腐真正开始走向国际化，尽管其范围主要还是西方世界。到目前为止则已经有35个成员国和6个非成员国签署了此公约。在OECD推出该公约前后，反腐败逐渐进入国际视线并成为一个重要议题。国际性或者区域性反腐协定不断出现，反腐议题也进入几乎所有国际组织的议程。比如这一时期的成果包括：美洲国家组织于1996年通过的《美洲反腐败公约》，欧盟理事会于1997年通过的《打击涉及欧洲共同体官员或欧洲联盟成员国官员的腐败行为公约》，欧洲委员会部长委员会于1999年通过的《反腐败刑法公约》《反腐败民法公约》，非洲联盟国家和政府首脑于2003年通过的《非洲联盟预防和打击腐败公约》等。

第三阶段以联合国通过《联合国反腐败公约》为标志

这是联合国历史上第一部指导国际反腐的法律文件，也是当前国际上最全面的关于反腐的国际性公约，其对预防腐败、界定腐败犯罪、反腐败国际合作、非法资产追缴等问题进行了法律上的规范。《联合国反腐败公约》于2003年10月在第58届联合国大会全体会议上获得通过，并于2005年12月正式生效付诸实施。到目前为止，全球已经有140个签署国、169个缔约方。《联合国反腐败公约》在内容方面有四大支柱，即预防、刑事定罪、国

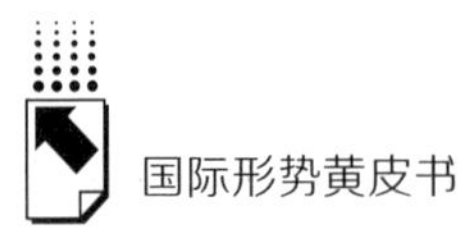

际合作和资产追回。公约的条款多数是实践性的，当然要实现并不容易，需要大量的工作。签署国需要采取如下几方面具体措施：第一，预防性反腐败政策和措施；第二，设立和运行预防性反腐败机构；第三，制定并实施公职人员行为守则；第四，建立和运行基于透明度、竞争和客观标准的公共采购与公共财政管理制度；第五，建立公众举报制度；第六，促进社会积极参与预防和反腐败斗争。此外，经过一段时间的推进，签约国逐渐在履约审查方面达成一致，决定建立“有效、透明和包容性的公约执行情况审查机制”，并在 2009 年 11 月召开的第三届缔约国会议上获得通过，规定所有缔约国都有义务接受审议和审议其他缔约国。

《联合国反腐败公约》的颁布和实施在全球反腐历程中有着里程碑式的意义。它是联合国历史上内容最全面、影响最深远的反腐败公约。从其成员的数量之多也可以看出国际社会对于反腐的重视以及该公约的广泛性。虽然该公约并不会终结腐败，也可能因缺乏强制执行力而不完善，但其至少授权联合国鼓励全世界推进反腐事业，并且调动世界资源确保反腐败斗争的可持续性和活力。与其他反腐败公约不同，它具有创造和传播一个真正的全球性反腐败运动的潜力，而这不管是对发展中国家还是发达国家的政府和企业都会产生重大影响。

第四阶段以中国在2014年主办的 APEC 峰会和2016年主办的G20杭州峰会上大力推进全球反腐合作为标志性开端

当然，如果说前面三阶段的全球反腐都是西方发达国家在大力推动并且唱主角的话，那么第四阶段则是以中国在 2014 年主办的 APEC 峰会和 2016 年主办的 G20 杭州峰会上大力推进全球反腐合作为标志性开端。因为本届 G20 反腐的成果下面将有专门阐述，这里主要回顾一下 2014 年 APEC 峰会的反腐进展。2014 年 APEC 峰会通过了《北京反腐败宣言》。该宣言主体部分共 8 条，从不同角度明确了亚太各经济体加强合作的内容。加强反腐败国际追逃追赃合作则是《北京反腐败宣言》的核心内容，贯穿于全文主体，包括拒绝为腐败分子及其非法所得提供避风港，加强对外逃腐败官员的引渡和遣返；加强对出入境移民活动的监管，建设相关信息共享机制；探索运用《联合国反腐败公约》等国际合作倡议，加强双边反腐败合作；支持并参与APEC反腐败执法合作网络（ACT－NET）；通过一切可行方式开展反腐败案件合作，并为开展反腐败跨境合作官员提供行政安排等方面的便利等。

《北京反腐败宣言》是第一个由中国主导起草的国际性反腐败宣言，集中反映了亚太区域各经济体就APEC反腐败合作重点及发展方向达成的共识，充分体现了中国在加强反腐败追逃追赃合作方面的关切和立场，对于引领亚太地区反腐败合作朝追逃追赃等务实合作方向发展具有重要意义。其中设立并运行APEC反腐败执法合作网络（ACT－NET）是最重要的成果亮点之一。该网络由APEC各经济体反腐败和执法机构人员组成，隶属于APEC反腐败工作组，旨在促进亚太地区反腐败和执法机构间的沟通、联络和能力建设，推动打击腐败、贿赂、洗钱和非法贸易等方面的务实合作。这些都表明全球反腐议程开始有发展中国家的声音和贡献。当崛起的中国以发展中国家和非西方国家身份开始大力推进全球反腐的时候，全球反腐也就变得越来越“名副其实”。在此之前的反腐本质上还是西方大国，尤其是美国主导并推动的。所关心的议题也出自西方的视角，自然也有其局限。如今中国的积极参与和贡献则开始将全球反腐推向更高更全的一个层面，并提出不同于西方的“中国视角”和“中国方案”。这在全球反腐历程中有着极其重要的意义。

在回顾了全球反腐的大致历程之后，下面本文将对全球反腐过去一年间的动向进行一个简要的扫描，主要包括全球层面和区域层面。

二　全球层面反腐及动向

（一）联合国

《联合国反腐败公约》缔约国大会于2015年11月在俄罗斯圣彼得堡举行了第六届会议。这次会议上第一次收到联合国秘书长潘基文发来的致辞。

该致辞的信息很简单：为实现可持续发展，必须结束腐败。因为联合国刚刚通过2030年发展议程，特别是第16项可持续发展目标，所以恢复反腐败与可持续发展的联系便成为贯穿此次大会最重要的主题。大会在推进国际反腐方面达成了数量空前的十项决议。其中最值得注意的是，会议启动了第二个周期的“公约”同行评审机制，这次的评审内容为“公约”预防腐败和资产追回的章节条款。此外，各国还通过多项决议探索增强预防腐败的创新渠道，包括采取透明、问责和有效的公共服务供给，推进技术创新，提高教育和培训水平，改革公私伙伴关系等。另外还有3项决议是关于反腐的国际合作和资产追回的。会议也聚焦了小岛发展中国家的反腐努力。在全体会议上，150多个国家和几十个国际组织与非政府组织也有机会讨论了它们在公约方面的合作问题。

此外，联合国负责反腐的相关部门也庆祝了《联合国反腐败公约》实施10周年，并总结了所取得的成绩和面临的挑战，特别是在评审和督促落实方面。《联合国反腐败公约》缔约国大会下设的各个工作组也在稳步推进各自的工作，包括同行评审工作组、资产追还工作组、预防腐败工作组等。2016年2月，联合国毒品与犯罪署全球电子学习计划项目在其学习管理系统中推出了一个新的反腐败学习课程。该课程包括两个网上学习模块，即“反腐败介绍”和“高级反腐败：预防腐败”。该课程由腐败与经济犯罪处专家设计，旨在提高学习者对《联合国反腐败公约》内容的理解。

（二）世界银行

世界银行反腐在过去一年中并没有什么突出的创新举措，不过世界银行是开展反腐最早的国际组织之一，而且在全球反腐事业中贡献颇大。

作为世界最大的发展援助机构之一，世界银行从20世纪80年代开始帮助受援国在贸易体制、投资和金融监管上进行改革，从而减少寻租行为所带来的影响。随后世界银行也开展了帮助成员国推进制度建设、改革公共部门等的善治活动。1995年上任的沃尔芬森行长更是特别重视反腐败问题，呼吁人们与侵蚀发展的“腐败之癌”战斗，并将反腐败问题设为世界银行重点研究议题，随后也采取了一系列的反腐败措施。这些举措包括如下一些方面。第一方面是加强世界银行自身的反腐机构建设，包括于 1998 年成立的世界银行反腐败委员会，其下设秘书处，处理反腐的日常工作，并设立专门受理针对世界银行项目腐败和欺诈的举报渠道等。第二方面则是完善了对援助项目的审查监督机制，包括设立更加严格和完善的采购和贷款偿付程序，建立世界银行黑名单制度，加强对借款者采购过程的监督等。比如 2015 年世界银行就将 73 家公司或者个人列入了黑名单，并成功阻止了近 1.4 亿美元落入行为不端公司之手。[①] 第三方面是帮助各国与腐败做斗争，这包括提供反腐败的学习项目、贷款和技术援助等。此外，世界银行还为那些反腐有特别需求的国家提供特别援助，包括为其设计反腐项目，调查诊断腐败程度和特征，为政府和公民举办研讨会和培训活动等。第四方面则是全力支持全球反腐行动，包括和其他国际组织开展反腐败合作，宣传反腐相关研究成果和提升民众普遍反腐意识等。第五方面是世界银行发起的“被盗资产追缴行动”。根据世界银行估算，每年全球跨境流动的犯罪资产、腐败所得和偷税漏税额高达 1 万亿 ~ 16 万亿美元，而其中约半数来自发展中国家。世界银行因此根据《联合国反腐败公约》的相关条款，制定计划帮助发展中国家追讨被腐败官员转移到国外的非法资产。

除此之外，世界银行在打造国际透明度标准（包括“财务透明全球倡议”“公开合同标准”“财务披露标准”等）和支持开放型政府方面都展现了领导力。在其他一些领域，比如“冶炼工业透明倡议”“曝光你所贿”“渔业透明”“反洗钱”等倡议或者运动中也提供了积极的协助。对于一些国际联盟和区域性反腐败论坛，比如“国际腐败猎手联盟”与“拉丁美洲和加勒比地区议会网络”等也积极参与并提供了力所能及的支持。同时，世界银行也与二十国集团反腐败工作组、“财务问责特别工作组”、经合组织反腐败工作组开展了有效的合作。

① “Another Boost to Global Action against Corruption,” June 13, 2016. Retrieved on Sep. 21, 2016, http://www.worldbank.org/en/news/feature/2016/06/13/another-boost-to-global-action-against-corruption.

（三）透明国际

透明国际（Transparency International）即“国际透明组织”，（简称TI），是一个非政府、非营利、国际性的民间组织。其于1993年由德国人彼得·艾根创办，总部设在德国柏林，以推动全球反腐败运动为己任，今天已成为对腐败问题研究最权威、最全面和最准确的国际性非政府组织之一，目前在90多个国家成立了分会。“透明国际”成立以来所做的主要工作包括：①举办或参与国际性或地区性反腐败会议，推动该组织各国支部成立；②出版大量有关反腐败的资料，定期出版《透明国际通讯》等刊物；③建立自己的网站，发布有关反腐败的信息；④每年发布一期“腐败感知指数”（Corruption Perception Index），（又称为“清廉指数”，该指数在全世界产生较大影响，以及全球贪污年度报告与全球贪污趋势指数）排行。透明国际的工作并不调查或揭露个别的贪污个案。他们更多的是设计一系列用以打击贪污的工具并与公民组织、企业及政府合作落实。工作目标是保持无党派身份，建立反贪污联盟。其最大成就在于把贪污问题提上国际议程，所以在全球反腐历程中发挥了举足轻重的作用，包括参与《联合国反腐败公约》和《OECD反贿赂公约》的制定等。

三　区域层面反腐及动向

反腐败也是各国际区域组织一项重要议题，美洲国家组织、欧盟、非盟等主要区域组织都开展了区域国家间的反腐败合作，并建立了相关机制。例如1996年以来美洲国家组织通过了《美洲反腐败公约》《美洲反腐败纲领》等文件，是最早开展反腐败国际合作的区域组织；欧洲在反腐败方面的国际行动更为积极，已经通过了一系列法律文件，并在执行和监督方面走在国际反腐的前列；非洲国家也启动了反腐败的国际合作，非洲联盟大会在2003年7月通过《非洲联盟预防和打击腐败公约》，2009年成立“非洲反腐败咨询委员会”。

（一）经济合作与发展组织（OECD）

OECD是反腐方面最积极也是最有影响的区域性国际组织之一。从上述的全球反腐历程可以看到，OECD颁布的《OECD反贿赂公约》具有里程碑式的意义。在过去的一年中，OECD在全球反腐中也非常活跃。2015年11月，OECD启动了其“信任与商业”项目，旨在通过加强公司治理来提高商界的廉洁度。2015年12月，OECD召开了第一届“执法工作者全球网络年会”。该年会聚焦对涉嫌腐败企业的调查和起诉，并触及企业的合规责任以及国际合作在这方面的作用。2016年2月发布了《公共投资廉洁框架》，详细分析了投资各个环节可能出现的腐败风险及应对策略。2016年3月召开了OECD反贿赂部长级会议，就如何在全球反腐框架中加强对国际行贿的打击力度进行了深入探讨，并发布《OECD部长宣言》。会议也讨论了举报人保护、国际合作、自愿披露及商业合规等问题。2016年4月召开了第四届OECD廉政论坛，聚焦了贸易中的反腐败问题。其间也举行了新成立的高级别反腐倡廉咨询组会议，商讨递交OECD总干事建议报告的最终文本。2016年6月召开了“负责任商业行为全球论坛”，讨论了如何通过更好的业务实践来产生实际影响，如何应对供应链出现的腐败问题，以及如何促进私营部门对可持续发展目标实现更大贡献等。2016年6月OECD还承办了由法国司法部发起组织的“国际反腐败实践者大会”。本次会议寻求激励反腐败斗争的全球应对，发现并分享好的反腐举措，以及就反腐实践者日常工作中所面临的反腐败障碍进行经验分享和坦诚对话等。此外，OECD反腐败工作组还于2016年9月启动了第四轮（2016～2025）关于《OECD反贿赂公约》的国别审查，并将于2016年12月举办“关于竞争的全球论坛”。

（二）亚洲太平洋经济合作组织（APEC）

APEC的反腐从2002年和2003年领导人承诺实施亚太经合组织透明度标准开始，2004年成立反腐败专家特遣队；后者于2011年升级为工作组，致力于协调圣地亚哥实施打击腐败和确保透明度承诺、APEC反腐行动计划，以及 APEC 透明度标准的执行等。其也在努力促进引渡、法律援助和追逃追赃方面展开国际合作。APEC 反腐败工作组于 2014 年通过了《北京反腐败宣言》，成立了 APEC 反腐执法合作网络，到目前为止已召开三次会议。此外，APEC 反腐败工作组在促进《联合国反腐败公约》的执行，与其他国际组织寻求反腐合作等方面取得进展，并召开了一些专题研讨会。

（三）欧洲委员会及欧盟

在欧洲委员会方面，其部长委员会曾于 1996 年发布《反腐败行动纲领》，1997 年通过《关于反腐败斗争的 20 项指导原则》，1999 年制定《反腐败刑法公约》和《反腐败民法公约》，并成立欧洲委员会反腐败国家集团，2000 年发布《公职人员行为守则建议》，2003 年通过《政治献金廉洁一般规则建议》和《反腐败刑法公约附加议定书》。欧盟方面则于 1997 年制定了《打击涉及欧洲共同体官员或欧洲联盟成员国官员的腐败行为公约》，并通过“斯德哥尔摩计划”授权欧盟委员会制定全面的欧盟反腐败政策。2003 年欧盟通过了《私营部门打击腐败的框架决议》。2011 年，欧盟委员会设立了欧盟各国反腐的定期评估机制，并于 2015 年发布了首次收集的欧盟各成员国腐败犯罪相关数据资料的初步报告，在经各成员国审议后于 2016 年 1 月发布了修改后的报告。

四　G20反腐及动向

G20 作为汇聚世界最主要经济体的国际合作机制，逐渐在全球反腐败领域展现了领导力并发挥重要影响。2009 年自 G20 成立以来，经过数年发展，其反腐败工作已成为当前全球反腐领域最活跃、最重要的合作机制，引领着全球反腐的发展。下面首先回顾一下 G20 反腐的历程，然后总结我国杭州 G20 峰会在反腐方面取得的成果和贡献。

首先，G20 自成立伊始就始终致力于反腐败的国际合作。2009 年 9 月在匹兹堡召开的领导人峰会要求加强全球金融监管，对不合作“避税天堂”实施惩罚。2010年6月在多伦多召开的峰会则同意建立反腐败问题工作组。11月，G20首尔峰会首次就反腐设置专门议程，推出反腐败行动计划“九点方案”，重点放在公司犯罪，要求惩治公司贿赂外国政府官员的犯罪行为，并有力保障揭露此类犯罪的举报人。这次峰会也正式成立“反腐败工作组”，专门负责监管G20集团成员国反腐行动计划的执行情况。2012年洛斯卡洛斯峰会发布了G20成员国的司法互助指南和G20司法管辖区内追踪资产的信息，以期促进G20成员国和非G20成员国在调查和起诉腐败方面的国际合作。2013年圣彼得堡峰会承诺在自愿基础上利用《联合国反腐败公约》审议机制的参考条款，提高《联合国反腐败公约》审议的透明度和包容性，并重申保障司法独立、分享最佳实践和加强保护举报人立法的承诺，确保反腐败机构的有效性免受不当影响。加强G20反腐败工作组与二十国集团工商峰会（B20）、社会峰会（C20）的对话，尤其欢迎关于加强工商界反腐败共同行动和促进私营部门反腐败机制性安排的倡议。2014年，G20领导人在布里斯班峰会上批准《2015～2016年反腐行动计划》，同意在G20框架内建设反腐败合作网络，包括加强司法互助，返还腐败资产，拒绝为腐败官员提供避罪港等。2015年，土耳其安塔利亚峰会发表公告，提到促进国际社会形成对腐败问题的零容忍环境。这次峰会也核准了《G20私营部门廉洁透明高级别原则》，帮助企业遵守道德和反腐败全球标准。

2016年的G20杭州峰会在反腐方面也取得巨大成果。这不仅包括核准《二十国集团反腐败追逃追赃高级原则》，设立20国集团反腐败追逃追赃研究中心，以及通过《二十国集团2017～2018年反腐败行动计划》等峰会成果，也包括在峰会期间与美国达成的重大共识。在中美元首会晤达成的35项成果清单中，第16项专门针对“反腐败与追逃追赃”，这包括双方将继续就包机遣返逃犯和非法移民开展合作，同意进一步加大反洗钱和返还腐败资产合作，共同落实好《关于反洗钱和反恐怖融资信息交流合作谅解备忘录》等文件，商谈相互承认和执行没收事宜以及资产分享协议，并同意商谈制定劝返程序等。在峰会成果方面，《二十国集团反腐败追逃追赃高级原则》（简称《高级原则》）是具体指导文件，《二十国集团2017～2018年反腐败行动计划》是近期行动纲领，在华设立G20反腐败追逃追赃研究中心则放眼未来反腐败规则的制定。其中《高级原则》分三部共10条，致力于打造一个“零容忍”“零漏洞”“零障碍”的反腐败国际追逃追赃合作体系，内容涉及拒绝腐败分子入境、建立个案协查机制、完善合作法律框架等多个方面，明确要求各国为追逃追赃工作创造有利条件。它是继2014年我国担任APEC轮值主席通过《北京反腐败宣言》之后，在多边框架下再一次以国际文件的形式明确提出加强国际反腐务实合作的“中国主张”，但较之APEC的《北京反腐败宣言》，《高级原则》所提出的合作目标、措施和路径更明确、更具体，进一步阐释了中方关于反腐败追逃追赃的主张。总的来说，上述成果充分反映中国对反腐败国际合作的立场和关切，在引领全球反腐合作朝追逃追赃等务实合作方向发展方面具有重要意义。同时，它同2014年APEC峰会取得的国际反腐败成果一样，倾注更多来自发展中国家的声音和立场，必将成为国际反腐败新秩序的重要组成部分。

五　结语

很明显，全球反腐从无到有，到成为全球治理的一项重要议题，并形成复杂的国际机制，显示出全球反腐正在迎来其大发展的战略机遇。特别是随着中国综合实力的不断上升，国内反腐正如火如荼地展开并谋求更多国际合作之际，可以预料全球反腐的新旧议题很可能出现并行不悖的局面。这将包括我国主推的反腐败国际追逃追赃议题，以及西方传统上专注的打击跨国商业贿赂、健全企业受益人透明机制等。此外，将反腐与实现联合国2030年可持续发展目标相联系也必将成为全球反腐的重要议题，在这方面我们完全可以做出更多努力并做出表率。

事实上，鉴于反腐倡廉对于我国当前“四个全面”战略的重要性，中国应更加主动地投身到全球反腐行动中，以更加积极的态度和行动来履行相关反腐协议和公约。这样不仅对于国内的反腐有着极大的促进作用，而且对于提升我国在国际上的履约记录以及改善我国的国际形象等都大有裨益。这就要求我们不仅在国际反腐的追逃追赃方面展现领导力，而且在其他方面，比如践行《联合国反腐败公约》规定的预防、惩处腐败及反腐经验分享等方面都积极参与并起到带头作用，从而为中国参与全球治理提出更多“中国视角”和“中国方案”，并在国际事务中争取更大的发言权做出更多贡献。

参考文献

Mc Coy, Jennifer & Heckel, Heather, “The Emergence of A Global Anti-Corruption Norm,” *International Politics*. 2001, 38: 65 - 90.

Sampson, Steven, “The Anti-Corruption Industry: from Movement to Institution,” *Global Crime*. 2010, 11 (2), 261 - 278.

VonRosenvinge, Alison. “Global Anti-Corruption Regimes: Why Law Schools May Want to Take a Multi-Jurisdiction Approach,” *German Law Journal*. 2009, 10. 785 - 802.

Wolf, Sebastian & Schmidt-Pfister, Diana (eds.) . *International Anti-Corruption Regimes in Europe: Between Corruption, Integration, and Culture*, Baden-Baden: Nomos. 2010.

马海军、邹世享：《中国反腐败国际合作研究》，知识产权出版社，2011。

中国人民大学重阳金融研究院 G20 课题组：《从历届 G20 峰会脉络看杭州 G20 成果》，人民网，http://world.people.com.cn/n1/2016/0906/c1002 - 28695154.html，2016年9月22日。

专题·热点

Special Topics and Focal Points

Y.12
美国总统大选：选情特点与影响因素

王鸣鸣*

摘　要：此次美国大选实际上是“建制派”与“圈外人”的博弈，政党分野已不再重要。桑德斯掀起的强劲“旋风”，几乎颠覆尚处于执政地位的民主党的政策导向和奥巴马大部分政治遗产，而特朗普的“异类”观点和轻松胜出更是让共和党阵脚大乱、进退失据、前景堪忧。之所以民粹主义、本土主义议题主导了此次大选，既有美国国内因素，还有国际大环境和潮流的影响，而且二者彼此强化。“政治正确”原则所导致的贫富分化、金融巨头、移民等问题和以英国脱欧为代表的欧洲民粹主义构成了此次美国大选民粹主义突起的影响因素。新一任美国总统的政策导向必定或多或少地带有此次大选中

* 王鸣鸣，中国社会科学院世界经济与政治研究所研究员，主要研究领域为外交决策。

的民粹主义烙印。但是，选举中一切以选票为核心，选后的决策则会受到种种限制，因此对选举议题对选后美国内外政策的影响不应高估。

关键词： 美国大选 “建制派”“圈外人” 特朗普现象 民粹主义

2016年是美国总统选举年。由于经济规模、在世界经济中的地位、政治影响力、军事实力等原因，美国选情牵动世人关切。纵观选举进程，此次美国大选实际上是“建制派”与“圈外人”[①]的博弈，政党分野已不再重要，鼓吹民粹主义“圈外人”攻势强劲，崇尚“政治正确”的“建制派”只有招架之力。新一任美国总统的政策导向必定或多或少地带有此次大选中的民粹主义烙印，进而影响到全球政经走向。奥巴马政府领导美国已经8年，在各个领域都有既定的方针政策和相关遗产，它们会在多大程度上被改变或继承是人们关注此次美国大选的又一原因。

一 选举进程概述

美国总统大选包括党内预（初）选、各党召开全国代表大会确定的总统候选人竞选、全国选民投票选出总统“选举人”、“选举人”成立选举人团投票表决正式选举总统和总统就职典礼等几个阶段。党内预选和候选人竞选具有实际意义，决定谁能当选美国总统。2016年2月1日，美国民主、共和两党首场总统预选在艾奥瓦州举行，大选帷幕正式拉开。这场曾被预言，由共和党的杰布·布什和民主党的希拉里·克林顿代表两大政客家族对决的总统大选，由于两党多位“圈外人”的参选而呈完全不同的局面。

---

① “建制派”指秉承所属党派传统价值观和执政理念的职业政客，而“圈外人”则指那些不受党派既定价值观影响且非党派主要成员的参与美国竞选的人士。

2016年大选没有现任总统和副总统参选，所以吸引了众多参选人。共和党方面有17人参加了预选，人数之多创共和党党史纪录。这些人背景复杂，除了杰布·布什、得克萨斯州联邦参议员特德·克鲁兹、俄亥俄州州长约翰·卡西奇、佛罗里达州联邦参议员马克·鲁比奥等传统政治家外，还包括特朗普、黑人名医本·卡森、惠普公司前总裁兼CEO卡莉·菲奥里纳等“圈外人”。慑于希拉里的声望和政治影响力，民主党参选人相对较少，除一直缠斗到最后的希拉里和伯尼·桑德斯外，还有前弗吉尼亚州联邦参议员吉姆·韦布、巴尔的摩市市长马丁·奥马利和罗德岛政治家林肯·查菲等三人。

预选开始不久，共和党方面特朗普领先，鲁比奥和克鲁兹不相上下，2月21日，杰布·布什在前几个州遭遇惨败宣布退选，共和党出现“三人战”的局面。民主党方面是希拉里与桑德斯的“双人决”，桑德斯对希拉里构成的挑战力度之大，超出人们的预期。3月1日被称为预选阶段的“超级星期二”，这一天13个州同时投票，结果希拉里和特朗普在各自党内大幅领先，共和党的克鲁兹则拉开了与鲁比奥的差距。鲁比奥在3月15日输掉家乡佛罗里达州后退选。5月4日，“茶党领袖”克鲁兹和俄亥俄州州长卡西奇在印第安纳州选举后，也先后退出竞争。特朗普提前两个多月锁定共和党唯一总统候选人。民主党桑德斯后来居上，支持率一度与希拉里十分接近，连续在多个州战胜希拉里。6月7日，在民主党六州选举中，桑德斯输掉了包括加州在内的四州。当晚，希拉里在纽约布鲁克林竞选总部宣布获得预选胜利。7月26日，在美国民主党全国大会上，希拉里·克林顿正式获得美国总统选举民主党候选人提名，成为首位获得美国主要政党提名的女性总统候选人。自此，两党总统候选人竞选开始。

与以往一样，两党总统候选人的竞选策略以攻讦对方为主。9月9日，希拉里在一场公开筹款活动中说，“总体而言，可将半数特朗普的支持者归为‘无耻之徒’范围”。几乎在希拉里话音一落，“一群无耻之徒”便成了推特热词。保守派人士和特朗普的支持者对此愤怒无比。尽管希拉里对失言道歉，但不利影响已经造成。

8 月以后，希拉里先是在演说过程中剧烈咳嗽长达 4 分钟，继而在纪念“9·11”活动中体力不支，险些跌倒，被搀扶出会场。医生称，身强力健的成年人需要约两周才能从肺炎中康复，在康复后也不应操劳。现年 68 岁的希拉里在确诊后 6 天便重新投入竞选活动中。如果她再次跌倒、咳嗽或打喷嚏，政治后果可能是致命的。从备受对手诟病的担任国务卿期间使用私人邮件处理公务的“邮件门”到“健康门”，希拉里一路领先的优势逐步萎缩。至 9 月下旬，希拉里和特朗普在 13 个“摇摆州”的支持率都是 42% 。①

与此相反，特朗普后来居上，在美国哥伦比亚广播公司的调查中，有 55% 的选民希望美国政治和经济在未来几年内能够有“显著变化”；43% 的民众期待政治经济“有变化”；仅有 2% 的人认为目前形势尚可，无须过多改变。在这方面，特朗普显然比希拉里得到了更多信任：47% 的人相信特朗普能够给美国带来改变，而只有 20% 的选民认为希拉里能做到这一点。② 基本上，所有迫切希望变革的选民都是支持特朗普的。

特朗普的坏消息是美国前总统、共和党人老布什 9 月 19 日在一场私人聚会上表示，他将在 11 月的美国大选中投票给希拉里。肯尼迪家族成员、美国前总统肯尼迪的侄女凯瑟琳·肯尼迪·汤森德 19 日在社交媒体账户上发布了一张“泄露天机”的照片。照片上，凯瑟琳与老布什握手，并说：“总统告诉我，他将投票给希拉里。”老布什支持希拉里，代表着美国政治舞台上两大家族间 30 年之久的复杂关系戏剧性地开启了新篇章。此时距离大选投票还有 49 天，离两名总统候选人的第一场辩论也只有一周。尽管老布什淡出政坛多年，但凭借其知名度和跨党派声望，或能帮助希拉里吸引中间派和更多不满特朗普的共和党人的支持。

---

① 《美国大选已进入白热化阶段 “收视率最高”电视辩论即将登场》，新华网，http://news.xinhuanet.com/world/2016-09/22/c_129293005.htm。

② 《希拉里特朗普“摇摆州”支持率打平 “铁娘子”优势不再》，人民网，http://world.people.com.cn/n1/2016/0919/c1002-28725007.html。

二 “桑德斯旋风”与“特朗普现象”

在此次美国总统大选中，民主党“圈外人”掀起的强劲“旋风”，几乎颠覆尚处于执政地位的民主党的政策导向和奥巴马大部分政治遗产，而特朗普的“异类”观点和轻松胜出更是让共和党阵脚大乱、进退失据、前景堪忧。

（一）“桑德斯旋风”

在民主党初选中，名不见经传的桑德斯意外加入战局，对前第一夫人、前国务卿、在党内政治根基颇深的希拉里一度构成了严峻挑战。桑德斯比希拉里和特朗普年龄都大，而唯独他能够燃烧起美国“千禧一代”的激情，受到年轻人特别是大学生热烈拥护。一场竞选集会，参加者最多时达 2 万人。桑德斯的强大草根动员能力、对年轻人的吸引力、坦诚而富有亲和力的竞选风格，影响了民主党的竞选议程。结果约 1300 万美国人为他贡献选票，使他赢得全美 50 州中 23 州的民主党预选，1846 张代表票。如果没有超级代表的支持，希拉里有可能拿不到获得提名所需的票数。

桑德斯出身中下层，幼年家境贫寒。19 世纪 60 年代初在芝加哥大学攻读政治学位时加入了数个标榜社会主义的团体和人权运动组织；为抗议学校的宿舍种族隔离制度，他在校长办公室组织了芝加哥历史上首个民权运动静坐抗议；参与了 1963 年的华盛顿民权抗议游行，就在那次活动中，马丁·路德·金发表了著名的《我有一个梦想》的演讲。1972 年，他正式参与政治选举，最初的几次选举都以失败告终。其间由于没有收入来源，他做过木匠，当过农民、尝试过创业，也给媒体写过稿件。1981 年，他参选佛蒙特州伯灵顿市市长并获胜，之后三度连任，然后先后进入众议院和参议院，是美国国会历史上在位时间最长的无党派独立议员。2015 年 4 月，桑德斯宣布以民主党人身份参与 2016 年美国总统选举。

桑德斯的经历都体现在他竞选总统时的理念中：要求将最低工资翻倍、

让医疗体系覆盖所有民众、减轻大学生的费用负担、拆分华尔街大银行、重建基础设施、广泛改革民主党总统候选人产生程序、取消无须经过选举的超级代表、清除金钱政治的影响等。桑德斯说，他追求的是“真正的变革”。[①]有分析指出，如果他当选，不仅整个民主党，甚至整个国家，都可能向北欧国家挪威的方向演变。对于为什么要站出来挑战“建制派”希拉里，桑德斯在接受《滚石》杂志采访时是这样解释的：作为一个中下层阶级出身的人，他参与竞选不是为了“实现某种长期以来的野心”，而是因为今天的美国面临一些他认为“建制派”不会去解决的“极大的危机”，比如收入不平等、中产阶级的萎缩等。[②]

桑德斯的这些理念也被贯彻在具体的竞选过程中，比如，他在竞选中没有使用通常由富豪支持的超级政治行动委员会，而是全部依靠来自支持者的小额捐款。截至 2016 年 6 月，桑德斯收到了总共 700 万美元个人捐款，平均每笔只有 27 美元，其中捐款最多的是没有工作或退休的人、蓝领白人和年轻选民，他们中的很多人以往并不参与民主党预选投票。

在桑德斯的步步紧逼下，希拉里被迫在贸易等问题上不断“左”倾。在党内获胜后，为拉拢桑德斯的支持者，希拉里团队也在大银行监管、上调最低工资以及医保改革等方面做出很多承诺，代表民主党的竞选纲领因之打上深刻的桑德斯烙印。桑德斯在宣布支持希拉里后表示，“我们必须继续战斗，创建一个为我们所有人而不是上层人士服务的政府……这是我将承担的任务”。“变革从来不会从上而下发生，而是会来自底层。任何告诉你我们不能改变现状的人，都不要去相信。”[③]

桑德斯在 2016 年大选中烙下的印记还反映出美国选举制度中超级代表制问题。桑德斯最终以 1894 票对 2807 票输给了希拉里，而希拉里多得的这

---

① 朱剑梅、朱磊、陆佳飞：《难说“再见，桑德斯”》，《参考消息》2016 年 7 月 27 日。

② 闫桂花：《失意者桑德斯和他的“美丽革命”》，界面网，http：//www. jiemian. com/article/7。

③ 闫桂花：《失意者桑德斯和他的“美丽革命”》，界面网，http：//www. jiemian. com/article/769425. html。

913 票中包含 600 多张“一张顶一万张”的“超级代表”（Supper Delegate）选票。这也是为什么桑德斯的改革方案中包括选举制度的改革。

民主党全国代表大会的代表由两部分人组成，一部分是经过选举产生的代表，另一部分是超级代表，后者不经选举自动当选，因此被称为超级代表。选举代表在党代会上必须将票投给在本州初选时所指定的候选人，因此被称为“承诺代表”（Pledged Delegate）。而超级代表则可以根据自己的意愿投票给任何候选人。[①] 民主党超级代表主要由三部分人组成：现任、前任正副总统及民主党州长；国会议员；民主党全国委员会成员。民主党超级代表目前有 717 人，占投票代表总数的 16%，因此，民主党的超级代表对最后决定谁代表本党竞选总统有很大的影响力，尤其是在候选人竞争激烈，难分胜负的情况下，超级代表的投票会发挥决定性作用。此次民主党预选进行到 6 月 6 日新泽西州投票结束时，已有 571 名超级候选人表示将投票支持希拉里，只有 48 名超级候选人支持桑德斯。而此时两人获得的承诺代表人票数差距只有不到 300 张。在此次民主党初选中，超级代表制度对“局外人”桑德斯极为不利。因为在参选之前，桑德斯长期是无党派人士，缺乏党派经营。相反，克林顿家族在民主党精英层的关系网尽人皆知，大部分“超级代表”将毫无悬念地支持希拉里。民主党设置“超级代表”的初衷是避免本党党员选出持极端立场的政客，由民主党精英酝酿出胜算较大、能吸引中间选民的正式总统候选人，以便在与共和党的最终较量中占据优势。桑德斯还承诺，无论自己是否获得提名，都将致力于改变不合理的超级代表制度。

（二）“特朗普现象”

本次美国大选最突出的特点是出现了“特朗普现象”，即政策主张与共和党“政治正确”传统背道而驰，甚至有悖于美国主流价值理念；方式上口无遮拦、出尔反尔，却赢得了众多选民的支持。

---

① 共和党也有不经选举出席党代会的代表，但他们没有自由投票的“特权”，因此有人认为不适合使用来源于民主党的“超级代表”一词。

美国著名的地产大亨唐纳德·特朗普集商人、作家、电视真人秀明星等多重身份于一身，以生活奢侈和行事高调著称。从1987年起，特朗普先是共和党人，之后是一名无党派人士，然后加入民主党，近年重新又加入共和党。特朗普2012年首次参选美国总统，挑战巴拉克·奥巴马，因质疑奥巴马总统是否在美国出生而引起关注。奥巴马总统为了结束这场争议，不得不公布了他的出生证。但是特朗普中途宣布退出共和党预选。

2015年6月，特朗普正式参选后，在竞选过程中对一些女性发表赤裸裸的歧视性的言论，接受3K党前最高领袖杜克的支持。他将墨西哥移民描述为“毒贩”和“强奸犯”，声称一旦当选，将迫使墨西哥政府出钱在两国边界建一堵围墙，阻止非法移民进入美国，引发舆论哗然，激怒拉丁裔人口。在法国巴黎遭遇恐怖袭击后，他曾呼吁美国对穆斯林族群进行登记并关闭清真寺，宣称应全面禁止穆斯林进入美国。他与一名在伊拉克战争中阵亡的陆军穆斯林上尉的父母公开发生口角，招致多方批评。特朗普攻击奥巴马说：“他是‘伊斯兰国’组织的创办人……共同创办人还有骗子希拉里。”[①]由于特朗普的极端言论得罪一些群体，在其竞选活动中抗议者扰场已成常态，其支持者和反对者经常在现场发生肢体冲突。美国舆论认为，这样的混乱与他“煽动使用暴力”不无关系。英国一家报纸一度称：“唐纳德·特朗普要参选总统，这就像他的头发一样可笑。”[②]

特朗普对普京表示赞赏，要求俄罗斯帮忙找回希拉里一些私人邮件；他支持日本发展核武器，还拒绝支持众议院议长瑞安和参议员麦凯恩竞选连任。特朗普对竞争对手希拉里的威胁性言论曾使美国特工处人员几次约谈其竞选团队，进而导致共和党全国委员会主席与其竞选经理和成年子女谈话。特朗普家人的意见是，找一名高级顾问陪在他身边，帮助他保持与共和党口径一致。共和党一些资深人物，包括老布什时期的国家安全事务助理斯考克

① 《美国大选：特朗普指奥巴马是极端组织创办人》，新浪网，http：//news. sina. com. cn/o/2016-08-11/。

② 《地产大亨参选美国总统　被指玩票发型遭集体吐槽》，环球网，http：//news. xinmin. cn/world/2015/06/19/1。

罗夫特、小布什时期的副国务卿阿米蒂奇与财长保尔森，以及多位前议员都宣布将投票支持民主党候选人希拉里。布什家族没有参加特朗普提名总统候选人的共和党全国代表大会，甚至传出92岁高龄的老布什将支持希拉里当选。超过50名共和党外交政策和国家安全专家签署公开信谴责特朗普威胁国家安全，发誓不会投票给他。另有超过70名有影响力的共和党人联名上书全国委员会主席，呼吁停止对特朗普竞选活动的经费支持，转向资助因特朗普的不受欢迎而让议会选情受到影响的共和党议员候选人。奥巴马直言：特朗普“不具备担任全世界最具影响力职务的判断力、气质和理解力”。法国总统奥朗德说特朗普的一些“过激言论令人作呕”、墨西哥总统说“特朗普的排外言论让人联想到希特勒和墨索里尼”、英国首相梅表示特朗普禁止穆斯林入境美国的想法是“分裂、无益和错误的”。英国议会还专门召开会议，讨论是否该禁止特朗普入境英国。① 唯一表态支持特朗普的外国官方是朝鲜。据英国《卫报》报道，朝鲜一网站发表社论称赞特朗普“睿智有远见”。②

尽管特朗普观点极端、说话随意，全然不理会“政治正确”与否，但选举中的硬道理是选票。特朗普不仅在共和党预选中所向披靡，在与希拉里的竞争中也毫不示弱。德国《世界报》网站2016年3月初刊登了克莱门斯·韦京的文章，列举了特朗普在美国大选中“势不可挡”的15条理由，分别是：反对移民、迎合白人的政治认同、反对政治正确、反对穆斯林、反对精英、自己出资竞选、迎合民众对强人的渴望、有效利用了电视、有效利用了社交媒体、使用犯规战术、毫无顾忌地撒谎、使用语言霸权、党内策略失误、党内的反奥巴马偏执、反对保守正统观念。③ 特朗普的特立独行让坊间流传一种阴谋论，即他是民主党安插在共和党内的“卧底”。例如，特朗普曾为希拉里竞选联邦参议员和克林顿基金会捐款；特朗普的女儿与克林顿

① 《特朗普“后院起火”引退选猜测》，《参考消息》2016年8月5日。

② 《朝称赞特朗普“睿智有远见”》，《参考消息》2016年6月2日。

③ 《克莱门斯·韦京：特朗普势不可挡的15条理由》，观察者网，http://www.guancha.cn/KeLaiMenSi-WeiJing/2016_03_09_3。

夫妇的女儿是多年闺中密友；特朗普和前总统克林顿一起开心打高尔夫球的照片；克林顿夫妇参加2005年特朗普婚礼的照片等更是在网络上随处可见。然而，仅凭这些无法使阴谋论成立。

一些退隐在幕后的共和党核心大佬们并不是阴谋论的粉丝，但他们大多数立场趋于“建制派”。他们早就认识到，特朗普整个选战行动本质上会深深伤害共和党的长远未来。基于美国人口变化的大趋势，如果共和党选择与少数族裔为敌，种族主义的形象被固化，必然是死路一条。大概只有一点是确凿的，即特朗普的存在使得此次总统大选不再是自由主义与保守主义之争，或者民主党与共和党的理念之争。以布什家族为代表的共和党“建制派”之所以一边倒地推动那些对特朗普失望的所谓“良心派共和党人”在最终选举中把票投给政敌希拉里，就是想先让特朗普出局之后共和党重整旗鼓。

三 “圈外人”突起：原因与影响

此次美国总统大选，无论是前半程的两党内部还是后半程的两党之间，都鲜明地显示出“圈外人”与“建制派”、民粹主义与保守主义、本土主义与全球主义的针锋相对，且前者占优的特征。不用说在进步主义多一些的民主党内，先天条件绝佳的希拉里对阵桑德斯时竟有翻船之虑。在保守主义占主流的共和党预选中，特朗普更是一骑绝尘。传统“建制派”杰布·布什开局不久即告出局，“共和党救世主”鲁比奥退选前只拿下29州的2个州，两人均输得很难看。反对医改、让政府停摆的“造反派”克鲁兹最后不敌造反更彻底、观点更极端的特朗普。由反奴隶制人士在1854年成立、注重“政治正确”的美国共和党，在此次大选中竟呈现一场比“错”大战，结果居然是“造反派”打倒了“当权派”。

此次大选的另一个特点是美国两党的界限变得更为含糊。特朗普本人在过去20年辗转过三个党派，在共和党内属于非主流的“圈外人”，所以他的观点会比较混乱，颠覆了以往共和党的一些施政原则。而桑德斯是极端的民主社会主义者，甚至都不是民主党党员，只不过是加入了民主党党团运作而被视作“民主党候选人”，其观点与民主党主流意识形态无关，也是“圈外人”。

之所以“圈外人”、民粹主义、本土主义主导了此次大选，原因是综合的，也是复杂的，既有美国国内因素，还有国际大环境和潮流的影响。

第一，美国自20世纪90年代初就陷入了两大家族轮流执政的局面：老布什—克林顿—小布什，奥巴马是例外，但其内政外交都有克林顿家族的烙印。2016年，两大家族的代理人杰布·布什和希拉里又重新上阵，这让求新求变的美国选民难以接受。于是“圈外人”受到热捧，“当权者”遭到抛弃。

第二，贫富分化加剧。曾占美国人口大多数、富有的美国中产阶级人口正在逐年减少。最新调查显示，作为社会稳固基石的美国中产阶级人口40年来首次跌破美国人口总数的50%，这被认为是社会性质发生变化的一个“临界点”。同时，美国富人和穷人的人口比例都在扩大。数据显示，2015年，美国的最低收入人口比例为20%，而1971年，美国最低收入人口比例为16%。到2015年，美国高收入人口比例也从1971年的4%上升至9%。绝大部分经济收益流往最富的1%人群，美国最富有的20个人拥有的财富，高于最底层1.5亿人口的财富总和。[①] 贫困人口的增多和中产阶级收入的减少造成社会不满情绪的累积。

第三，民众的不满针对的是由金融巨头、自由贸易、移民、恐怖主义、警察枪击等问题所带来的困扰，而特朗普、桑德斯恰恰在这些美国广大民众极为不满的问题上，以一种极端的语言和表达方式，呼应了“民众的愤怒”情绪。这就是他们尽管受到社会精英和“职业政客们”的排斥，却得到白人蓝领阶层乃至中产阶级群众支持的关键所在。而全球化、自由贸易、平等、自由等“政治正确”原则被认为是上述困扰的根源所在。经过战后几十年的发展，“政治正确”在许多方面已经走向了自己的反面，“反政治正

① 《美国中产阶级萎缩贫富分化加剧》，新华网，http：//news.xinhuanet.com/world/2015-12/11/。

确”顺势成为最新旗帜，特朗普和桑德斯因而得以横空出世。

2016 年美国大选所表现出的民粹主义和反全球化倾向还有着十分明显的国际背景，而且与这一国际背景相互强化。

2016 年 6 月，英国举行“脱欧”公投，超过 1741 万英国民众选择“脱欧”，“脱欧”阵营获胜，首相卡梅伦辞职。金融海啸和欧债危机之后，欧洲经济陷入萧条，欧洲各国被迫采取紧缩政策。2015 年的难民危机使多国关闭边境，“自由迁徙”原则受到冲击。而英国民众早已对大量涌入的移民和经济受到欧盟拖累感到不满。特朗普支持英国“脱欧”，且于公投当天到访苏格兰。7 月 18 日，英国独立党领导人、“脱欧”派大将奈杰尔·法拉奇与荷兰自由党领导人海尔特·维尔德斯参加美国共和党全国代表大会，祝贺特朗普获得总统候选人提名。维尔德斯表示：“如今美国的情况与欧洲如出一辙。越来越多的民众感到政治精英无法代表他们的利益。”① 法拉奇在两天后于密西西比州杰克逊市举行的特朗普造势大会上对听众说：“我可能不会告诉你们这次选举要怎么投……但我会这样说，如果我是美国公民，就算你付钱给我，我也不会投给希拉里。”

除美英外，在欧洲，许多国家的反体制的政党都有抬头，比如意大利的五星运动党、法国的国民阵线、西班牙的“我们可以”党以及德国选择党。2016 年 9 月，德国总理默克尔领导的基民盟在东部州和首都柏林的议会选举中因其“敞开大门”式的移民政策而遭遇大败，得票率为 1990 年德国统一以来的最低点，反移民的选择党赢得二战以来极右翼政党的最高得票率。选后默克尔暗示她或放弃此前的移民政策。这让人联想到 2015 年美国 31 位州长强烈反对接收叙利亚难民，同时要求将难民视为可能威胁国家安全的对象进行特别监督。2016 年 11 月，意大利将举行宪法公投，其影响力有可能超过英国退欧公投。如果“拒绝进行宪法改革”的一方获胜，现总理将会辞职。这可能会让意大利陷入一场政治危机，之后意大利去留欧盟问题将会被提上日程。2017 年 4 月 23 日和 5 月 7 日，法国将举行第一轮和第二轮总

① 《特朗普与欧洲民粹主义隔洋呼应》，《参考消息》2016 年 8 月 22 日。

统选举。多个民意调查结果显示，如果现任总统奥朗德出马竞选连任的话，无法进入第二轮。进入第二轮的将是极右翼的国民阵线主席玛丽娜·勒庞。

美欧民粹主义之所以十分相似、彼此呼应，是由于大西洋两岸都被相似的问题所困扰，即自由贸易对就业的冲击、移民/难民问题带来恐怖主义和社会动荡等。所以，从更宏大的视角看美国大选，西方国家所面临的不仅是意识形态和国家治理困境，也是外交政策和国际制度危机。

四　结语

2016 年的美国大选已经尘埃落定，但其影响将是持久的，今后的美国内外政策会做出一些相应调整。在大选中，由社会贫富差距和移民等问题激发的民粹主义潮流的确裹挟了美国政治，为特朗普这样的“圈外人”的上位提供了难得的机会。但是，应该看到，美国这艘大船不会因民粹主义而彻底调转航向。正如约瑟夫·奈所说：“有些人甚至将特朗普视为潜在的墨索里尼式的人物。但无论有什么问题，今天的美国都不是 1922 年的意大利。”[①] 美国的宪法和法律制度从根本上限制了执政者的政策空间，任何极端的政治和经济转向都极其困难。仔细分析“建制派”或“圈外人”所提出的政治经济纲领，在多数国内问题上并无大的原则分歧。差异和矛盾大都集中在外交政策和国际经济方面，而这也正是美国普通选民不了解、不重视的领域，竞争双方以此为题打压对手、抬高自己、博得关注，一旦上位如何实施，选民并不在意，基本还是以往大选的老套路。即使在分歧最大的移民问题上，极端主张的可操作性也很低。因此，美国大选的硬道理是赢得选票，政策主张的贯彻和实行永远是第二位的，我们还应听其言、观其行。

① 《特朗普现象观察》，和讯网，http：//news. hexun. com/2016 - 05 - 30/184130594. html。

参考文献

王冲：《选票的背后：透视美国大选和美国政治文化》，当代中国出版社，2008。

孙太一：《和圈内人聊美国大选》，浙江出版联合集团，2016。

英国《金融时报》：《希拉里：通向白宫的最后一英里》，中信出版社，2016。

新华网，http：//news. xinhuanet. com/。

中国新闻网，http：//www. chinanews. com/。

参考消息网，http：//www. cankaoxiaoxi. com/。

环球网，http：//www. huanqiu. com/。

和讯网，http：//www. hexun. com/。

观察者网，http：//www. guancha. com/。

界面网，http：//www. jiemian. com/。

Y.13
中国海外利益维护（2015～2016年）

刘　玮*

摘　要： 2015年，随着中国公民和机构不断“走出去”，其海外利益的规模和范围空前扩大，面临的境外安全风险激增。中国境外安全风险主要表现为社会治安、恐怖主义、政局动荡类政治风险。中国政府通过加强部门间协调机制、强化风险预警，妥善处理各类领事保护案件，积极商签双边投资保护协定，加强海外投资风险保险制度建设，积极参与执法安全合作和国际维和等实际行动，切实加强了境外安全风险保障力度，有效维护了中国不断扩展的海外利益。新形势下，中国海外利益维护工作亟须进一步加强境外安全保障机制与能力建设。为此，本文提出建立国家层面的海外利益保护专门机构、推动领事保护和境外安全保障专门法的立法工作、推动企业加强安保投入并促进中国海外安保产业的发展、加强与当地治安体系的执法安全合作、推动中国企业海外合规运营和履行社会责任等对策建议。

关键词： 海外利益维护　境外安全　政治风险　领事保护　对外直接投资

---

* 刘玮，中国社会科学院世界经济与政治研究所国际政治经济学研究室助理研究员，博士，主要研究领域为国际政治经济学、国际组织、美国对外经济政策。

海外利益是国家利益的海外延伸。维护国家利益是国家处理对外关系的根本出发点和落脚点。在经济全球化时代，跨国经济活动的增加，使得国家利益从主权领土范围之内向国际层面拓展。随着中国对外开放水平的不断提升和全球联系的日益增强，海外利益成为安全和发展利益的重要组成部分，事关中国改革发展事业的大局。中国经济社会发展对外部环境的依赖加强，从客观上要求政府统筹好安全与发展两件大事、国内与国际两个大局，努力提高维护海外利益的能力。

一 中国海外利益安全形势回顾

随着中国进一步完善对外开放战略布局，大力推进“一带一路”建设，其人员和机构“走出去”面临的海外安全风险日益增加。维护海外利益安全成为关乎整体国家安全和发展利益的重要任务。习近平主席在2014年11月底召开的中央外事工作会议中，提出要切实维护我国海外利益，不断提高保障能力和水平，加强保护力度。2015年，中国境外企业、机构和人员受地缘政治局势、东道国政局动荡、国际恐怖主义、社会治安问题及重大自然灾害和传染病疫情等影响加剧，面临的安全风险增加。政府高度重视海外利益维护工作，在海外利益机制和能力建设等方面取得了显著成效。但是，随着中国海外利益规模和范围的不断扩大，以及全球地缘政治形势紧张加剧和国际恐怖主义的蔓延，中国海外利益维护仍面临严峻挑战。

（一）中国海外利益规模和范围空前扩大

随着中国“走出去”战略和“一带一路”建设的大力推进，其海外利益规模和范围得到空前拓展。中国海外利益表现为海外中国公民的人身和财产安全、中国企业海外分支或政府派驻机构的安全、对外交通运输线及运输工具安全等。2015年，中国出境人员数量和对外直接投资金额均再创历史新高。内地居民出境人数达到1.28亿人次，同比增长9.68%。在外各类劳务人员103.8万人，在外深造的中国留学生总数达到108.89

万人。[①] 同时，《2015 年度中国对外直接投资统计公报》显示，中国对外直接投资流量实现连续 13 年快速增长，创下了 1456.7 亿美元的历史新高，占到全球流量份额的 9.9%，同比增长 18.3%，并首次位列世界第二，实现净资本流出。截至 2015 年底，中国对外投资存量 10978.6 亿美元，全球排位第八，境外企业资产总额达到 4.37 万亿美元。[②] 目前，已有 2.02 万家中国境内投资者在国外设立 3.08 万家对外直接投资企业，分布在全球 188 个国家（地区）。[③] 民营经济在对外投资中比例显著上升，占 2015 年中国对外投资流量的 65.3%。中国对外投资规模不断扩大，投资主体和形式日益多元化，覆盖领域和范围更加广泛，使得中国海外投资安全风险增加。

（二）中国境外安全风险激增

随着中国人员和机构大规模“走出去”，其海外利益安全的风险暴露明显升高。部分地区地缘政治冲突、政局动荡、恐怖主义和社会犯罪的升温，进一步加剧了中国公民和企业面临的海外安全风险。2015 年，中国海外安全总体形势日趋严峻，且呈现常态化、复杂化的趋势。

第一，中国海外安全风险暴露增加，境外安全案件数量和发案率达到新高。中国外交部领保中心数据显示，外交部领保中心和中国驻外使领馆在 2015 年共受理领事保护和协助案件 86678 件，同比增加 27152 件，增幅达 45.61%。其中，共涉及 95860 名中国公民，造成 1928 人死亡。而且，我国境外安全案件的发案率也在连年升高，从 2013 年的 4.25 件/万人上升至 2014 年的 5.10 件/万人，并在 2015 年进一步升至 6.78 件/万人。[④]

---

① 《2015 年中国境外领事保护与协助案件总体情况》，2016 年 5 月 5 日，中国领事服务网，http：//cs.mfa.gov.cn/gyls/lsgz/ztzl/ajztqk2014/t1360879.shtml。

② 国务院新闻办公室：《国新办举行〈2015 年度中国对外直接投资统计公报〉有关情况发布会》，2016 年 9 月 22 日，http：//www.china.com.cn/zhibo/2016－09/22/content_39344200.htm。

③ 《商务部合作司负责人谈 2015 年我国对外投资合作情况》，2016 年 1 月 18 日，http：//hzs.mofcom.gov.cn/article/aa/201601/20160101236264.shtml。

④ 《2015 年中国境外领事保护与协助案件总体情况》，2016 年 5 月 5 日，中国领事服务网，http：//cs.mfa.gov.cn/gyls/lsgz/ztzl/ajztqk2014/t1360879.shtml。

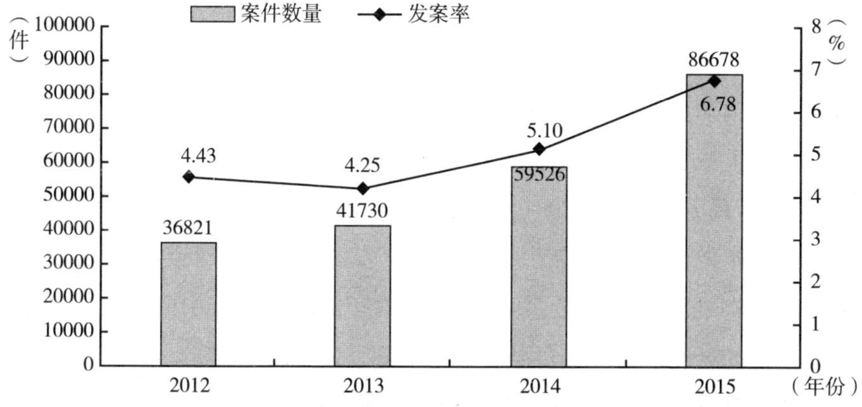

图1　2012 ~2015 年中国领事保护与协助案件数量和发案率

资料来源：《2014 年中国境外领事保护与协助案件总体情况》，2015 年 7 月 1 日，中国领事服务网，http：//www.fmprc.gov.cn/ce/cgmb/chn/wjbxw/t1277492.htm；《2015 年中国境外领事保护与协助案件总体情况》，2016 年5 月5 日，中国领事服务网，http：//cs.mfa.gov.cn/gyls/lsgz/ztzl/ajztqk2014/t1360879.shtml。

第二，中国境外安全风险源增加，重大危害集中于刑事犯罪、恐怖主义、政局动荡类安全事件。2015 年，中国公民遭受的东道国社会治安、经济和劳务纠纷、意外事故、旅游纠纷、渔船抓扣、恐怖袭击和劫持人质以及政局动荡等安全威胁都有所增加。同时，刑事犯罪、恐怖主义和政局动荡类安全事件在发生频次、危害程度等方面要更加严重，成为我国公民和机构海外安全的主要威胁。

1. 刑事犯罪成为我国公民和机构海外安全最大威胁

中国对外投资集中于法治水平低下的高风险地区，且主要是基础设施类工程项目，受东道国社会治安威胁较大。2015 年末，中国在亚洲的投资存量为7689 亿美元，占我国对外投资总存量的近70%，拉丁美洲 1263.2 亿美元，约占 11.5%，非洲 346.9 亿美元，约占 3.2%。[①] 而且，中国对外工程承包项目和劳务人员主要集中在这些地区。据不完全统计，2015 年中国公民赴非超过 200 万人次，在非中资企业达 4200 余家，务工人员达 45 万余人。[②]

① 商务部、统计局、外汇管理局：《2015 年度中国对外直接投资统计公报》，中国统计出版社，2016，第 17 页。

② 《2015 年中国境外领事保护与协助案件总体情况》，2016 年 5 月 5 日，中国领事服务网，http：//cs.mfa.gov.cn/gyls/lsgz/ztzl/ajztqk2014/t1360879.shtml。

近期，部分亚非拉国家的政局动荡加剧了国内社会治安的混乱，使得中国公民和企业海外生存环境恶化，受刑事类犯罪危害上升。这些社会治安案件主要涉及偷盗抢劫、人身伤害、绑架勒索等刑事犯罪，对我国海外资产和人员安全构成严重威胁。例如，2015 年以来，安哥拉经济低迷导致犯罪率急剧上升。在 10 月下旬后的短短一个月，首都罗安达就发生了十多起中国人被武装劫匪绑架案件。2015 年，中国领保中心发布刑事犯罪类安全提醒占总提醒数的 32.1%，为次数最多的安全提醒类别。2014～2015 年，中国驻外使领馆处理的社会治安类案件数量翻了一番，从 3109 件升至 6487 件。

2. 恐怖袭击对中国海外公民和机构安全威胁继续上升

2015 年以来，全球恐怖主义继续肆虐，并呈现出一些新的发展趋势，对中国公民和机构海外安全构成严重威胁。在国际反恐联盟的强力军事打击下，"伊斯兰国"势力受到一定压制，其在叙伊占据的约 40% 的领土被收回。马里兰大学美国恐怖活动起因及其对策研究中心的数据显示，全球恐怖袭击的数量和致死人数均有所下降。[①] 但 2015 年全球仍然发生了 11774 起恐怖袭击，致死人数是 5 年前的 2 倍多，达到 28328 人。[②] 不仅如此，在国际反恐联盟的压力下，"伊斯兰国"开始大力发展分支机构和同盟组织，促使恐怖组织向利比亚、埃及、尼日利亚、阿富汗和巴基斯坦等国扩散。此外，"伊斯兰国"还利用新技术和社交媒体煽动激进个人和团体在全球多个城市发动袭击，尤其对车站、酒店、剧院和体育场等公共服务设施进行袭击，造成极大的人员财产损失，引发社会恐慌。[③]

中国进行跨境旅游和商务活动的人员数目大，且分布广泛，容易被全球恐怖袭击活动殃及。例如，2015 年 11 月 13 日晚，法国巴黎及其北郊圣但尼发生连续恐怖袭击事件，1 名中国公民受伤。11 月 20 日，马里首都一家

---

① "National Consortium for the Study of Terrorism and Responses to Terrorism," Global Terrorism Database（GTD），http：//www. start. umd. edu/gtd/.

② U. S. Department of State, "Country Reports on Terrorism 2015," http：//www. state. gov/documents/organization/258249. pdf.

③ 季澄、肖欢：《美国〈2015 年全球恐怖主义形势报告〉解读》，《国际研究参考》2016 年第 6 期，第 41～42 页。

酒店遭武装分子袭击，7 名中国公民被挟持，其中有 4 人获救，3 人不幸遇难。2016 年 1 月 24 日，老挝赛宋奔省发生炸弹袭击，造成中国公民 2 死 1 伤。8 月 17 日，泰国曼谷市四面佛附近发生爆炸，共导致 20 人遇难，百余人受伤，其中有 7 名中国游客死亡。

而且，身处海外的中国公民和机构也正在成为恐怖袭击的直接目标。随着中国公民和机构深入恐怖主义盛行的非洲和中东地区开展活动，容易成为恐怖袭击和劫持的对象。2015 年 11 月 18 日，极端组织“伊斯兰国”宣布因没有在规定时间拿到赎金，而将 1 名中国人质和 1 名挪威人质处死。尤其值得注意的是，中国国内恐怖组织正试图在境外发起针对中国公民的恐怖袭击。2016 年 8 月 30 日，中国驻吉尔吉斯斯坦大使馆遭自杀式恐怖袭击，袭击者当场死亡，馆舍受损，使馆 3 名中方人员受伤。2015 年，中国共处理 45 起恐怖袭击和劫持人质类领事保护案件。

3. 东道国政局动荡引发的政策变动和社会动乱严重威胁我国海外利益安全

2015 年，全球共发生具有较大影响的局部战争和武装冲突 17 起，其中，中东、非洲是武装冲突的主要地区。[①] 在欧洲，乌克兰局势持续动荡，导致该地区地缘政治风险升级，并引发国内亲西方和亲俄阵营持续冲突。欧洲受到难民、移民、债务危机、恐怖袭击等影响，政治右倾势力在抬头，欧盟内部开始对一体化战略出现争论。其中最引人注目的是，英国在 2016 年 6 月 23 日以 51.9% 的支持票同意英国脱欧。在亚洲，多国政局发生变化，引起政策不确定性和经济波动。印尼、马来西亚和泰国等国紧张的政治局势令经济雪上加霜。缅甸经历了从军人政党连续执政向文官执政的历史性转变，面临一系列严峻的国内外挑战。中东和非洲地区的政局不稳定和内部冲突最为严重。2015 年 4 月，埃及前总统穆尔西被判死刑，国内发生多起暴力袭击事件。伊拉克城市拉马迪也在 4 月遭到“伊斯兰国”武装攻击，造成 500 余人死亡。沙特正面临激烈的王室继承战，影响中东地区地缘政治和全球石油市场的稳

① 孟祥青、周丕启、张弛：《2015 年世界军事形势：安全合作取得突破　动荡冲突有所加剧》，《当代世界》2016 年第 1 期，第 23 页。

定。也门安全局势也在2015年1月恶化，胡塞武装组织与总统哈迪指挥的武装力量之间爆发严重冲突。沙特等国自3月26日开始对胡塞武装组织目标展开大规模空袭。中国援建也门国家大图书馆项目驻地附近在一天内遭到30多次炸弹袭击，300余人受困。[①] 2015年下半年，非洲马里、尼日利亚、喀麦隆等国频遭恐怖袭击，国内政治稳定和治安环境严重恶化。在拉美地区，巴西、委内瑞拉等国政局动荡与债务危机叠加，中资企业投资面临债务违约等风险显著提升。2015年，中国领事保护中心发布的“出国安全提醒”中，政局动荡类提醒占到14.1%。各领馆共处理政局动荡类领事保护案件36件（见图2）。

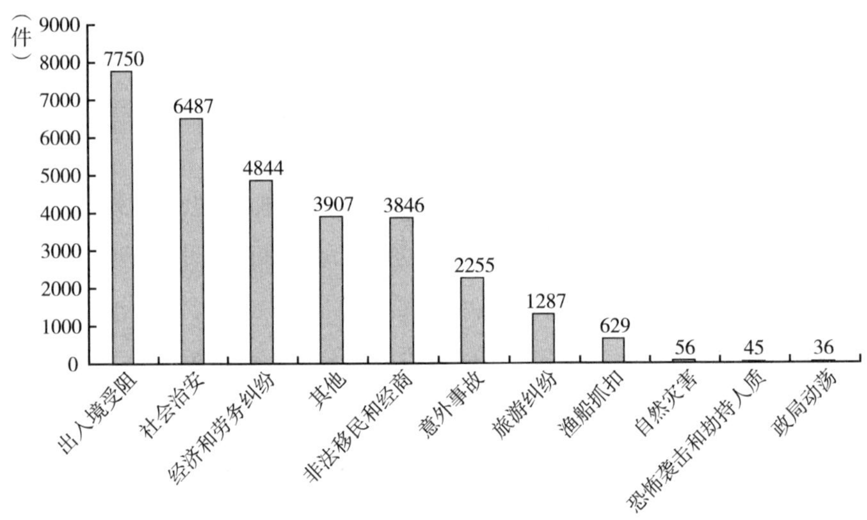

图2　2015年领事保护案件分类统计

资料来源：《2015年中国境外领事保护与协助案件总体情况》，2016年5月5日，中国领事服务网，http://cs.mfa.gov.cn/gyls/lsgz/ztzl/ajztqk2014/t1360879.shtml。

4.“一带一路”建设面临多重政治风险

2015年，中国企业对“一带一路”相关国家投资快速增长，投资流量189.3亿美元，同比增长38.6%。其中，承揽对外承包工程项目3987个，新

① 班威等：《中国“诺亚方舟”的完美行动——中方从也门撤离中外人员纪实》，新华网，http://news.xinhuanet.com/2015-04/07/c_1114892174.htm。

签合同额 926.4 亿美元，占同期对外承包工程新签合同额的 44%。[①] 2015 年末，中国对“一带一路”相关国家的直接投资存量为 1156.81 亿美元，占中国对外直接投资存量的 10.5%。[②] “一带一路”沿线国家深受政局动荡、地缘政治风险和恐怖袭击的威胁，使中国公民和机构的海外安全面临严峻挑战。中国在缅甸、泰国等国的基础设施建设项目面临波折。西亚、北非地区的地缘政治冲突以及阿富汗等地区热点问题不断发酵，随时都有可能使中国的投资项目陷入军事冲突区。“一带一路”沿线的中亚、中东、南亚地区，长期受恐怖主义困扰，提高了中国在该地区建设项目遭到恐怖袭击的可能性。中巴经济走廊项目就一直受到“塔利班”组织、俾路支分离主义势力的恐怖威胁。2016 年 8 月 30 日，中国驻吉尔吉斯斯坦大使馆就遭到恐怖主义袭击，造成使馆 3 名人员轻伤。

二　中国海外利益维护的实践

（一）强化部门协调机制，建立“五位一体”的境外安保工作联动网络

海外利益维护涉及国家整体发展战略和跨部门职能的分工和协作，要求各部门采取协调行动。2004 年 11 月，经国务院批准，中国建立由外交部牵头的“境外中国公民和机构安全保护工作部际联席会议”机制，包括 26 个成员单位，负责境外安全保护工作的决策和协调，以及处置涉华境外重大突发事件。在部际联席会议机制的带动下，广东、浙江、福建、广西、北京等 18 个省（区、市）也建立了省级跨部门协调机制，大大推动了地方参与境外的本地公民和机构的安全保护工作。经历多次海外撤侨和涉华重大境外突发事件的磨炼，中国海外利益保护工作逐渐形成以部际联席会议为基础的中央、地

① 商务部、统计局、外汇管理局：《2015 年度中国对外直接投资统计公报》，中国统计出版社，2016，第 14 页。

② 商务部、统计局、外汇管理局：《2015 年度中国对外直接投资统计公报》，中国统计出版社，2016，第 19 页。

方、驻外使领馆、企业和个人“五位一体”的境外安保工作联动网络。[1] 在也门战乱和尼泊尔地震中，中国政府对受困中国公民的救援工作，展现了部门间协调机制的高效运转。尼泊尔地震发生后，在外交部的牵头下，国资委、国防部、民航局、旅游局、民政局、地震局、总参等有关部门在20个小时内召开境外中国公民和机构安全保护工作部际联席会议。各部门迅速制定分工和处置方案，协同调动一切资源，全力开展救助工作。在一周时间内，中国政府共调派52架次飞机安全接回滞留加德满都机场的5686名中国公民。[2]

（二）加强前期预警工作，努力通过海外安全风险评估、提醒和教育，提升公民防范和应对风险的能力

中国政府积极采取预防与处置并重的境外安全保障措施。2015年，面对新的海外安全形势，中国领事保护的方法不断创新，在提升公民防范海外风险意识和能力方面做了大量工作。外交部领事司对中国领事服务网进行升级，专设安全提醒、领保指南、应急电话等栏目，并通过举办领保宣传活动、编发领保手册等方式宣传公民海外安全知识。此外，领保中心还通过手机短信、微信公众号“领事直通车”等新技术手段发送安全提醒（全年发布500余条），加强海外安全预警。

商务部专设“走出去”公共服务平台，包含“国别（地区）指南”、“服务‘一带一路’”、“推进国际产能合作”、“境外经贸合作区”、“投资合作促进”、“统计数据”、“政策法规及业务指南”和“境外安全防范”等栏目，为中国企业和人员“走出去”提供了解政策文件、获取数据信息和线上线下办事等公共服务。据笔者统计，2015年商务部共发布境外安全风险预警和提示35期。

为向中国企业“走出去”提供对外投资促进、风险预警和权益保障等

---

① 邱凌：《认识境外中国公民和机构安全保护工作部际联席会议机制》，《中国应急管理》2015年第11期，第88页。

② 邱凌：《认识境外中国公民和机构安全保护工作部际联席会议机制》，《中国应急管理》2015年第11期，第88页。

更多的事前服务，商务部还发布《对外投资合作国别（地区）指南》和《国别贸易投资环境报告》，及时警示有关国家的政治、经济和社会重大风险，指导中国“走出去”企业进行规避。商务部发布的《境外中资企业机构和人员安全管理指南》，也对企业科学建立境外安全风险管理体系起到重要的指导作用。此外，商务部根据境外投资的管理办法，采取“备案为主，核准为辅”的管理模式，对中国企业前往战乱国家、未建交国家或者高风险敏感国家的对外投资实行核准管理，其余实行备案。2015 年，商务部对中国企业前往高风险国投资共核准 100 多件。①

（三）强化应急处置，妥善处理各类领事保护案件

2015 年，中国公民和机构重大领事案件爆发频次和分布范围都明显扩大，对领事部门海外维权工作要求提高。全年外交部领保中心和中国驻外使领馆受理的领事保护和协助案件数量达 86678 件，其中包括上百起重大领保案件，撤离战乱和自然灾害地区中国公民 6000 余人，安全营救遭绑架劫持人员 50 多名。中国领事保护中心继续完善“外交部全球领事保护与服务应急呼叫中心”系统，将该系统覆盖范围扩展至全球 270 个驻外机构，使之成为“我海外公民与祖国之间的一条全天候、零时差、无障碍的领保应急绿色通道”。②

2015 年发生的也门战乱和尼泊尔地震等两起重大涉华海外安全事件是对中国领事保护能力的重大考验。从 3 月 29 日到 4 月 6 日，中国政府分四批从战火纷飞的也门安全撤离了 600 多名中国公民。中国救援队一路疏通也门军方、内政部、胡塞武装组织等设立的 9 道关卡，并得到也门军方和内政部派遣人员的护送，成功帮助中国和外国公民在国际危机中撤离危险区。③

① 国务院新闻办公室：《国新办举行〈2015 年度中国对外直接投资统计公报〉有关情况发布会》，2016 年 9 月 22 日，http：//www. scio. gov. cn/xwfbh/xwbfbh/wqfbh/33978/35181/wz35183/Document/。

② 《中国领事保护与服务：盘点 2015，期冀 2016》，2016 年 2 月 23 日，http：//www. fmprc. gov. cn/web/wjb_ 673085/zzjg_ 673183/t1337903. shtml。

③ 班威等：《中国“诺亚方舟”的完美行动——中方从也门撤离中外人员纪实》，新华网，http：//news. xinhuanet. com/2015 -04/07/c_ 1114892174. htm。

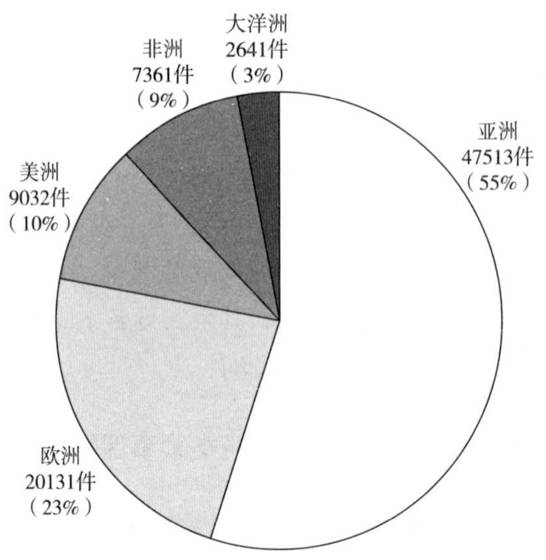

图3　2015年我国领事保护与协助案件地域分布

资料来源：《2015年中国境外领事保护与协助案件总体情况》，2016年5月5日，中国领事服务网，http：//cs. mfa. gov. cn/gyls/lsgz/ztzl/ajztqk2014/t1360879. shtml。

4月25日，尼泊尔发生8.1级地震，中国政府立即启动应急指挥机制，密切协调各部门展开联合行动，先后派遣8支10088人的救援队，组织各航空公司接回3700多名中国公民。

（四）积极商签双边投资保护协定，通过法律形式维护中国海外利益

双边投资协定是保护海外投资者利益的重要国际法规则。美国在成为海外投资大国的过程中，积极推动美国式双边投资协定，保护美国海外投资者利益。随着中国从资本输入国转变为资本输出国，中国在投资保护协定谈判中正在从以确保防守利益为主转变为保护海外企业的合法权益。商务部积极推动对外投资多双边保障机制的完善，已经同130多个国家签署了投资保护协定，并正在和一些重点国家开展双边投资保护协定谈判。中国公司已经开始拿起法律武器，在双边投资协定框架下通过提起国际投资仲裁保护海外投资利益（见表1）。

表1　中国境内投资者提起的国际仲裁案件

时间	案件名	案件详情	结果
2006 年 9 月	谢业深诉秘鲁共和国案	中国香港居民谢业深对秘鲁政府 2004 年针对其在秘鲁境内的 TSG(秘鲁)有限公司采取的税收征管措施提起 ICSID 仲裁	2011 年 7 月,谢业深被给予 78.6000 万美元的补偿
2010 年 1 月	黑龙江国际经济技术合作公司等诉蒙古案	黑龙江国际经济技术合作有限公司和北京首钢矿业公司等三家中国企业对蒙古国政府撤销其矿业许可证的行为提起国际仲裁	仲裁过程中
2012 年 9 月	平安保险公司诉比利时案	平安集团对比利时政府在 2008 年下半年对富通集团进行国有化征收、损害平安集团合法权益的行为提起国际仲裁	2015 年 4 月,仲裁庭以缺乏管辖权为由驳回平安集团的赔偿要求
2014 年 12 月	北京城建集团诉也门政府案	北京城建就也门萨那国际机场航站楼建设工程争议提起国际仲裁	已于 2015 年 8 月组庭

资料来源：马吉《国际投资仲裁对中国企业海外投资的影响》，《法制与社会》2015 年第 27 期，第 78 页。

（五）推动政治风险保险行业发展，运用市场手段维护中国海外利益

中国正在大力推行海外投资保险制度建设。中国政府于 2001 年成立出口信用保险公司，负责承办中资企业海外投资政治风险保险业务。面对货币不可兑换与汇出限制、国有化征收、战争、恐怖主义与动乱、违约、未履行主权财务责任等政治风险，[①] 大约 80% 的在京国企选择投保中国出口信用保险公司（简称“中国信保”）提供的包括政治风险服务的综合险。[②] 2015 年中国信保实现承保新增中长期出口信用保险金额 238 亿美元，海外投资险承保金额 409.4 亿美元。[③] 此外，中国信保已承保中国企业向 60 个非洲国家

① 关于政治风险的界定与分类，参见《MIGA 投资担保指南》中文版，第 16 页。

② 于盟：《北非动荡催热政治风险保险产品》，《21 世纪经济报告》2011 年 3 月 13 日。海外投资政治风险保险产品一般包括货币不可兑换险、国有化征收险、政治暴力险等。参见 OPIC *Handbook*, pp. 18 – 20。

③ 中国出口信用保险公司：《中国信保在京召开 2016 年度半年会议》，新闻中心，http://www.sinosure.com.cn/sinosure/xwzx/xbdt/170596.html。

（地区）的出口和投资，覆盖铁路、公路、电力、矿产、电信、石油、农业和机械设备等几十个行业，累计支付赔款 13.9 亿美元。[①] 而且，中国信保已承保尼日利亚、埃及、埃塞俄比亚 3 个非洲国家的“境外合作区”项目，为建区和入区的企业提供信用保险服务。中国信保发布的 2016 年《全球投资风险分析报告》显示，政治风险，尤其是政府违约和非传统安全风险仍然严重制约着中国企业全球战略布局的实现。中国信保将大力发展政治风险保险业务，继续为中资企业“走出去”保驾护航。

（六）积极参与国际维和行动与执法安全合作，维护和平稳定的国际环境

中国的海外利益遍布世界，维持世界的和平是营造中国海外安全环境的根本途径。维和行动是联合国维护国际和平与安全的主要手段。中国积极支持和参与联合国维和行动，体现了中国承担国际安全义务的大国担当。2015 年 9 月 28 日，习主席在联合国大会庄严宣布，中国将加入新的联合国维和能力待命机制，决定为此率先组建常备成建制维和警队，并建设 8000 人规模的维和待命部队。此外，中国决定设立为期 10 年、总额 10 亿美元的中国－联合国和平与发展基金，部分用于支持联合国维和行动。中国积极落实习主席关于支持维和行动的一系列重大倡议。根据最新的联合国会费与维和摊款调整，2016～2018 年，中国将承担 10.29% 的维和摊款，数额仅次于美国。同时，中国也是联合国安理会常任理事国中派出兵力最多的国家。中国迄今向联合国维和行动派出军事人员、警察和民事官员 3 万余人次，目前有 3000 多人在 10 个任务区执行任务（见表 2）。中国积极参与维和行动，建设性地参与解决地区热点问题，有效地促进了世界和平与安全，客观上也有利于缓解中资企业“走出去”面临的海外安全形势。

---

① 刘小微：《中国信保与中非发展基金共同支持中非重大项目合作》，《金融时报》2016 年 5 月 4 日。

表2　中国参与正在进行中的联合国维和行动的情况

中文名称	中国派遣人员	总体人员构成
联合国西撒哈拉公民投票特派团	军事观察员3人	军事观察员191人,维和部队24人
联合国马里多层面综合稳定特派团	维和部队397人	军事观察员40人,维和部队10732人,维和警察1250人
联合国组织刚果民主共和国稳定特派团	军事观察员12人,维和部队220人	军事观察员471人,维和部队16936人,维和警察1407人
非洲联盟－联合国达尔富尔混合行动	维和部队230人	军事观察员170人,维和部队13597人,维和警察3305人
联合国驻塞浦路斯维持和平部队	维和警察6人	维和部队862人,维和警察68人
联合国驻黎巴嫩临时部队	维和部队413人	维和部队10506人
联合国利比里亚特派团	军事观察员1人,维和部队127人,维和警察155人	军事观察员58人,维和部队1315人,维和警察579人
联合国南苏丹共和国特派团	维和部队1041人,维和警察12人	军事观察员187人,维和部队12120人,维和警察1476人
联合国科特迪瓦行动	军事观察员2人	军事观察员149人,维和部队2594人,维和警察762人
联合国停战监督组织	军事观察员3人	军事观察员150人

注：数据更新至2016年6月30日。

资料来源：根据联合国维持和平行动网站资料整理，UN Mission's Contributions by Country，Month of Report，July 31，2016，http：//www. un. org/en/peacekeeping/contributors/2016/jul16_ 5. pdf。

此外，中国还加强执法安全合作，维护海外利益安全。公安部积极通过外派警务联络官和国际执法合作等形式，打击涉及中国公民的违法犯罪活动，维护中国境外利益安全。1998年以来，公安部已向27个国家的30个驻外使领馆派驻了62名警务联络官，仅2015年就增派了13名。[①] 在2002年中国与东盟共同发表《关于非传统安全领域合作联合宣言》的基础上，中国与东盟执法安全合作进入深度合作的历史新阶段，有效维护了区域安全利益。此外，巴基斯坦作为“一带一路”沿线的关键国家，与中国建立了密切的安全合作关系。巴基斯坦与中国达成共识，将为瓜达尔港至中国

① 《公安部警务联络官工作座谈会召开》，2015年2月15日，http：//www. mps. gov. cn/n2256936/n4938150/c4920069/content. html。

新疆西北部的3000多公里线路提供四层安保措施，设立3.2万名安保人员的安全部队为巴境内210处大小工程的超过14321名中国工人提供安全保障。第一层安保措施是守卫走廊沿线的包括5700名边防军；第二层安保措施是巴方将在瓜达尔港所在的西南部俾路支省沿线增加3000名警察和1000名征募军人守卫；第三层安保措施是巴海军和边界安保力量对瓜达尔港和附近路线的守卫；第四层安保措施是巴3500多名警察、900名边防军士兵、4100名私家安保人员和740名民兵保护东部旁遮普省涉及经济走廊的各工程。①

三 中国海外利益维护面临的挑战与对策建议

（一）海外利益维护面临的挑战

过去一年，中国政府加强海外利益保护力度，切实提升了中国公民和机构防范与应对海外安全风险的能力。但是，中国海外利益仍旧面临严峻的内外挑战。从外部来看，在中国海外利益继续拓展的情势下，全球安全形势恶化趋势并未好转，中国政府将继续面临艰巨的海外安全保护任务。中国公民和机构海外安全面临的社会治安、恐怖袭击和政局动荡三大威胁仍将持续。

从内部来看，中国海外利益保护的能力和机制面临的挑战更加严峻。第一，新形势下，中国领事保护的人力和预算资源仍显不足。2015年中国发生领事保护案件86678起，是3年前的2倍多。中国内地出境人员达1.28亿人次，较20年前增长了20倍。中国领事保护工作量还将继续增加，但外交部门的人员编制和预算增长有限。海外领事馆处理领事保护工作人员仅407人，却需要处理如此大规模的领事保护案件。截至2015年底，中国领事保护中心仅有正式编制15人，实际工作人员20人，却承担着协调领事保

① Zahid Gishkori, "Economic Corridor: Pakistan, China Agree on Four - layer Security," *The Express Tribune*, Sep. 24 2016, http://tribune.com.pk/story/983033/economic - corridor - pakistan - china - agree - on - four - layer - security/.

护各相关机构的职责。[①] 2015 年底，外交部“领事保护专项经费”仅为3000 万元。[②]

第二，境外中国公民和机构安全保护工作部际联席会议机制级别有待提高，部门间统筹协调难度大。中国当前仍缺乏国家层面的国家海外利益保护专门机构。部际联席会议虽然在协作应对重大紧急海外安全事件方面发挥了重要作用，但已经无法满足未来海外利益维护工作的要求。20 多个同级部门的统筹协调将愈发困难，人、财、物落实层面的协调执行能力显现不足。

第三，海外利益保护的手段单一，主要依靠企业自身的防护和外交交涉。军事营救行为主要体现在几次重大海外安全事件的处置中，缺乏海外安全执法能力和军事基础设施支持。政治风险保险、海外安保公司等市场手段的发展仍然不足。此外，企业利用国际仲裁等法律手段维护自身利益的意识还比较薄弱。

第四，企业海外合规经营和履行企业社会责任意识不足，影响企业海外经营的安全环境。中国已经在海外建立了许多民心工程，塑造企业的良好海外形象。但中国企业仍面临在发展中国家的索贿压力下，维持项目合规运行的难题。一些企业总部对海外分公司和海外项目运营的监管不足，加大了企业的合规风险，容易成为外部势力干涉的借口。中国的大型国有企业已经做出表率，每年发布海外履行社会责任报告。未来，民营企业在“走出去”过程中还需加强履行社会责任，塑造良好的海外经营形象。此外，企业海外投资中的环境与社会风险也成为诱发海外安全事件的重要因素。

第五，领事保护和海外安全保障立法缺失，职权责需进一步理清。虽然2015 年 7 月 1 日通过的《中华人民共和国国家安全法》对国家保护海外中国公民、组织和机构的安全与正当权益做出了规定，但是中国海外利益保护的具体工作仍然缺乏明确的法律依据。国家还未通过明确的立法，明晰领事

① 夏莉萍：《中国领事保护需求与外交投入的矛盾及解决方案》，《国际政治研究》2016 年第 4 期，第 21 页。

② 夏莉萍：《中国领事保护需求与外交投入的矛盾及解决方案》，《国际政治研究》2016 年第 4 期，第 18 页。

保护和境外安全保护工作的责权。同时，《国家涉外突发事件应急预案》仍未出台，而《境外中资企业机构和人员安全管理规定》也只是行政规章，缺乏具可操作性的规定。

（二）对策建议

面对日益严峻的海外安全形势，中国需积极应对境外安全风险挑战，进一步加强海外利益保护工作。本文提出以下几方面政策建议。

第一，加强机制建设，建立国家层面的海外利益保护专门机构。一方面，政府可考虑将领事保护中心升级为国家层面的领事保护机构，专门负责处理领事保护工作，并为领保中心财政预算和人力资源提供进一步支持。另一方面，政府可考虑将现有的外交部牵头的部际联席会议机制升级为由国务院领导负责的协调机构，提高协调效率，强化各部门履行工作职能。

第二，加强法制建设，推动领事保护和境外安全保障专门法的立法工作。国家要通过领事保护专门法，调动外交、经济、军事等方面的资源，对领事保护工作中各部门承担的责任进行明确划分，切实落实安全保护中的人、财、物的配置问题。

第三，推动企业加强安保投入，促进中国海外安保产业的发展。中国公司海外安保投入各不相同，且缺乏明确的监督考核机制。中国海外安保产业目前还处于起步阶段，而且存在法律兼容性方面的问题，海外执行行动能力相对较低。中国有必要对国有企业海外项目提出强制性安保投入要求，指导和监管国有企业规避和应对海外政治风险。同时，为中国安保企业在海外发展创造良好的法律和市场环境。

第四，进一步加强执法安全合作，利用当地治安体系保护我国人员和机构境外安全。随着“一带一路”建设的深入开展，中国在沿线基础设施建设和产能合作过程中，提高对当地政府的治安保障能力的要求。在重点国家、港口、工业园区和沿路可以尊重对方主权的执法合作形式，加强海外安保能力。

第五，强化对境外安全风险的评估和情报收集工作。政府要通过增加境外力量部署，深度融入当地社会内部，加强获取东道国政情舆情的能力。对于境外安全风险的评估工作，除了考虑企业层面的项目风险，还应加强对全球和地区的地缘政治、国家政治风险的评估工作。

第六，推动中国企业海外合规运营和履行社会责任，营造良好的经营环境。政府可加强环保、社会保障、反腐败等合规指导和监管，减少因自身不正当经营导致安全风险增加。同时，加强企业在海外履行企业社会责任，获取更多的海外社会支持。

参考文献

United Nations Peacekeeping, "UN Mission's Contributions by Country," *Month of Report*, July 31, 2016.

U. S. Department of State, *Country Reports on Terrorism 2015*.

Zahid Gishkori, "Economic Corridor: Pakistan, China Agree on Four – layer Security," *The Express Tribune*, Sep. 24, 2016.

陈积敏：《论中国海外投资利益保护的现状与对策》，《国际论坛》2014 年第 5 期。

龚文、王南海：《中国首次发布官方出口信用保险政策性职能履行情况评估报告》，《国际融资》2015 年第 2 期。

季澄、肖欢：《美国〈2015 年全球恐怖主义形势报告〉解读》，《国际研究参考》2016 年第 6 期。

马吉：《国际投资仲裁对中国企业海外投资的影响》，《法制与社会》2015 年第 27 期。

孟祥青、周丕启、张弛：《2015 年世界军事形势：安全合作取得突破　动荡冲突有所加剧》，《当代世界》2016 年第 1 期。

邱凌：《认识境外中国公民和机构安全保护工作部际联席会议机制》，《中国应急管理》2015 年第 11 期。

商务部、统计局、外汇管理局：《2015 年度中国对外直接投资统计公报》，中国统计出版社，2016。

夏莉萍：《海外中国公民安全风险与保护》，《国际政治研究》2013 年第 2 期。

夏莉萍：《中国领事保护需求与外交投入的矛盾及解决方案》，《国际政治研究》2016 年第 4 期。

Y.14 中菲仲裁案后南海问题的走向

徐晏卓*

摘　要：本年度南海问题的关注点和各国处理南海争端的重心主要集中在中菲南海仲裁结果。短期内，仲裁结果恐对中国负责任大国的国家形象造成一定负面影响，但从长期来看，激进的仲裁结果并无执行力，对中国南海利益的维护影响不大。中美两国对南海海洋秩序的博弈仍将是主导南海问题的热点，东盟国家在南海问题上依然存在严重分歧，东盟声索国对仲裁案的态度也较为低调。未来中国在南海问题应对方面的着眼点是海洋秩序的变迁和南海议题的话语权，并推动与东盟国家的海洋合作，减少战略猜疑和误判。

关键词：中菲仲裁案　海洋秩序　东盟声索国

本年度南海问题主要的关注点和各国处理南海争端的重心，集中在2016年7月12日释出的菲律宾就南海争议海域对中国提起国际仲裁的仲裁结果。由于2015年10月29日仲裁庭在管辖权和可受理性问题的初步裁决中，表现出强势扩权的趋势，中国政府采取了一系列政治、外交和军事应对措施，因此，尽管在仲裁案结果释出之前，南海紧张局势有所升级，但在仲裁结束后，各方的态度反而逐渐趋于缓和。短期内，仲

---

* 徐晏卓，中国社会科学院世界经济与政治研究所助理研究员，主要研究领域为国际责任、南海问题。

裁结果恐对中国负责任大国的国家形象造成一定负面影响，但从长期来看，激进的仲裁结果并没有产生执行力，对中国南海利益的维护未产生太大影响。

一 仲裁案提出的背景

2012 年 4 月 10 日，由于菲律宾军舰在黄岩岛的潟湖抓捕中国渔民，中国渔政船与菲律宾海军护卫舰在黄岩岛附近发生对峙事件。7 天后，菲律宾外交部部长德尔·罗萨里奥宣称，菲政府将寻求通过“国际仲裁”的方式，解决中菲在黄岩岛的对峙一事。[①] 这是马尼拉首次公开表示要将中菲在南海的争端提交第三方国际机构解决。此后，菲外长再次表示要“让联合国来决定哪个国家（菲律宾还是中国）对这片有争议的海域享有主权”。[②]

从菲方最初的公开声明不难看出，尽管《联合国海洋公约》（以下简称《公约》）的解释和适用范围以及根据其附件七设立的国际仲裁庭的管辖范围均不涉及主权争端，但从事件一开始，菲律宾利用国际仲裁庭间接裁决主权归属的意图就很明显。最终在 2013 年 1 月 22 日菲方承认中国已经实际控制黄岩岛的第二天，菲律宾外交部照会中国驻菲大使馆称，菲律宾依据《公约》就中菲有关南海“海洋管辖权”争端提起强制仲裁。2013 年 2 月 19 日，中方提出由于在 2006 年中国已经根据《公约》第 298 条做出了排除性声明，排除了该《公约》规定的争端处理机制在海洋划界等问题上对中国的适用，且此案所涉争端实质上是领土主权和海域划界问题，超出《公约》范围，故认为仲裁庭对此案无管辖权。[③] 因此，中国拒绝参与仲裁案。尽管中方已经明确阐述依靠当事国双边谈判解决领土争端的国际惯例，菲律

① 《菲律宾计划将中菲南海对峙事件诉诸国际法庭》，环球网，2012 年 4 月 17 日，http：//world. huanqiu. com/roll/2012 -04/2627483. html。

② 《菲律宾又宣称要通过联合国“调停”黄岩岛争端》，新华网，2016 年 5 月 25 日，http：//news. ifeng. com/mil/1/detail_ 2012_ 05/25/14808978_ 0. shtml。

③ 《中华人民共和国外交部关于应菲律宾共和国请求建立的南海仲裁案仲裁庭所作裁决的声明》，外交部，http：//www. fmprc. gov. cn/ce/cekor/chn/xnyfgk/t1379935. htm。

宾仍据《公约》附件七,[①] 继续推动仲裁程序，要求常设仲裁法院成立 5 人仲裁小组。国际海洋法庭庭长日本籍法官柳井俊二遂代替中方指派成立了加纳籍法官门萨为首席仲裁员的临时仲裁庭。

2014 年 12 月 7 日，中国发表立场文件全面阐释在南海仲裁案管辖权问题上的主张和立场，指出了菲律宾借海洋权利求主权裁决的实质，明确了中国不接受、不参与仲裁案的国际法依据。[②] 2015 年 10 月 29 日，临时仲裁庭就管辖权问题做出裁决，裁定其对菲律宾提出的 7 项仲裁事项拥有管辖权，并将其余 8 项仲裁事项保留至案件实体阶段进行审理。[③] 这一无视中国立场、片面采信菲律宾主张的管辖权裁决结果，引发了中外法学界对仲裁庭公正性的质疑，以及对最终裁决结果存在偏见的预期。此后，中国采取了一系列措施应对仲裁结果。从 2016 年 4 月起，王毅外长出席中俄印外长会议，随后连续出访东盟国家为南海布局。与此同时，中国进一步完善在南海岛礁的基础设施建设，加强在南海相关水域的护渔执法行动，并进一步表达了与相关当事国双边谈判的意愿。因此，在 2016 年 7 月 12 日仲裁结果释出后，尽管其片面地几乎支持菲律宾的全部诉求，但菲律宾、东盟声索国、东盟国家和美国对这一结果相对克制，更有包括俄罗斯、白俄罗斯、文莱、柬埔寨、老挝在内的域内外国家表示支持中国通过双边谈判处理争议的立场。美国国务卿克里在仲裁案后也对王毅外长表示美方对南海仲裁结果不持立场，支持中菲恢复双边对话。

二　仲裁案后各国动向

尽管仲裁案结果是本年度南海问题的焦点，但在中方前期的积极应对

---

① 在一方不参与的情况下仲裁庭仍可组成：争端一方缺席或不对案件进行辩护，应不妨碍程序的进行。

② 《中国发布南海问题立场文件》，人民网，2014 年 12 月 8 日，http://society.people.com.cn/n/2014/1208/c136657-26163929.html。

③ 《菲律宾所提南海仲裁案仲裁庭的裁决没有法律效力》，新华网，2016 年 6 月 10 日，http://news.xinhuanet.com/world/2016-06/10/c_1119019664.htm。

下，一边倒的仲裁结果并不会对中国南海的主张和利益造成太大冲击。如外交部副部长刘振民所言，“所谓南海仲裁案已经翻页”。仲裁案本身造成的热点已经逐渐退潮，但各国在仲裁案前后所表现出的态度和动向，仍然值得密切关注和分析，以厘清仲裁案后南海问题的走向和发展新趋势，警惕大国、东盟、东盟声索国以及其他所谓利益相关方利用对中方不公的仲裁结果做文章。

（一）大国博弈的规则之争

关于为何南海问题会突然成为国际关系的热点问题，以往的文献给出了多种答案，包括油气资源、海洋运输通道、捕鱼权，甚至是亚洲日益增长的民族主义等。① 但与这些现实利益同样值得注意的是，中国作为南海声索国之一本身，使得南海问题被动地变得越来越热。试想，如果这些利益之争，仅仅发生在东盟声索国之间，即使南海问题牵涉复杂的利益关系，它是否仍然会得到国际社会如此的关注呢？中国的迅速崛起以及随之而来对亚洲事务的主导能力，不可避免地与美国主导下的亚太秩序发生碰撞。而南海问题则是两国海洋利益和海洋秩序构建相互博弈的重要地带。因此，在大国层面，中国所面临的问题不仅仅是仲裁案后维护自身南海利益的军事、经济、政治和外交能力，而且是仲裁案宣判“九段线”无法律依据后，如何使国际社会尊重和理解中国在南海的利益诉求，接受中国在南海的权利主张。二战后美国成为超级大国，所依靠的不仅仅是超群的军事和经济实力，而且是在全球建立盟友，并形塑了以美国为中心的国际秩序。尽管中国从未试图改变现有的国际体系，但在亚洲海洋秩序中，合理化与自身国力相称的海洋权利主张，是中国迈向大国和区域主导国家不可或缺的一步。

① 相关论述参见 Morton Katherine, “China's Ambition in South China Sea, Is a Legitimate Maritime Order Possible?” *International Affairs*, 92: 4, 2016, pp. 900 – 940; Poling Gregory B., *The South China Sea in Focus: Clarifying the Limits of the Maritime Disputes*, Lanham, MD: Rowman&Littlefield, 2013; Hayton Bill, *The South China Sea: The Struggle for Power in Asia*, New Haven and London: Yale University Press, 2014。

在仲裁案之前，美国无论在幕后还是前台，其主要方向是强化盟友和东盟声索国在南海的力量，以平衡中国在南海日益增长的军事实力和存在。但这一仲裁结果对菲律宾包括东盟声索国来讲，并没有太多实际利益。反而是美国可以借助菲律宾提出仲裁这一借口，形塑中国无视国际法的不负责任形象，寻求域内外国家对美国在南海主导秩序的认可和美国对南海事务的进一步介入，孤立中国的南海立场和主张，维持自身的霸权。因此，在仲裁案结束后，美国会继续以航行自由为借口在南海维持其所谓例行巡航任务。仲裁案之前，美国针对中国岛礁近距离的非常规巡航主要目的集中在两个方面，一方面是在试探南海断续线的法理内涵，也就是外媒常说的“中国在南海的野心”；[①] 另一方面，对中国的岛礁建设施压，间接警示中方的吹沙造岛在《公约》框架下并不产生相应的海洋权利。但仲裁案裁决释出后，仲裁结果不仅否认了“九段线”的法理依据，更将南沙最大的天然岛太平岛降格为礁，据此美国的非常规巡航增加了进一步将南沙海域“甜甜圈化”[②] 的目的。也就是说，南沙群岛除了沿岸国家依大陆架产生的200海里专属经济区以外，其他声索国（方）的海洋权益被限制在岩礁12海里甚至是500米以内，以此削弱中国（包括中国台湾）在南沙群岛的海洋权利。除此之外，在继南沙群岛之后，美方或将通过进一步的非常规巡航将南海争端的热点扩大到西沙群岛，以制造新的话题，转移到新的热点。这将进一步巩固美国南海秩序构造者、主导者和维护者的身份，削弱中国在南海的主导权和话语权。

（二）东盟内部的分歧

2016年7月24日在老挝万象举行的东盟外长会议是南海仲裁结果出炉后第一次本区域峰会。此次峰会上，中国与东盟外长通过了一个《中国与

---

① Marvin C. Ott, “China's Ambition in the South China Sea,” *Asia Pacific Bulletin*, No. 71, 2010.

② 从2014年开始出现一些有关南海争端解决路径的文章提出在南海所谓公海（high sea）中制造“donut hole”。

东盟国家外长关于全面有效落实〈南海各方行为宣言〉的联合声明》①。这项声明并没有提及两周前的仲裁结果，而是明确了一条处理南海问题的基本原则，即通过双边谈判来解决争议。这份联合声明是东盟内部经过激烈争论和博弈的产物。根据媒体报道，菲律宾起初希望将仲裁写进声明，美国也曾敦促东盟提及仲裁结果，② 但东盟轮值主席国老挝和柬埔寨表示反对。③ 为了避免再次出现2012年外长会议未能发表联合声明的尴尬局面，菲律宾最终做出让步。在这一事件前不久的中国东盟外长特别会议上，也曾出现东盟一度发表声明，不点名批评南海的岛礁建设，但几个小时后又撤稿的插曲。④ 这些事件明显地显示出从2012年开始东盟内部就南海问题已经存在严重的分歧。对于东盟声索国来说，南海争端是岛屿主权和海洋权利的归属；对于部分东盟国家来说，南海争端是大国博弈下的审慎选择；而对于另外一些东盟国家来说，南海则是地区和平稳定的关键因素。

东盟在南海问题上的分歧，体现在以下三个方面。第一，南海争端并不是中国－东盟关系的全部，在对南海地区局势关注的同时，东盟国家并没有放弃与中国的政治、经济往来，且并不愿意中国与东盟的关系被南海问题挟持。第二，尽管一些分析认为，东盟国家在南海问题上的分歧是中国外交斡旋的成功，但与其把中国当作东盟形成统一声音的障碍和替罪羊，不如说这是东盟国家各种矛盾的体现，包括一体化进程中国家利益与区域组织利益之间的矛盾，东盟内部国家与国家之间的矛盾，以及东盟国家民族主义与现实主义国际政治之间的矛盾。东盟秘书长黎良明（Le Luong Minh）在东盟外长会后就声明未提及仲裁案也表示，这是东盟寻求达成共识的价

① 《中国与东盟国家外长发表联合声明强调〈南海各方行为宣言〉重要作用》，新华网，2016年7月25日，http：//news. xinhuanet. com/world/2016－07/25/c_ 1119277852. htm。

② 《东盟声明不提南海仲裁，中国外交胜利?》，美国之音，2016年7月26日，http：//www. voachinese. com/a/news－asean－china－scs－20160725/3434128. html。

③ 《东盟外长会议老挝开幕，南海议题成焦点》，BBC中文网，2016年7月24日，http：//www. bbc. com/zhongwen/simp/world/2016/07/160724_ asean_ laos。

④ 《中国－东盟外长特别会议聚焦南海　东盟撤回对南海局势“严重关切声明”》，《环球时报》2016年6月15日。

值观和原则。[①] 第三，仲裁案后，东盟国家在南海问题上的既有立场和主张并未发生太大变化。一个在南海问题上存在分歧的东盟，并不妨碍东盟国家对以东盟为平台解决南海争端的信心和意愿。总体来说，东盟国家在南海问题上的分歧，一方面有助于防止东盟国家被这一争端挟持，站在中国的对立面；另一方面，只有经过东盟内部国家间的利弊权衡后形成的声音，才有助于中国－东盟框架下就南海问题达成有实质性进展和具有约束力的准则。

（三）东盟声索国的两面性

2016 年 6 月 30 日，菲律宾新总统杜特尔特宣誓就职。在竞选过程中，杜特尔特多次在南海问题上表示出与其前任阿基诺三世不同的观点，比如对中菲双边谈判持开放态度以及希望中国能参与菲律宾的基础设施建设。就任后又提出要求美国撤出菲南部棉兰老岛的特种部队，不再参加美军南海联合巡航行动。这位总统的不少言论和做法让中国的观察者对菲律宾对华政策有些许期待，希望在其任下可以改变由仲裁案引起的消极效果，使中菲关系回归到互利共赢的轨道上。但新总统是否真的可以为中菲关系带来转机仍然存在变数。一方面，尽管这位特立独行的总统时不时冒出一些针对美国的言论，但美菲长期盟友关系是否会因为这些言论而有实质性的改变仍然不确定。且在中菲经济合作方面，中国还面临着美日的竞争。另一方面，由于前任政府的片面宣传，菲律宾国内民众被激起强烈的民族主义情绪，站在与中国对立的一面，因此民意压力也成为牵制新政府在南海问题上有所突破的另外一个因素。

与此同时，菲律宾在南湾仲裁案后的低调做法，削弱了其他东盟声索国效仿菲律宾，通过诉讼中国在南海获利的企图。仲裁案结束后，与美国、澳大利亚、新加坡等一些非声索国高调宣传菲律宾大获全胜的做法相比，东盟

---

① 《东盟外长会议老挝开幕，南海议题成焦点》，BBC 中文网，2016 年 7 月 24 日，http://www.bbc.com/zhongwen/simp/world/2016/07/160724_ asean_ laos。

声索国显得比较冷静，仍在观望阶段。一方面，东盟声索国普遍对仲裁结果表示欢迎，希望以《公约》为基础解决南海争端。部分曾经对华态度比较温和的国家，如马来西亚和印尼对中方在南海争端中的做法显示出不满的情绪，在南海争端中对华态度渐转强硬。比如，加强在南海争议海域的防卫，以及官员公开批评中国的立场和主张。另外一方面，包括越南在内的东盟声索国也都纷纷表示愿意在双边和多边框架下与中国就争议区域展开谈判，对以东盟为平台展开对华合作的思路持欢迎态度。总体上，东盟声索国就南海争议海域诉讼中国的“多米诺骨牌效应”概率很低，大部分国家期望在仲裁案的基础上为本国在谈判桌上增加筹码，而不愿以此为借口直接站在中国的对立面。此外，尽管东盟内部存在分歧，但东盟声索国仍然没有放弃在这一框架下解决南海争端。

三　仲裁案的僵局

在仲裁案结果释出前，一般评论分析认为裁决结果会较为偏袒菲律宾，也预期到中国不参与仲裁过程，也不会接受或执行最终裁决。但是很少有分析预测到，仲裁庭会几乎支持菲律宾的每一项诉求。对仲裁庭来说，一些判决开创了国际法的先例，比如认定南海所有地貌都是礁岩没有岛屿，这势必影响未来一些具有争议的海洋法律问题的判决和对国际海洋法的解读。此外，激进的法律主义的裁决也没有给中国任何可以操纵和回旋的余地。在处理南海争端中，中国国内本就长期存在一种声音，即采取克制的手段可能会促使其他国家进一步损害南海利益。而仲裁案之后，激进的判决结果使一些反对这种声音的温和观点被掩盖，激起了国内的民族主义情绪。这也使得短期内，裁决面临着一个两难的境地。一方面对中国的打压把中国逼进死角，另一方面国际海洋公约又并无强制措施，裁决结果陷入僵局。

从长期来看，在大国规则博弈方面，任何尝试以仲裁结果为依据解决南海争端的做法，势必会导致彻底否认中国作为崛起中的海洋大国的地位以及

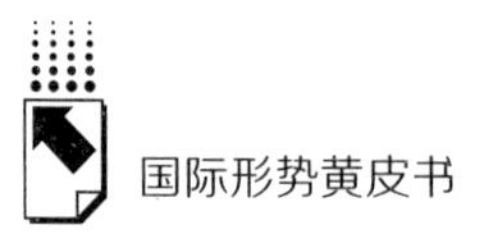

在该区域的存在，这不仅不利于维持现有的海洋秩序，而且这种将中国排除在外的南海秩序也无法反映当前南海的现状，反而迫使中国不得不另外创建一套新的南海秩序和规则。此外，在中国和东盟方面，由仲裁案引起的南海热放大了中国与东盟声索国在南海的争端，形塑了中国不遵守国际法，在南海采取扩张主义或追求海洋霸权的形象。尽管这些评论道尽了中国在南海的所谓“野心”和与现有海洋秩序的矛盾，却掩盖了现有海洋秩序的不稳定性和瑕疵之处，以及东盟国家在各自追求海洋权利和国际利益中的博弈与政治算计。再者，就中国来讲，裁决结果不仅完全否定了中国在南海的历史性权利，也严重限制了中国可以主张的水域、空域以及相应的海洋权利。中国不仅面临如果在仲裁案处理上过于软弱会间接纵容其他国家的困境，更需要思考如何在国际法基础上解释自己的南海主张依然有效的问题。

四　仲裁案后的中方应对

从短期来看，尽管仲裁案掀起的南海热已经降温，但围绕南海海域主权、海洋权利及海洋民族主义的辩论和争端仍将是主导本区域的议题。如不少分析所描述，在仲裁案结束后，大国博弈、区域紧张局势和区域冲突的风险将成为南海的“新常态”。但目前由于国际法律法规相对比较模糊且缺乏强制执行性，南海各国在全方位冲突防止方面比较薄弱。因此，有必要尽快与南海沿岸国家和域外利益相关国家加强冲突防御规范的建立。比如，规范相关官员的发言，避免进一步刺激沿岸国家的民族主义情绪或被外媒抓住口实造成对中方战略意图的误判。此外，还包括加强对南海防卫一线人员的专业培训，加强对南海渔民作业的规范等。

从长期来看，打破仲裁案的困境需要从全局来看待南海问题。南海问题在中国对外战略中的重要性和在中国与周边国家关系中的分量不是一成不变的。其重要性随着中国对外战略的重点而变化。仲裁庭的裁决将全球的目光聚焦于中国的后续应对上，这给了世界一个看待中国崛起的着眼点，也给了中国一个向外界诠释自己南海战略意图的机会。尽管在长期奉行韬光养晦外交战略后，有人认为中国需要适度地强硬，以维持自身在南海的国家利益和威慑力。但这种强硬是维持在一定的限度内的，而不是在南海寻求排他性的霸权。一些强硬的表现也不是中国对外战略的目的，而是在短期内管控南海局势，防止周边国家挑衅，维护国家利益的手段。因此，在南海保持一定程度的威慑并不会对周边安全和稳定造成较大的负面影响。因为中国采取强硬手段的目的并不是与东盟声索国甚至美国发生冲突，而是向周边国家和域外大国展示自身防御的基本权利、能力和捍卫自身利益的决心。

在处理南海问题上，一直存在一种争论，即南海利益与周边外交之间的关系。一些观点认为，仲裁案这一事件的发生不是中国在南海问题上太强硬了，而是不够强硬，导致东盟声索国和域外大国对中国捍卫主权的信心了解不足。维护地区稳定与和平单靠温和的外交政策并不奏效，那将促使其他国家对中国的要求越来越多。但另外一些观点则认为，南海问题已经引发了周边国家对中国的安全疑虑，过分强调中国在南海的利益不仅会破坏中国与东盟声索国或者美国盟友之间的关系，而且一些非声索国也会对中国的做法产生严重的质疑和焦虑。

上述争论诠释了当前中国在南海问题上面临的外交难题。但这一争论将中国置于南海问题的挑起方和主动出击方。实际上，南海热并不仅仅是中国外交战略的调整，更是东亚权力变迁以及国际社会压力下，中国被动应对的结果。诚然中国有追求成为海洋大国的战略目标，但这一战略目标是伴随着区域秩序的变迁和现有秩序的缺陷而来的。从本质上看，中国所追求的海洋大国的战略目标和与美国及周边国家为维护区域稳定展开务实合作并不矛盾。由于美国对南海争端的介入，讨论南海问题往往聚焦于航行自由。实际上，中国在南海的利益从未妨碍其他国家的自由航行和贸易交通，只是对美军在中国岛礁附近的军事行动表示抗议。自由航行这一说辞夸大了中国在南海水域的“野心”和威胁，也掩盖了南海水域其他的一些问题，比如南海的资源开发、渔业资源保护、环境保护和打击海盗等。这些领域的保护与合作在现有的海洋秩序下并没有得到体现。中国在变迁的海洋秩序中，若欲融

入其中，有责任和义务与周边国家就这些方面进行合作，而不是被制造出的热点所掩盖，被民族主义情绪所挟持。虽然在安全领域，中国与东盟国家的合作还不太容易实现，但在一些共同面临的问题上仍然有合作空间。比如中国曾经在2005年与菲律宾和越南石油公司签署《在南中国海协议区三方联合海洋地震工作协议》，2011年设立的中国－东盟海上合作基金，2015年设立的中国－东盟海洋合作机制等。类似合作可以拓展到自然灾害、数据信息共享、海洋科技对话以及民用设施共享等多个方面，以建立互信为基础，逐步实现区域合作机制。

五　结语

2016年南海问题的热点聚焦于菲律宾单方面诉中国的仲裁案。尽管通过前期多领域的应对措施，这一事件不足以威胁到我国在南海的实际利益，但这一事件的前因后果依然值得反思。鉴于当前《公约》框架下的海洋秩序无法厘清错综复杂的南海声索国各方主张，也无法反映大国在本区域实力的变迁，因此围绕南海主权和相关海洋权益的争端将持续成为南海问题的主要议题。当前中国在南海所面临的问题不仅是海洋主权和海洋权益的维护，而且是如何向外界清晰地阐述现有海洋秩序的缺陷和自身海洋秩序的诉求，避免域内外国家的过度解读和战略误判。同时寻求有效措施更积极地融入现有海洋秩序当中，通过合作建立互信，以便周边国家理解中国的克制与立场，接受中国的主张，推动海洋秩序的完善。

参考文献

Hayton Bill, *The South China Sea: The Struggle for Power in Asia*, New Haven and London: Yale University Press, 2014.

Morton Katherine, "China's Ambition in South China Sea, Is A Legitimate Maritime Order Possible?" *International Affairs*, 92: 4, 2016, pp. 900 –940.

Marvin C. Ott, "China's Ambition in the South China Sea," *Asia Pacific Bulletin*, No. 71, 2010.

Poling Gregory B., *The South China Sea in Focus: Clarifying the Limits of the Maritime Disputes*, Lanham, MD: Rowman & Little field, 2013.

Y.15
英国脱欧及其影响

任　琳*

摘　要：　英国脱欧折射出一个更加复杂的世界，地区一体化、全球治理和地缘政治等层面都面临巨大的不确定性。治理英国脱欧后的时代，将面临更大的未知挑战。英国脱欧在短时间带来了区域和全球治理规则的碎片化、变动性和“去便利化”。欧盟内部的规则虽较为成熟，但在开放经济的时代，与英国和欧盟打交道都将面临不熟悉的制度环境，至于未来的图景如何，一时间还很难判断。

关键词：　英国脱欧　地区一体化　移民问题　全球化　全球治理

一　英国脱欧的背景

（一）历史背景

英国于1973年加入欧盟的前身——欧洲共同体，1991年12月11日，欧洲共同体通过了《欧洲联盟条约》（又称马斯特里赫特条约，简称马约），1993年该条约正式生效，标志着欧盟的正式成立。英国在加入欧盟之后，由于岛国疏离的地理位置以及复杂的历史原因，自身一直坚持“光荣独立”

---

* 任琳，中国社会科学院世界经济与政治研究所全球治理室副研究员，博士，主要研究领域为全球治理、欧洲对外政策、网络安全。

的政策，拒绝加入欧元区，继续使用英镑作为本国的货币；拥有独立的财政政策，不受欧盟的干预。另外，在推动欧盟一体化的很多措施方面，英国的表现都不尽如人意，比如有限加入旨在推动边境自由通行的《申根协议》，有条件地签订欧盟宪法条约——《里斯本条约》，拒绝签署加强欧盟财政纪律的财政契约等。2008 年金融危机后爆发的欧债危机，使欧盟与英国之间一直存在猜忌，一方面，欧盟认为英国在推动一体化进程中一直态度消极，另外在危机救助方面也是表现平平；另一方面，英国内部则认为欧盟“救市政策”会损害英国的利益，因而也加剧了脱欧的情绪。2013 年英国首相卡梅伦首次提及脱欧公投。由于中东地区政局动荡，极端宗教组织以及军队冲突越来越激烈，叙利亚、伊拉克等中东国家民不聊生，大批民众逃往欧盟地区。2015 年底，据统计有将近 150 万难民涌入欧洲大陆。严重的难民危机也加剧了英国人民对欧盟出于人道主义将难民强行摊派政策的不满，尤其是在巴黎恐怖袭击事件之后，英国人民对欧盟的不满持续升温，卡梅伦表示将公投提前进行，2016 年 6 月 23 日英国进行了“脱欧”公投，最后 51.9% 的人表示支持英国脱欧。

（二）英国脱欧的原因

英国脱欧的原因是多方面的，弗里德曼曾在 20 世纪 90 年代末就提出并不看好欧盟。首先，他认为由于欧盟各国的文化差异，很难达到一个国家整体的认同感，因此财富分配也会存在困难，比如对西班牙和希腊等国家的救援就会受到来自其他欧盟国家的质疑与抱怨。其次，由于历史宿怨等问题，一些国家的隔阂无法真正地消除，英国与法国之间的恩怨，以及英国作为一个曾经的“日不落帝国”对于欧盟法德领头的不满，都会使欧盟在一体化进程中受到阻碍。再次，因为欧盟秉持的货币统一、财政独立的原则本身就存在矛盾，它严重影响汇率的自动调节机制，导致一些国家的独立控制权受到制约。最后，欧盟这样一个共同市场以及一体化的设想是建立在要素充分流动的基础上的，而现实情况是贸易壁垒实际存在，因此无法真正地实现一体化。综上所述，英国脱欧也具有一定的必然性。

根据当下的情况分析，英国脱欧主要有以下现实原因。

第一，欧盟一体化所带来的移民压力，在一定程度上也导致治安问题上升。自从实行欧洲一体化后，欧盟的不断东扩，欧盟成员国增加，劳动力要素的流动导致每年到英国打工的人越来越多，大量外来劳动力拉低了当地的工资水平，也增加了英国的就业压力。另外，由于中东政局的不稳定，大量难民涌向欧盟地区，中东难民被强摊给英国，增加了英国社会不稳定因素，加大了本地治安以及福利制度的压力。

第二，欧债危机。2008 年金融危机后，欧债危机的阴霾一直笼罩着欧盟。之后持续低迷的经济复苏乏力，延长了该危机的深度和广度。2010 年 1 月，由于希腊危机的影响，欧元兑美元的汇率连续六个月创新低。2010 年 5 月 2 日欧盟启动了对希腊的救助计划，与 IMF（国际货币基金组织）共同提供了 1100 亿欧元救市。之后几天内，欧盟、欧元区又增加了对希腊的救助贷款，总金额高达 7789 亿欧元。之后受希腊危机牵连，多个欧盟国家的债券评级均有不同程度的下调，危机持续发酵。欧债危机几乎拖累了欧盟各国的经济，英国需要拿出大量的资金来救助这次危机，脱欧派认为，这损害了英国的利益。英国国内脱欧的情绪日益发酵。

第三，巨额的参与成本。除了英国每年需要向欧盟财政缴纳 80 亿英镑以外，Open Europe 有研究显示，欧盟 100 条苛刻的规定会使英国每年增加 333 亿英镑的执行成本。[①] 另外大部分的欧盟制度对于英国并无利好，相反，由于受到欧盟各种规章制度的限制，英国企业的利益常常受损。基于以上原因，脱欧派认为摆脱欧盟之后，英国会有更大的自主权。

第四，民粹主义在英国的抬头。在英国脱欧的投票中，支持“脱欧”的大部分人都是工人阶级。据报道，欧盟内部的官僚主义和部分腐败问题激化了英国中下阶层对英国继续置身欧盟的不满。加之在欧盟一体化的过程中，由于劳动力以及资本的自由流动，英国的劳动力市场受到了外来人员的冲击，中下阶层的利益损失最大，引发了英国本地人维护自身利益的诉求，

① 《开放欧洲研究报告（Open Europe）》，http：//openeurope. org. uk/。

容易滋生民粹主义。另外，由于法国和比利时相继爆发恐怖袭击，加剧了本地人排外的心理。总的来说，由于在欧盟一体化的过程中，财富分配不均，各民族、各国之间的利益冲突增加，促进了民粹主义的抬头。而欧债危机以及难民危机都进一步致使英国民粹主义萌生。民粹主义支持的“脱欧”设想在理想状态下，可以让英国独立于欧盟的控制，使英国发展不受拘束，从而最后实现利益的最大化。

第五，首相卡梅伦的失算。2013 年初，为了迎合选民的心意，首相卡梅伦曾向选民承诺如果赢得了 2015 年大选，将会在全英举行一场关于“脱欧”的公投。此举一方面考虑了当时不断扩散的欧债危机引起的英国国内反欧盟的情绪，另一方面也是准备通过提出“脱欧”的公投来督促欧盟制定符合英国利益的政策。2015 年初，卡梅伦表示如果能够赢得 5 月的选举将会提前公投。作为“留欧派”的卡梅伦刚开始对于这一公投的结果比较有信心，乐观地预期最后的结果是英国还会继续留在欧盟，并未曾想无心插柳柳成荫。他没有考虑到日益发酵的排外情绪，欧债危机、移民危机、恐怖袭击等一再强化了英国人民脱离欧盟的诉求，最后公投覆水难收，导致了脱欧的结局。

（三）英国脱欧的过程

简单回顾英国的入欧和脱欧历程，大概有以下几个重要的时间点。英国的入欧也并非一帆风顺，并未完全实质性地融入欧洲的一体化进程，而英国的脱欧也夹杂着一定的偶然性和必然性，不易理出头绪。

1973 年，英国首相希斯申请加入欧洲经济共同体。

1975 年，由于受到石油危机的影响，欧洲大陆经济受到重创，拖累了英国经济，时任英国首相威尔斯发起“是否留在欧共体”的公投，是首次英国关于“脱欧”的公投。最后投票决定继续留在欧共体。

1993 年，欧盟成立。

1995 年，欧盟确定欧元为欧盟单一货币。

1997 年，首相布莱尔计划使用欧元但遭到财政大臣戈登·布朗的阻止。

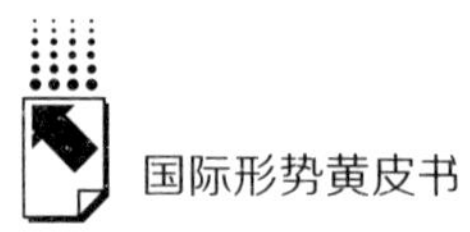

2013年，由于受到欧债危机的拖累，英国经济景气指数在2013年7月跌至最低水平，另外由于欧盟与英国之间越来越多的利益冲突，脱欧情绪在英国蔓延，首相卡梅伦为迎合共和党内的疑欧主义，为保守党当选获得选民支持，提出预计在2017～2018年间进行脱欧公投。

2015年，为了赢得5月的大选，卡梅伦向选民承诺当选之后将提前进行脱欧公投，表示向欧盟施加压力，以确保英国在欧盟的利益。2015年5月29日，英国下议院提交了关于“脱欧公投”的议案，决定投票将在2017年底之前进行。

2016年6月，英国举行了脱欧公投，支持留欧的人占48.1%，支持脱欧的人占51.9%。最后，出乎很多人的预想，公投结果是英国决定离开欧盟。作为“留欧派”的首相卡梅伦在公投结果公布后表示，自己将在10月辞职，推选新的领导人来接手脱欧后的英国。根据《里斯本条约》第50条规定，公投之后英国仍需要至少两年的时间才能真正脱欧，如果部分欧盟成员国同意延长对英脱欧谈判，那么英国要真正脱欧则需要更长的时间。

二　英国脱欧对全球治理的影响

英国脱欧在短时间带来了治理规则的碎片化、变动性和“去便利化”。在相当长的历史时期内，欧盟内部的规则可以说是全球治理规则在区域层面较为完善的体现。在开放经济的时代，欧盟内部和世界大市场都是未知的潜在增长点。长期以来，与英国、欧盟合作与互动的国家，可能会突然面临完全不熟悉的制度环境。就其他国家与欧洲的经济交往来说，例如以中国为代表的新兴国家如果选定来欧投资，融资难度和其他交易成本无疑都增加了。如果同时与英国、欧盟打交道，是否又意味着要和英国谈一套规则，再与欧盟谈另外一套规则？

全球治理规则的短暂碎片化给人造成一种视错觉，似乎全球化并非世界的主流。然而，在相当长的历史时期内，全球化特别是经济全球化，依然是塑造全球政治经济格局的核心动力。但我们需要警惕的是，英国脱欧折射出来的逆全球化思潮将会给全球治理带来更大的不确定性，给全球治理的进展（特别是部分议题领域之内）带来一定的“挫折”。虽然原有的世界力量格局并未发生根本性的改变，相伴欧洲的相对衰弱，国家与国家之间，特别是欧洲国家与其他国家的双边和多边关系变得更加务实、多元、多维。这些关系具有一定的变动性（如美英关系、中欧关系），也具有一定的稳定性（如美欧关系）。同盟关系持续有效，但欧洲的独立思维不断增强，外交中的独立性增强。合作体现在诸多领域之内，没有哪国与他国在各个领域内都是一片和谐、铁板一块。在某些领域内有冲突的两国，在其他领域内可能是紧密合作的伙伴。全球治理应对的问题都是超越了一国之力的，任何一个国家都可能是利益攸关者。

脱欧给金融领域带来不确定性。虽说一定程度的震荡是短期的，但这种震荡也说明，在货币和金融领域内治理要面临的情况具有一定的变动性。欧洲智库布鲁格研究所的一份研究显示，就欧洲内部来说，不仅是英国自身的金融地位如何确保成问题，欧盟也面临着是否能够抓住机遇改变伦敦长期作为金融中心的地位，在其内部寻得合适的替代的选择。[①] 然而，英国也好，欧盟也罢，面对的都是大量的不确定性。欧盟不得不承认，英国拥有欧盟区内 80% 的资本市场活动、几乎可以收半壁江山的对冲基金、大量风投。如果不能抓住机遇，这些活跃着的跨境活动不一定会转入欧盟自己的“囊中”。一时间，原来与英国保持频繁金融往来的国家和企业将在相当长的一段时期内对互动中的规则持谨慎观望态度，选择偏好也可能由此发生变化。

就货币领域来说，成员国家对欧元的信心可能持续下跌。欧债危机后，不少欧盟国家对欧盟经济一体化事业、欧元区经济和欧元的稳定性存疑。英国脱欧再次将欧元推到了风口浪尖。虽然此前英国就游离于欧元区经济之外，并没有加入欧元区，脱欧不会给欧元带来很大的震荡，不过短期内，市

---

① Dirk Schoenmaker, “Lost Passports: A Guide to the Brexit Fallout for the City of London,” *Bruegel Research Report*, June 30, 2016, http: //bruegel. org/2016/06/.

场的效应还是比较明显，市场对英镑、对欧元的信心受挫，很快都将展现出来。加之，欧洲经济复苏并不是很理想，欧元很可能在低位徘徊。如果要实现国际货币在全球范围内的有效治理，任何一种主要的国际货币走弱，都可能意味着美元一家独大，美国国内政策的负面效应可能持续“外溢”，这不利于有效治理规则和秩序的确立。此外，英镑也在短期内丧失了市场的信心，呈现出下跌状态。更充满不确定性的是，欧洲智库布鲁格研究所的报告显示，伦敦是人民币国际化的重要海外离岸中心，目前的伦敦正在挣扎着确保维系其国际和区域内重要金融与货币中心的地位。[①] 除此之外，同处一揽子货币内的美元、人民币、欧元和英镑，各自的地位和作用是否也会受之牵动？特别是，随着作为重要海外离岸中心的伦敦离开欧盟区，人民币国际化的进程是否会受到影响？与英国、欧盟的对接关系又将面临何种新选择、新机遇和新挑战？

在贸易领域，治理规则碎片化的状况仍将持续一段时间。英国脱欧对于贸易规则领域带来了哪些“外溢效应”暂未明了，就英国来说，该如何应对脱欧之后的交易活动“去便利化”，是否需要与中国、与欧盟、与其他国家重新确立一套适用的贸易规则；对于欧盟来说，此时此刻谈跨大西洋贸易与投资伙伴协议（TTIP）已非最佳时期，内部的调整、整顿和复苏是当下要务。因此，在 TTIP 已经不能在既定路线图内完成谈判的情况之下，欧洲会变得更加谨慎，如果要谈，它们更愿意慢慢谈。欧洲智库布鲁格研究所的报告中也指出，相比脱欧，美国大选、德法的换届对于 TTIP 的影响更大。[②] 美国大选后，一旦希拉里当选，重启 TTIP 谈判的可能性极高，美国延续塑造高标准贸易规则的工作，少不了跨大西洋自贸区这一重要环节，欧洲也认可 TTIP 90% 左右的条款都符合其长远利益，因此，TTIP 仍将是美国主导“再全球化”规划的重要组成部分。但可以理解，经历风雨后

---

① Dirk Schoenmaker, “Lost Passports: A Guide to the Brexit Fallout for the City of London,” *Bruegel Research Report*, June 30, 2016, http://bruegel.org/2016/06/.

② Geethanjali Nataraj, “Will TTIP Survive Brexit?” Bruegel Research Report, July 27, 2016, http://bruegel.org/2016/07/will-ttip-survive-brexit/.

的欧盟在谈判中更为谨小慎微，更为关注自身的利益诉求，成员国层面的压力（主要是具有差异性的利益攸关度和利益诉求）也会更大。农业国、能源依赖国、工业化国家等对贸易治理规则的诉求具有差异。而特朗普当选后暂且搁置TPP的举行，“意外”地使美国主导的贸易规则“再全球化”进程暂且陷入休眠。全球层面的贸易治理规则在短期内仍将很难统一，同时TTIP和TTP具有排他性，不具包容性，没有兼顾重要新兴经济体和广大发展中经济体的诉求，并非整合全球贸易规则的优质方案。

最后，需要补充人口、国内政治等考虑维度。人口因素也是全球化的重要塑造因素，同时人口的流动又作为全球化（经济全球化、战争等因素都可能带来人口的流动）的副产品。英国脱欧的事件也提醒了我们不能忽视人口因素的负面溢出效应可能对国际政治经济格局带来的影响。而消除贫困、发展经济是安置难民之外更为治标治本的治理手段。此外，英国脱欧在另外一个侧面展示了对人口流动的消极反应。因为担心带来更多的经济负担、本国福利下降、恐怖主义的负面影响，从确保本国安全出发，英国试图重塑本国边界，对区域一体化和全球化“关门”。由此可见，人口的流动作为全球化产物，如果得不到有效治理和疏导，又会反过来阻滞全球化的步伐。除了人口因素，英国全民公投脱欧的事实也告诉我们，国内因素对全球治理的影响力增强了，国际政治经济互动中的双层博弈①现象更加明显和频发。国内大选政治、国内治理和社会思潮都有可能在国内层面形成压力，给国际层面的治理制造新的问题，增添新的不确定性。

三　英国脱欧对地区一体化的影响

在英国脱欧公投之前，欧洲的一体化之路并不平坦。分与合两种因素一直存在，只是分的因素一直相对边缘。脱欧意味着分的因素影响在逐渐上

① Robert D. Putnam, “Diplomacy and Domestic Politics: The Logic of Two - Level Games,” *International Organization*, Vol. 42, No. 3, 1988, pp. 427 - 460.

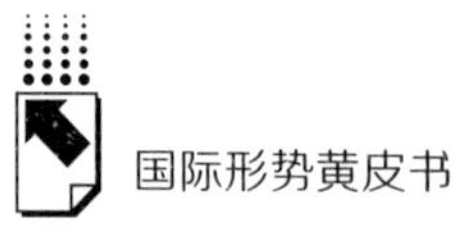

升，不再处于绝对边缘化，足以引发警觉。

在区域经济一体化领域内，虽然对英国来说，脱欧给金融、贸易和投资在不同程度上都带来了短期的震荡，但长期来看，脱欧给英国带来的冲击可能并没有想象中那么巨大。与此同时，英国脱欧对欧洲地区的冲击却可能是全方位、立体化和宽领域的，尤其是对区域经济一体化事业的打击重大。虽然英国进出口贸易在欧盟贸易中的占比仅为8%，但对欧盟区的经济而言，意味深长。英国的GDP占欧盟28国的17%左右，英国拥有欧洲乃至全球的金融中心，英国拥有55%常驻欧盟的跨国公司，英国具有工业创新的历史经验、人力资本和深厚理论基础。此外，英国也曾是欧盟义务的重要承担者，英国承担欧盟预算的数量仅次于德法，而此刻之欧盟也需要英国吸纳涌入的难民、分担反恐成本、提供就业机会等。然而，恰恰因为这些义务逐日递增，英国最终决定依据公投结果向欧盟关门，不再与欧盟共渡难关。

在规则层面，以贸易领域为例，欧洲的规则变得更加碎片化。欧盟与英国的贸易主张本来就不同，具体表现为两者对欧洲经济一体化的态度。前者比较积极，后者持相对观望态度。两者对待中国市场经济地位的态度也不同。除了区域内的自有张力，外来的新一轮规则重塑大潮也不断涌来。美国启动的TTIP虽然由于英国脱欧、大选等突发事件的冲击而暂时搁浅，但其代表了新一轮的高标准贸易规则之重塑。此外，诸如希腊等欧盟国家受制于相对孱弱的贸易能力，其贸易主张也必然不同。因此，在欧洲区域内的贸易规则一时间受到了英国元素、欧盟元素（主流和其他欧盟国家）和美国元素的影响。多重因素交织，意见更难协调。

在政治与社会层面上，英国脱欧公投折射出欧洲一体化的离心力。逐渐从草根走上欧洲政坛的民粹主义和民族主义，表现出对欧洲一体化的质疑和排斥。在德国，有选择党；在法国，有国民阵线；在意大利，有五星运动；在奥地利，有自由党。它们的共性是拒绝一体化、反欧、排外、隔离。英国公投脱欧有可能掀起又一轮的疑欧和反一体化浪潮。2017年，将有一个欧洲国家会举行总统选举、议会选举和各类公投，未来的欧洲将会是何种情境还很难预知，但不容否认的是，欧洲社会也面临着诸多深层问题与矛盾。欧洲政策委员会的研究报告也指出，目前的政策调整无法标本兼治地解决欧洲社会层面的问题。①

在安全领域内，没有了英国的欧盟可能会丧失相关国际事务的话语权。在物质层面，受限于历史原因，德国不能发展核武器；英国和法国作为核大国确保了欧洲的核力量。短期内，受制于军备和防务的约束，德国无法取代英国在欧盟的军事存在意义。在制度层面，二战后，英法两国作为联合国常任理事国参与全球安全事务的讨论，提出欧洲的建议和主张。此外，英国作为三驾马车之一，是欧洲推广对外共同外交和安全政策的中坚。没有了英国，欧盟在物质和制度层面均有所丧失，因此难以维持其对国际事务的影响力和话语权。除此之外，在区域内部力量平衡方面，英国“出走”改变了战后形成的欧洲力量格局，也打破了欧盟内部的法德平衡，很容易导致猜忌高发，不利于地区稳定。

最后，可能触发区域内部的离心力。退一步讲，即使承认英国在退欧前就具有相比其他欧盟成员国更多的自由度，例如英国并未加入申根区，也没有与欧元区实现货币一体化，这只能说明英国脱欧后不至于承受不了各种溢出效应的冲击，并无法据此断言，英国脱欧不会给其他欧盟成员国带来示范效应，最终导致欧盟内部出现“多米诺骨牌”效应，像法国、荷兰、意大利、希腊等成员国也会产生脱离欧盟的念头。果真如此，将意味着欧洲的一体化事业遭受重大挫折。随着内部离心力的产生，成员国的猜忌也会加深，区域一体化将充满不确定性。

综上，在一定意义上，英国脱欧可能意味着欧盟在世界政治经济中地位的下降，也给欧盟地区一体化事业带来一定的伤害。

四　英国脱欧对地缘政治与安全的影响

就国际安全和地缘政治领域来说，英国脱欧在一定程度上改变了欧洲的

① Mattia Toaldo, “A New Social and Political Contract for Europe,” *Research Report of European Council on Foreign Relations*, June 28, 2016, http://www.ecfr.eu/article/.

地缘政治格局。长期以来，避免欧亚大陆被单个大国主宰，避免欧亚大陆资源整合，是美国的重要地缘政治安排。基辛格等战略学家都强调过欧亚大陆对美国的重要意义，而欧洲是美国推行其战略的重要保障。英国作为连接欧美的桥梁，是美国辐射对欧影响、执行其欧亚战略安排的重要支点。美国将大西洋联盟视为稳定的战略后方、维持领导既成国际秩序的战略依托。英国在这一战略中发挥着桥梁和工具作用。

脱欧后，英国的这种桥梁作用削弱了。在伊拉克战争、阿富汗战争、乌克兰事件等问题上，英国在物质上和话语上都支持美国，为其摇旗呐喊。以乌克兰事件为例，英国的支持，最终驱动欧盟采取对俄一致制裁。然而，英国脱欧现象在侧面上也折射出欧洲开始反思，过分追随美国是否将丧失制定对外决策的独立性。在叙利亚等事务中追随美国，使欧洲陷入了难民危机，最终发酵至英国脱欧，向欧盟设立起“栅栏”。此外，美国长期将欧洲东部大陆的问题欧洲化，使欧洲承担美国战略的成本。欧洲对俄罗斯进行经济制裁，并不符合欧洲的基本利益。一方面，欧洲与俄罗斯之间具有经济互补性，特别是能源关系方面，因此对俄制裁也影响到欧洲的经济利益实现。另一方面，追随美国，欧洲将过多的精力放到欧亚大陆，致使其并未提前察觉到来自环地中海区域的潜在威胁。由此，如果经历英国脱欧后的欧洲独立性加强，欧洲的地缘政治压力有可能相对地降低。

脱欧前，英美的军事合作非常具体和务实，例如英国在伊拉克、阿富汗等战争中追随美国，英美交换核材料和导弹系统等技术信息，英美两国进行情报合作等。随着英国脱欧，英国对美国的战略意义是否会受到影响而下降？这些具体的合作是否也会有所削减？为了扩散美国对欧洲的影响，法国的地位是否会相应上升？欧洲的地缘平衡是否会出现变动？

虽然存在变数，欧美同盟关系的重要性依旧，只是欧洲将会更加重视平等而非不对称的同盟关系。整体来看，美国将会延续其亚欧大陆基本战略思路，只是其影响欧洲事务的支点可能从英国发生转向（比如法国）。欧盟独立防务的声音少了英国的反对，可能会增强。然而，从中短期来看，欧盟仍需借助传统的组织平台，维持区域秩序和参与全球事务。在部分问题领域，欧盟反而还需要通过强化同盟关系，谋求自身利益。北约仍然是欧洲重要的安全协调机制。围绕北约框架下的维持军事安全和开展反恐事务，欧美并无明显差异。[①] 美国之所以能够长期继续借助七国集团（G7）和北约[②]传递其意愿，拖欧洲“下水”，影响欧洲的战略导向，重要原因之一还是欧洲对美国的战略依赖。[③] 近年，在 G20 峰会前，G7 成员国会提前协调立场，围绕全球经济治理等问题，寻找成员之间的共同利益，进而在 G20 平台上表达集体诉求，制造更大压力。在反恐事务上，欧洲日益增加的恐怖主义事件也进一步增强了欧洲借助北约等平台开展反恐行动的意愿。而美国也希望借助北约平台，缓解其海外行动的人员、经费等压力。

综上，之前美国希望英国不要脱欧，就是为了借助英国的桥梁作用，维系美国对欧洲的影响力。虽然，英国脱欧在一定程度上改变了欧亚大陆的地缘政治安排，但欧洲依然是美国全球战略伙伴网的重要一环，并不能因此夸大欧美之间的分歧。欧洲依然是美国维持既有国际全球秩序的重要依托之一。大西洋联盟对美国的战略依托作用依然存在，只是美国需要开出怎样的价码来增强自身战略对欧洲的吸引力，并做出合作伙伴上的斟酌。一方面，英国的战略地位可能相对下降，法国的战略重要性可能上升；另一方面，英美在一些传统军事领域内的一致性更多，例如海湾战争、伊拉克战争、科索沃战争、阿富汗战争等，英国都积极配合美国的战略行动，积极性超越其他欧洲国家。

五　结语

英国脱欧折射出全球治理需要应对一个更加复杂的世界。地区一体化层

---

① Philip M. Breedlove, “NATO’s Next Act: How to Handle Russia and Other Threats,” *Foreign Affairs*, Issue 2016 July/August , Vol. 95, No. 4, https: //www. foreignaffairs. com/articles/europe/2016 - 06 - 13/natos - next - act.

② 参见欧盟驻俄罗斯使团网站，http: //eeas. europa. eu/delegations/russia/index_ en. htm。

③ Richard Gowan &Manuel Lafont Rapnouil, “Saving British Internationalism from Brexit,” *Research Report of European Council on Foreign Relations*, June 28, 2016, http: //www. ecfr. eu/article/commentary_ saving0.

面、全球治理层面和地缘政治层面都或多或少受之牵动。在这个复杂的世界中，变与不变彼此交织。联合国及其框架下的国际货币基金组织（IMF）、世界银行等既成体系具有一定的稳定性，仍是维系全球治理的重要组织平台。但是，不少治理的规则安排没有反省新兴国家和发展中国家的贡献和诉求，因而有待调整。英国脱欧等突发事件给这个复杂世界的治理带来更大的挑战，不确定性屡屡涌现。除了全球体系上不同程度和方向的变动，更多的不确定性也来自民粹主义等反全球化思潮。这种民族主义的情绪一旦蔓延，将给国际社会带来更大的治理难度。

参考文献

DirkSchoenmaker, " Lost Passports: A Guide to the Brexit Fallout for the City of London," *Bruegel Research Report*, June 30, 2016, http: //bruegel. org/2016/06/.

Robert D. Putnam, " Diplomacy and Domestic Politics: The Logic of Two - Level Games," *International Organization*, Vol. 42, No. 3, 1988, pp. 427 - 460.

Roland Bleiker, "Activism after Seattle: Dilemmas of the Anti - globalisation Movement," *Pacifica Review Peace Security & Global Change*, 2002, Vol. 14, No. 3, pp. 191 - 207.

张宇燕等：《全球治理：一个理论分析框架》，《国际政治科学》2015 年第 3 期。

李巍：《伙伴、制度与国际货币：人民币崛起的国际政治基础》，《中国社会科学》2016 年第 5 期。

尹继武：《共识的国际战略效应：一项理论性探讨》，《国际安全研究》2016 年第 1 期。

〔美〕亨利·基辛格：《大外交》，顾淑馨、林添贵译，海南出版社，1997。

Y.16
西亚北非局势：全面动荡与阵营重组（2015～2016年）

肖 河*

摘 要： 2015～2016年，西亚北非各国内部以及国家间的冲突仍在持续和扩大，不仅叙利亚等地的内战趋于长期化，伊朗和沙特之间的冲突加剧，土耳其、海湾国家内部的政治社会危机也出现了明显升级，可谓陷入全面动荡。在冲突加深的同时，美国还在延续谨慎的区域政策，拒绝深度干预，这直接导致了原有阵营体系的瓦解和区域国家间的联盟重组。整体看来，尽管国际能源价格下降、域外大国的战略调整、伊斯兰社会的思潮变化以及国际反恐战略的调整共同塑造了当前的区域格局，但从长期看来，区域各国的内部社会结构矛盾才是最根本的动因。目前看来，短期内西亚北非还将继续动荡重组，新的平衡点尚不可期。

关键词： 西亚北非 中东局势 大国外交

一 2015～2016年的西亚北非局势

自2015年下半年以来，西亚北非更加清晰地由希望与危机并存的“阿

* 肖河，中国社会科学院世界经济与政治研究所助理研究员、北京大学国际关系学院博士，主要研究领域为美国外交、对外决策机制、大国关系。

拉伯之春”进入全面动荡的时期。不仅叙利亚、伊拉克、利比亚等旧有冲突热点仍在持续发酵，而且区域国家间、区域国家内的政治和社会冲突还在迅速激化。

从国家间冲突来看，以2015年3月沙特空袭也门胡塞族武装为标志，以沙特为领袖的逊尼派阵营和以伊朗为首的什叶派阵营之间的代理人战争进一步升级。在前者于2015年7月帮助也门政府重新夺回亚丁之后，也门也和叙利亚一样陷入了持久战。同时，在这一环境下，美伊所达成的历史性核协议反而激化了双方的矛盾。为了对冲影响，沙特不仅在2016年初断绝了与伊朗的外交关系，而且动员巴林、阿联酋、苏丹、科威特等国谴责和孤立伊朗，甚至对黎巴嫩这样试图持“中立态度”的国家采取包括中止军事援助在内的惩罚措施。①

从国内冲突来看，不仅叙利亚、伊拉克、埃及、利比亚等国的局势没有好转，反而在国际环境的综合作用下，沙特、土耳其等传统“支柱国家”的内部矛盾进一步加剧。以沙特、卡塔尔为代表的海湾产油国和意识形态输出中心面临着国际能源格局的剧变，石油收入的下降导致它们紧缩国内开支、增加税费，而这必然打破既有的政治经济平衡，放大国内业已存在的经济挑战和社会不满，甚至面临系统危机的风险；② 土耳其原本是“伊斯兰世界的现代化样板”，但是在2015~2016年，世俗主义与宗教主义、文官统治和军方主导之间的矛盾交织，引发了国内严重的政治分裂，2016年7月的军事政变更是彻底破坏了“土耳其模式”的光环。③ 更危险的是，区域国家中的社会、经济和政治压力都还没有充分释放，仍存在进一步引爆的现实风险。

---

① Kim Ghattas, “Iran-Saudi Tensions Simmer in Lebanon,” *BBC News*, May 20, 2016, http://www.bbc.com/news/world-middle-east-36335163.

② “Lower Oil Prices, Economic Crisis Bite Qatar,” Reuters, July 18, 2016, http://timesofoman.com/article/88238/World/GCC/.

③ Birce Bora, “How Will the Military Shake-Up Affect Turkey's Future?” *Al Jazeera*, August 15, 2016, http://www.aljazeera.com/news/2016/08/military-shake-affect-turkey-future-160814031324825.html.

传统上，西亚北非的区域国家被分为三类：第一类是以沙特、伊朗、土耳其、以色列、埃及为代表的“支柱国家”，它们长期发挥着稳定地区格局的作用；第二类则是在区域内占大多数的“脆弱国家”，它们在经济发展和安全保障上严重依赖外部，不是以综合国力而是以自身的脆弱性这一“负面重要性”来引起国际社会的注意，突尼斯、约旦和摩洛哥都是其中的典型国家；第三类则是完全失序的冲突国家，它们持续向外部输出危机，当前其代表就是叙利亚、利比亚和也门。自 2015 年下半年以来，大部分支柱国家内外交困，地区内的稳定力量大幅削弱，并导致脆弱国家和战乱国家局势的进一步恶化。

在支柱国家中，沙特不仅面临着国际油价下跌的压力，还激化了与伊朗的地缘竞争，直接卷入了也门内战，陷入了国家收入持续减少、战略支出大幅增加的险境，长期看来显然不可持续。对此，沙特在 2016 年 4 月提出了以增加税费、降低补贴、提高投资收益为要点的《2030 愿景》，试图进行经济结构改革、降低对能源产业的依赖。但是这一改革不仅面临巨大的经济风险，还可能削弱沙特政府的国内政治基础，因此在调整的同时也在强调“谨慎”和“渐进主义”。[①] 总体而言，迫于进退两难的国内环境，沙特的结构改革绝非易事，尤其不可能在短期内取得明显成效。

什叶派领袖伊朗的前景也并不乐观。尽管其在 2015 年 7 月与美国达成核协定，减轻了外部压力、提高了政府声望，但是鲁哈尼政府在国内宣传中也有意夸大了协议的内容，提高了伊朗社会对彻底解除外部制裁的期望，事实上美国政府和国会仍倾向于维持现有的经济制裁，以促使伊朗进行更多的政策调整。[②] 在 2016 年初，以鲁哈尼为代表的改革派虽然在伊朗议会选举中扩大了优势，但是迟迟不见起色的经济状况也使得政府压力日增。此外，

① Mohamed A El-Erian, “Saudi Arabia’s Attempt to Reduce Reliance on Oil Has the World Rapt,” *The Guardian*, May 16, 2016, https://www.theguardian.com/business/2016/may/16/saudi-arabia-reduce-reliance-oil-vision-2030.

② “Obama Supports Renewal of Key Iran Sanctions Bill, Engel Tells ‘Post’,” *The Jerusalem Post*, August 13, 2016, http://www.jpost.com/Israel-News/Politics-And-Diplomacy/Obama-told-Engel-he-supports-Iran.

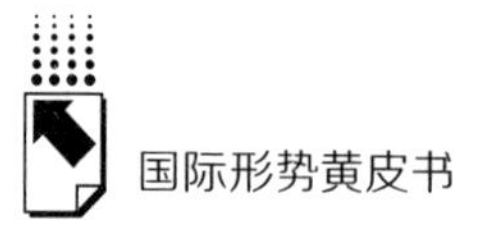

沙特阵营的遏制政策也严重分散了伊朗的精力，使得后者同样深陷叙利亚和也门的内战之中，不得不承担重负。

土耳其的形势则于2015～2016年间迅速恶化，由“阿拉伯之春”爆发时的战略扩展转为四面受敌，最终被迫重新构建地区联盟。在发展上，由于国内政治经济矛盾的不断激化，以世俗和民主为标志的“土耳其模式”趋于破产；在战略上，伊斯坦布尔深度卷入地区冲突的漩涡，不仅与美俄等大国的关系起伏不定，而且疏远了相当数量的地区国家。自2016年6月后，内外交困的土耳其逐渐软化立场，主动调整了与以色列、俄罗斯等国的关系。① 目前，虽然俄土关系以土七月政变为契机走向热络，美国也已然重视其安全作用并支持文职政府，土耳其的外部环境有所改善，但是国内矛盾和卷入的外部冲突已然尖锐，土政治经济局势仍面临高度的不确定性。②

埃及在“阿拉伯之春”后，已逐渐由支柱国家蜕变为脆弱国家，而在塞西上台执政后，也并无明显起色。军政府虽然遏制住了“政治伊斯兰”在埃及的发展势头，但是在国内和国际上更多是“疲于维持”，高度依赖外国援助，不仅无力在地区中发挥稳定作用，而且其国内形势还在持续恶化。这一局面也损害了外部对埃及的信心，作为埃军方的最主要支持者，美国虽然最终认可了塞西政府并继续给予军事援助，但是华盛顿政界普遍认为此举在地区安全上的收益已经无法抵消在道义问题上的成本。伴随着成本－收益之间差距的扩大，埃及也将进一步成为西亚北非地区的“债务”而非“资产”。③

在传统的支柱国家中，只有以色列保持了相对稳定。积极方面而言，伴随着地区的全面动荡，巴以问题已不再是地区矛盾的绝对焦点，特拉维夫面临的外交压力也随之大幅缓解；但就消极方面而言，由于内塔尼亚胡的强硬

---

① Keith Johnson, “Israel's Reconciliation with Turkey Could Lead to New Energy Deals,” *Foreign Policy*, June 27, 2016, http: //foreignpolicy. com/2016/06/27/.

② James Stavrids, “Turkey and NATO: What Comes Next Is Messy,” *Foreign Policy*, July 18, 2016, http: //foreignpolicy. com/2016/07/18/.

③ Michael Wahid Hanna, “Getting over Egypt: Time to Rethink Relations,” *Foreign Affairs*, 2015 Nov/Dec Issue.

政策，以色列与美欧各国的关系显著恶化。这迫使以色列提出了“向东看”“向南看”的新思路，积极发展与亚非国家间的关系，拓展外交空间。为此，内塔尼亚胡在2016年7月先后访问了乌干达、肯尼亚、卢旺达、埃塞俄比亚等国，成为30年中首次访问撒哈拉以南非洲国家的以色列总理，①并与土耳其在2016年6月实现了外交和解。然而，由于其国家身份和历史纠葛，以色列很难在稳定地区局势上发挥重大作用。

全面动荡以外，2015～2016年西亚北非地区还呈现出“阵营重组”的特点。从区域内看，伴随着美国的战略收缩，地区国家不再根据“亲美－反美”的界限被分为两个阵营。同时，尽管沙特和伊朗的对抗已是地区冲突的一大脉络，但是还不足以取代原有的力量平衡，相反全地区进入了“各自为战”的混乱格局。沙特、伊朗、土耳其、卡塔尔、以色列、埃及各国都在调整政策、争取支持和扩大影响力，并且在伊拉克、叙利亚、也门、巴林、黎巴嫩、突尼斯等国展开激烈而复杂的地缘竞争。② 从区域外看，由于美伊关系缓和、美对“阿拉伯之春”的原则支持以及拒绝直接干预叙利亚等因素，美国与沙特、以色列、土耳其、埃及等传统盟友的利益分歧扩大，外交冲突增多，后者对美的离心力明显上升。这一方面使得美国的稳定和约束作用下降；另一方面又促使地区强国谋求其他外部力量的支持，并重新组建临时性的政治军事联盟，而它们往往拥有明确的敌人和高度的对抗性。例如，外界普遍认为2016年4月埃及在以色列的支持下将西奈半岛附近的两个岛屿转让给沙特的目的就是构建对抗伊朗和排除土耳其的联盟。③与此相对应，土耳其、俄罗斯和伊朗也在迅速接近。

---

① Conor Gaffey, “Why Netanyahu Is Taking Israel Back to Africa,” *News Week*, July 4, 2016, http://www.news-week.com/why-netanyahu-israel-africa-uganda-kenya-ethiopia-rwanda-477499.

② Annabelle Quince, “Iran and Saudi Arabia: Division, Proxy War and Chaos in the Middle East,” ABC News, Feb. 9, 2016, http://www.abc.net.au/radionational/programs/rearvision/iran-saudi-arabia-sectarian-divisions.

③ Ben Caspit, “Is Israel Forming an Alliance with Egypt and Saudi Arabia?” *The Al-Monitor*, April 13, 2016, http://www.al-monitor.com/pulse/originals/2016/04/israel-al-sisi-egypt-saudi-arabia-islands-transfer-alliance.html.

2015～2016年，奥巴马政府除了加强对“伊斯兰国”的空袭和挤压，展示出了更为坚决的战略收缩的姿态，原有的地区格局也因此加速瓦解。与此同时，其他域外大国和地区强国又无法填补由此产生的权力空白，这使得各国只能“自谋出路”，整体地区陷入更加失序的状态。

二　塑造西亚北非格局的动因

塑造西亚北非动荡的动因主要有四点。第一是国际能源结构的变化，第二是域外大国的战略调整，第三是地区国家社会思潮的变化，第四是国际恐怖主义的转移。以上多种因素的叠加使得西亚北非国家普遍陷入内部面临深刻危机、外部缺少国际支持的局面。客观而言，当前状况也是地区中国家间、国家内矛盾长期发酵的结果，种种外因不过是触发格局异变的导火索。

（一）国际能源结构的变化

自2014年页岩油革命引发油价崩盘以来，国际能源价格长期在低位徘徊，这严重影响了西亚北非国家的政治经济环境。第一，与俄罗斯、委内瑞拉等类似，海湾国家所代表的地区产油国面临着收入大幅减少的直接挑战，而以沙特为代表的海湾君主国正是长期依靠石油收入来提供社会福利、换取民众的政治支持的，因此其蕴含着巨大的社会风险。故而，沙特一直不顾欧佩克国家的限产呼吁，在低油价下不断扩大出口，以图维持收入总量，这一选择也进一步恶化了其他产油国的处境。[①] 同时，经济压力还迫使沙特、卡塔尔等国用于支持、影响脆弱国家的资源受到更多限制，这也使得脆弱国家面临进一步失控的风险。第二，除了直接的增压以外，国际能源格局的变化也削弱了西亚北非地区的战略重要性，特别是改变了美国的地区政策。奥巴马上台后，改变了小布什政府所倡导的“推进大中东民主化”的战略，意

① Roger Arnold, “If Oil Price Don't Rise, the Middle East Will Sink,” *The Street*, August 13, 2016, http: //realmoney. thestreet. com/articles/08/13/2016/if - oil - prices - dont - rise - middle - east - will - sink.

在扭转战略资源分配不平衡、过度耗费于中东的局面，在承认美国能力有限的基础上改善与伊斯兰社会的关系。[①] 因此，在美国凭借页岩油革命进一步实现能源自给的环境下，美国政府更加确信西亚北非的战略价值已经显著下降，既不再将支持沙特视为至关重要的国家利益，也不认为以色列在新形势下面临紧迫的安全威胁。[②] 这种战略价值上的降低使得美国敢于放任地区动荡、显示与传统盟友间的利益分歧，甚至是疏远与它们的关系。

（二）域外大国的战略调整

在多种因素的共同作用下，2015～2016 年间各域外大国均不同程度地调整了西亚北非政策，整体而言消极作用超过积极作用。

第一，美国政府虽然在选举年承受了来自国内保守派和干预派的强大压力，但是仍在进一步执行幕后领导（lead in behind）政策，将资源集中于对“伊斯兰国”的打击，拒绝深入介入地区冲突。一方面，美国判断由于地区国家内外压力普遍增加，大多数盟友对美国的实际需要增强，因此双边关系的共同利益基础仍然稳定，并且向美国倾斜；另一方面，美国政府则认为虽然区域内的恐怖势力是美国的敌人，但是它们的活动仍是地区性的，短期内并不构成直接威胁，奥巴马政府甚至一度将“伊斯兰国”称为“青年队”（JV team），以示轻视。[③] 在欧美接连发生“独狼式”的恐怖袭击后，美国虽然提高了重视程度，但其方式依然是以空中打击、利用本地武装为主，并辅以网络战和宣传战，以削弱“伊斯兰国”的指挥和招募系统，而非直接、

---

① Derek Chollet, Ellen Laipson, Michael Doran, and Michael Mandelbaum, “Does the Middle East Still Matter? The Obama Doctrine and U. S. Policy,” *The Washington Institute*, April 14, 2016, http: //www. washingtoninstitu – te. org /policy – analysis/view/does – the – middle – east – still – matter – the – obama – doctrine – and – u. s. – policy.

② Mohammed Ayoob, “It's Time for America to Disengage from the Middle East,” *The National Interest*, June 30, 2016, http: //nationalinterest. org/blog/the – skeptics/its – time – america – disengage – the – middle – east – 16799.

③ “Clinton Defends Obama's JV Team Label for ISIS,” *National Review*, November 19, 2015, http: //www. national review. com/article/427355/hilllary – clinton – defends – obamas – isis – jv – label.

大量地投入资源。[①]

此外，过去一年间局势的“大体稳定”也坚定了奥巴马政府对其战略的信心。首先，即使没有美国介入，巴沙尔政权也无力扭转战局，因此华盛顿不必担心声誉受损；其次，“伊斯兰国”在地区势力的打击下也局势日蹙，其自称哈里发、以获取领土为焦点的战略激化了与地区各国以及其他圣战团体的矛盾冲突。2016 年上半年，“伊斯兰国”丧失了大片控制地区，在外部挤压下不得不向周边和欧洲渗透以分散压力。当然，在尽可能避免直接介入的同时，美国在地区军售方面仍然维持甚至提高了原有规模，以鼓励地区国家自主维护安全。可以说，在维护了最基本的联盟体系和国家利益的基础上，美国在 2015 ~2016 年延续和强化了在西亚北非的本地化政策，不再为巩固阵营、维持稳定而亲力亲为，甚至放松了对盟友的约束和利益的调和。美国的这一政策直接减少了安全供给和外部制约，引发了地区内的结构重组，加剧了地区动荡。

第二，与美国的战略收缩相反，俄罗斯自 2015 年初就积极致力于介入西亚北非地区。其直接目的是要抓住“相对权力真空”的机会，扩大俄的地区影响力。俄罗斯的根本目的是试图趁叙利亚内战久拖不决，“伊斯兰国”趁机崛起，美欧对巴沙尔政权态度有所变化之际，通过增强地区存在以与美欧达成交易，突破乌克兰危机以来的外交困局。[②] 2015 年下半年，俄方几乎与所有地区大国都进行了首脑外交。普京先后前往或邀请埃及（2015 年 8 月）、以色列（2015 年 9 月）、伊朗（2015 年 11 月）、土耳其（2015 年 11 月、2016 年 8 月）等国领导人访俄。特别是在对土政策上，尽管 2015 年底土方一度击落俄战机，但是普京政府采取了较为克制的态度，最终以 2016 年 7 月的土耳其政变为契机，获得了埃尔多安的赞赏与信任，相反美国则遭到了“支持政变、庇护主谋”的批评。与外交攻势相呼应，

① Greg Miller and Karen De Young, “Obama Administration Plans Shake - Up in Propaganda War against ISIS,” *The Washington Post*, Jan. 8, 2016.

② Maxim A. Suchkov, “Russia's Plan for the Middle East,” *The National Interest*, January 15, 2016, http://nationa linterest. org/feature/russias - plan - the - middle - east - 14908.

俄罗斯还于2016年9月军事介入叙利亚，强硬打击反巴沙尔武装，并于10月公开邀请阿萨德访问莫斯科。这些举动显著增强了对巴沙尔的支持，扩大了俄在叙的发言权，增加了外交筹码。此外，俄罗斯还积极插手美伊谈判与也门内战，甚至在2016年8月利用伊朗的军事基地执行在叙的空袭行动，公开展示其不断扩大的地区影响力。[①] 就俄自身而言，这一政策调整获得了一定的成功，美欧国内已有声音认为在叙利亚问题上与俄合作是不可避免的现实选择。[②]

俄罗斯介入西亚北非的目的始终是“利用”美国战略收缩所带来的战略空间，其尽管会通过军事和外交合作来支持部分地区国家，但并非要取代美国成为地区的稳定者，而是要利用危机和冲突来换取与美欧讨价还价的筹码。因此，这一“火中取栗”的强硬政策尽管在短期内确实提高了俄方的影响力，却使得地区冲突更加尖锐和复杂。俄自身也冒着被“叙利亚陷阱”削弱经济实力和国际声誉的风险，同时也未必能实现外交突破的目的。[③] 毕竟，军事介入叙利亚在不同程度上损害了俄方与沙特、土耳其等反巴沙尔阵营国家的关系，并使俄成为地区恐怖主义的直接目标，例如其客机就在埃及遭遇袭击并坠毁。此外，由于同样受到国际油价下跌的影响，莫斯科是否能够坚持当前的干预政策也存在争议。仅就地区后果而言，俄方“构建竞争性影响力以谋求合作”的政策不仅无法冷却和解决现有冲突，甚至会使得地区冲突更加错综复杂，很难将其视为地区的稳定因素。

第三，与美俄相比，以英法为代表的欧洲国家更希望维护西亚北非的稳定。这既因为该地区的不稳定是巴黎（2015年11月）和马赛（2016年7月）等恐怖袭击事件以及分裂欧洲的难民问题的根源，又是出于欧洲对中

---

① Nathan Hodge, “Russia Hits Syria from Iran,” *The Wall Street Journal*, August 17, 2016.

② Daniel R. DePetris, “America Has No Choice but to Cooperate with Russia in Syria,” *The National Interest*, July 18, 2016, http://nationalinterest.org/blog/the-skeptics/america-has-no-choice-cooperate-russia-syria-17027.

③ Aron Lund, “Russian Middle East Policy after Syria: An Interview with Nikolay Kozhanov,” *Carnegie Endowment for International Peace*, June 28, 2016, http://carnegieendowment.org/syriaincrisis/63942.

东问题的历史责任。为此，在硬的一面上，自2015年11月起，法国、德国和英国分别通过派遣航母和军队、批准空袭来加强对“伊斯兰国”的打击；在软的一面上，法国还在尝试取代美国成为推动新一轮巴以和谈的旗手，并在2016年6月召开了“四方外长会议”，呼吁落实“两国方案”。[①] 尽管如此，欧洲各国在中东的战略投入仍无法与美俄相提并论，其行动更多体现的是安抚国内民众的象征意义，难有实效。与之类似，中国也希望抓住国际油价下降、美沙关系波动的机会来进一步确保自身的能源安全。沙特也展现出了通过扩大石油输出来维持市场地位、增强对华关系的意愿，其在2016年上半年甚至一直在与俄罗斯竞争对华“第一大石油输出国”的地位。[②] 此外，中国也通过外交渠道积极促成美伊达成核协定，扩大了外交影响力。

（三）地区国家的社会思潮变化

长期以来，西亚北非地区的传统社会思潮是通过威权政府、强权政治实现现代化和经济发展，但是这一模式在实践中也积累了大量矛盾。在“阿拉伯之春”爆发时，虽然传统的政治秩序遭遇挑战，但也产生了通过民主化来实现社会革新的希望。而到2015年，在一系列新政权中只有突尼斯保持了相对稳定，正面效应极其薄弱，地区民众对“新道路”的期望也基本破灭。整体而言，在经历了“阿拉伯之春”的自由主义冲击后，西亚北非地区的非自由主义和暴力思潮反而获得了更快的发展和传播。这一方面是因为威权政府进行的严厉清算，另一方面则源于对“温和道路”的失望。[③] 2015~2016年，以穆斯林兄弟会为代表的政治伊斯兰遭遇了沉重的打击。在2012年的高峰期，得到土耳其和卡塔尔支持的穆兄会在突尼斯、埃及、

① “France Puts Israel - Palestine Conflict Back in Focus,” *Al Jazeera*, June 4, 2016, http://www.aljazeera.com/news/2016/06/.

② Tim Daiss, “Move over Saudi Arabia, Russia is Selling More Oil to China than You,” Forbes News, August 5, 2016, http://www.forbes.com/sites/timdaiss/2016/08/05/.

③ Jon B. Alterman, *Religious Radicalism after the Arab Uprisings*, Rowman & Littlefield, Lanham · Boulder · New York · London, February 5, 2015.

也门迅速扩展影响，其尝试将伊斯兰主义与现代国家制度结合起来，通过民主制度来获得政权。但是在埃及、沙特等传统势力的反击下，各国的政治伊斯兰势力都遭到清算或者自我转向。[①] 这一主张的失败使得西亚北非地区的社会思潮趋于更加悲观和保守，反而扩大了极端主义而非世俗主义的影响，助长了恐怖主义的滋生和蔓延。

（四）国际恐怖主义的转移

2015～2016年，尽管存在利益分歧，但是各域外大国都加强了对“伊斯兰国”的打击。从长期而言这有利于地区稳定，但是在短期内其“挤压”效应却会加速“伊斯兰国”势力转移扩散，使得地区其他国家和周边面临更直接的威胁。实际上，2014～2015年间，很多分析家就指出，“伊斯兰国”的战略与“基地”组织这样的传统恐怖集团存在差异，其近期目标是在伊拉克和叙利亚获取领土，而不是对欧美国家发动“十字军远征”。[②] 但是大批宣称效忠“伊斯兰国”的“独狼式”袭击以及“伊斯兰国”的攻势和由此引发的人道主义危机却迫使欧美国家加强对其的打击。截至2016年7月，仅美国及其盟友就在伊拉克和叙利亚发动了14093次空袭，摧毁了包括坦克、车辆、营地、建筑、战斗编队、石油钻井等在内的26374个目标。[③] 在这一外部支持下，伊拉克、叙利亚的政府和地方武装先后收复拉马迪（2015年12月）、帕尔米拉（2016年3月）、费卢杰（2016年6月）等重要城市，甚至一度攻入“伊斯兰国”的“首都”拉卡（2016年6月），并实现了对摩苏尔的包围。在外部增压的情势下，“伊斯兰国”已经基本无法获取领土、扩张“哈里发国”，不得不呼吁同情者在海外发动

---

① Tarek Osman, “Failings of Political Islam,” *The Cairo Review of Global Affairs*, 2015 Fall, https：//www. thecairo review. com/essays/failings－of－political－islam/.

② Graeme Wood, “What ISIS Really Wants,” *The Atlantic*, March 2015, http：//www. theatlantic. com/magazine/ archive/2015/03/what－isis－really－wants/384980/.

③ Department of Defense of United States, “Operational Inherent Resolve：Targeted Operations against ISIL Terrorists,” July 2016, http：//www. defense. gov/News/Special－Reports/0814_ Inherent－Resolve.

袭击，转移压力、争取空间。近期，“伊斯兰国”已经表示即使丧失全部领土，也不代表自身的失败，这意味着其将会采用“基地”组织的“旧战略”，同时用更为极端的意识形态来筹资和招募。①

至2016年7月，“伊斯兰国”已经在14个国家设立了39个效忠于“哈里发”的“行省”，其中大多数来自于对“基地”组织也门分支、马格里布分支、高加索酋长国、半岛分支以及阿富汗“塔利班”的分化，这引发了其与本地“圣战者”团体间的冲突，甚至是兵戎相向。② 事实上，“伊斯兰国”对海外“行省”只有名义上的控制，实质是派生出了大量更极端的恐怖组织，目前这些“行省”已经设立于沙特、利比亚、摩洛哥、黎巴嫩、也门、阿尔及利亚和埃及等国。除了安全威胁外，恐怖主义还严重损害了当地经济，特别是沉重打击了依赖旅游业的埃及、突尼斯等国。例如埃及的外国游客数量原本就由2010年的1410万下降到了2015年的1000万，而2016年间又相继发生俄罗斯客机坠毁、埃及客机坠毁等专门针对游客的袭击事件，造成了旅游业的进一步萧条。③ 最终，经济形势的恶化又会引发社会不满加剧、安全形势紧张的新一轮恶性循环。

三　西亚北非局势的走向

在美国坚定延续收缩战略的形势下，西亚北非地区在经历了“阿拉伯之春”的冲击和之后的长期地区冲突后，最终进入了全面动荡和阵营重组的阶段。在可以预见的时期内，塑造这一格局的主要动因并不会发生实质变化。第一，国际油价虽然从最低点有所回升，但是仍将继续维持低位，地区

① William McCants, “Don't Celebrate ISIS Setbacks too Soon,” *The Brookings*, August 9, 2016, https: //www. brook - ings. edu/blog/markaz/2016/08/09/.

② William McCants, “The Polarizing Effect of Islamic State Aggression on the Global Jihadist Movement,” *Combat Terrorism Center at West Point*, July 27, 2016, https: //www. ctc. usma. edu/posts/.

③ Soo Kim, “Egypt to Increase Security in Sharm el - Sheikh and Other Airports,” *The Telegraph*, June 29, 2016, http: //www. telegraph. co. uk/travel/destinations/africa/egypt/articles/.

产油国难以摆脱经济危机风险；第二，在持续动荡中，包括“土耳其模式”、传统强人政治、“阿拉伯之春”的西方民主、政治伊斯兰在内的诸多发展道路都相继褪去了光环，尚未出现能够为地区社会普遍接受的新思潮，西亚北非正加速从“改造社会”向“宗教社会”转变；第三，即使地区国家能够通过国际合作击败“伊斯兰国”，也无法根除地区恐怖主义，更何况合作各方还各有打算，很可能扶植出新的极端势力。因此，很难期望西亚北非地区的全面动荡能在短期内得到改善。相反，无论是以沙特和伊朗对抗为代表的国家间冲突，还是土耳其、埃及、海外各国内部的社会压力，都还没有完全释放，未来的地区形势很可能进一步恶化。

与较为稳定的地区内经济、社会和政治因素相比，域外大国的地区政策调整相对较为容易，其中美国下届政府的外交选择尤为关键，然而其前景也并不乐观。目前，美国国内对奥巴马的中东政策批评甚多，例如拒绝直接干预叙利亚，打击“伊斯兰国”不力等，但是最严厉的指责还是集中于美伊核协定。2016 年 5 月，《纽约时报》甚至刊文攻击国家安全事务第一副助理本·罗兹及白宫在伊朗问题上蓄意误导公众，甚至声称白宫根本无意解决伊朗核问题，而是借此疏远包括沙特、以色列、埃及、土耳其在内的传统盟友，以从中东脱身。[①] 与此同时，如前文所述，鲁哈尼政府虽然通过美伊核协议获取了不少的政治资本，但是伊朗经济形势却未能因此而得到明显改善，因此也面临着日益增大的国内压力。考虑到下届美国政府不大可能放松对伊朗的现有制裁，以鲁哈尼为代表的伊朗改革派有可能在下次大选中丧失政权，而无论如何美伊都很可能在短暂的缓和后重新进入双边关系的下行通道。

在美伊可能重新交恶的同时，当前对奥巴马政府“软弱”的批评主要还是出于选举的政治考虑，民主与共和两党及其候选人实际上并无意重返中东。[②] 因

① Joe Cirincione, “How the New York Times Magazine Botched Its Iran Story,” *The Politico*, May 9, 2016, http: // www . politico. com/magazine/story/2016/05/2016.

② Stephen Schlesinger, “Why Republicans are Stuck with Obama's ISIS Strategy,” *The Huffington Post*, Feb 5, 2016, http: //www. huffingtonpost. com/stephen - schlesinger/why - republicans - are - stuck_ b_ 9167236. html.

此，即使美新政府在叙利亚持更为积极的态度，其投入追加也将极为有限。在地区盟友无法通过内部改革克服经济和社会危机的情况下，美国即使重拾冷战时期的现实主义政策、不以援助为杠杆进行施压，其与埃及、沙特的双边关系也难以修复。这将进一步扩大华盛顿与其传统盟友间的裂痕，很难重新恢复“阿拉伯之春”前较为稳定的阵营结构。①

四　结语

2015～2016年，西亚北非各国内部以及国家间的冲突仍在持续和扩大，不仅叙利亚等地的内战趋于长期化，伊朗和沙特之间的冲突加剧，土耳其、海湾国家内部的政治社会危机也出现了明显升级，可谓陷入全面动荡。就目前而言，未来西亚北非内外部的积极因素很可能趋于减少，消极因素则至少维持不变甚至是继续增强，因此地区的动荡与重组还将继续深化。从根本上说，只有地区国家自身的有效发展才能彻底消除这一动荡格局的经济、社会和政治根源，但是目前还没有显示出任何朝这一方向发展的迹象。未来，西亚北非仍将充满危机和挑战，并持续影响世界其他地区。

参考文献

Department of Defense of United States, “Operational Inherent Resolve: Targeted Operations against ISIL Terrorists,” July 2016, http://www.defense.gov/News/Special-Reports/0814_Inherent-Resolve.

Graeme Wood, “What ISIS Really Wants,” *The Atlantic*, March 2015, http://www.theatlantic.com/magazine/archive/2015/03/what-isis-really-wants/384980/.

Joe Cirincione, “How the New York Times Magazine Botched Its Iran Story,” *The Politico*, May 9, 2016, http://www.politico.com/magazine/story/2016/05/2016.

① Jon B. Alterman, “Making Choices: The Future of the U.S.-Egyptian Relationship,” Report of the CSIS Middle East Program, Center for Strategic and International Studies, August 2016.

Jon B. Alterman, "Making Choices: The Future of the U. S. – Egyptian Relationship," *Report of the CSIS Middle East Program*, Center for Strategic and International Studies, August 2016.

Jon B. Alterman, *Religious Radicalism after the Arab Uprisings*, Rowman & Little field, Lanham · Boulder · New York · London, February 5, 2015.

Soo Kim, "Egypt to Increase Security in Sharm el – Sheikh and Other Airports," *The Telegraph*, June 29, 2016, http: //www. telegraph. co. uk/travel/destinations/africa/egypt/articles/.

Stephen Schlesinger, "Why Republicans are Stuck with Obama's ISIS Strategy," *The Huffington Post*, Feb 5, 2016, http: //www. huffingtonpost. com/stephen – schlesinger/why – republicans – are – stuck_ b_ 9167236. html.

Tarek Osman, "Failings of Political Islam," *The Cairo Review of Global Affairs*, 2015 Fall, https: //www. thecairo review. com/essays/failings – of – political – islam/.

William McCants, "Don't Celebrate ISIS Setbacks too Soon," *The Brookings*, August 9, 2016, https: //www. brook – ings. edu/blog/markaz/2016/08/09/.

William McCants, "The Polarizing Effect of Islamic State Aggression on the Global Jihadist Movement," *Combat Terrorism Center at West Point*, July 27, 2016, https: //www. ctc. usma. edu/posts/.

Y.17

2016年联合国秘书长遴选：特点与影响

李东燕*

摘 要： 2016年联合国秘书长的遴选程序发生了一些新的变化，联大首次举行了候选人与会员国的非正式见面会。由于按惯例此次秘书长应来自东欧国家，美国与俄罗斯的立场成为影响新一任秘书长人选的关键因素。葡萄牙前总理、前联合国难民事务高级专员安东尼奥·古特雷斯最终获得安理会的提名，成为新一任联合国秘书长。从秘书长候选人的陈述看，《2030可持续发展议程》、气候变化、难民、反恐以及冲突解决等全球热点问题将成为新一任秘书长关注的重点议题。作为一位来自欧洲的秘书长，其政治立场、价值理念、工作作风和方式都会与潘基文有所不同，在一些问题上，中国需要与新秘书长有一个磨合与适应的过程。

关键词： 联合国 联合国秘书长遴选 潘基文 古特雷斯

一 联合国秘书长的遴选与改革

作为全球最大国际组织的主管，联合国历届秘书长人选的竞争都是激烈

* 李东燕，中国社会科学院世界经济与政治研究所研究员，博士生导师，主要研究领域为联合国、全球安全与全球治理。

的。2016 年的联合国秘书长遴选再次显现形势的复杂与竞争的激烈。此次秘书长遴选仍然延续了相关的原则和惯例，但在规则上也出现了一些新的变化。

根据《联合国宪章》第 15 章第 97 条规定，联合国秘书长是联合国组织的“行政首长”（chief administrative officer）。作为当今最大国际组织的总管，秘书长自然有许多职位上的特权与便利。联合国秘书长负责大会、安理会、经社理事会等“一切会议”，其便利之一就是可以在联合国所有会议上发言。此外，秘书长在大会及其委员会和小组委员会的所有会议上都可以秘书长的身份执行其职权，或指定他人在这些会议上代行其职务。作为联合国行政总管和联合国秘书处的负责人，秘书长负责有关联合国财政预算和筹款方面的文件起草和审查工作，担任联合国系统各机构之间的协调人，同时负责委派秘书处的办事人员，主持秘书处工作。根据《联合国宪章》第 99 条，秘书长的另一重要使命是，在认为可能出现威胁国际和平及安全之任何事件的时候，提请安理会关注。这一条规定也被认为是给予了秘书长在维持国际和平与安全方面的权力。正是由于秘书长一职在全球事务中具有特殊的重要性，围绕这一职位的竞争才如此激烈。

《联合国宪章》（简称《宪章》）对秘书长产生程序的规定非常简单，即“秘书长应由大会经安全理事会之推荐委派之”，《宪章》并没有涉及秘书长人选的资格、能力及秘书长的任期等问题。1946 年联合国大会通过一项“有关秘书处组织”的决议。该决议对秘书长的任命以及能力、任期和待遇等做出了更具体的规定。根据这一决议，秘书长的提名和任命必须得到安理会全体常任理事国的一致同意，即任何一个常任理事国都可对秘书长的提名行使否决权。该决议规定，秘书长的任期为 5 年，任期届满后可连任。安理会只能向大会推荐一名候选人，以免在大会引起争议。秘书长的提名和任命由非公开会议进行，安理会与大会表决时“应以秘密投票为之”。[①] 迄今为止，尚未出现秘书长连任超过两届的先例，因此这也成为一项惯例。长期以来，推动秘书长遴选过程公开化、透明化、规范化的改革力量一直存

① 联合国大会文件《秘书处的组织》，A/RES/13（I），1946 年 1 月 24 日。

在，每当秘书长换届之年，都会有相关的改革建议提出，新的遴选规则和惯例也在不断形成。

由于《宪章》没有涉及秘书长人选的资格问题，有关秘书长产生的规定主要体现在后来形成的惯例和相关文件中。对秘书长遴选影响最大的两项惯例是：其一，联合国秘书长不应来自安理会常任理事国或大国，这既是出于公正、公平的考虑，也是大国平衡的必然结果。迄今为止，秘书长都来自中小国家。其二，从地区平衡考虑，秘书长由不同地区国家轮流产生。《宪章》第101条关于秘书处办事人员征聘的规定中，有“充分注意地域上之普及”的内容，这也是联合国各机构职位分配所遵循的一项基本原则。

目前联合国存在两大区域划分法，即“五区划分法”和“四区划分法”。五区划分法是1971年经社理事会第二次扩大过程中形成的，即划分为非洲国家、亚洲国家、拉美及加勒比国家、东欧国家、西欧和其他国家五个区。在安南秘书长2005年3月提交的报告《大自由：实现人人共享的发展、安全和人权》中，他提出了安理会扩大的改革方案，采用的是四区划分法，即非洲国家、亚洲及太平洋国家、欧洲国家、美洲国家。按五区轮流惯例，潘基文之后的秘书长应该来自东欧国家，因为迄今为止尚未有来自东欧国家的联合国秘书长。

每逢秘书长换届，支持秘书长遴选程序改革的力量便十分活跃。正是在这一力量的不断推动下，关于秘书长遴选的一些规则在静悄悄地发生变化。在2006年秘书长换届之际，一些会员国和非政府组织已就秘书长遴选问题提出了一系列改革建议，非政府组织还联名在联合国总部举行记者会，并递交了他们关于秘书长遴选程序改革的公开信。相关建议包括：在秘书长问题上不可使用否决权；安理会至少推荐两名以上的候选人，让大会可以采取差额选举方式；公开候选人的相关信息，对候选人资格进行评估；正式确定秘书长遴选时间表等。

在2006年秘书长候选人的竞选过程中，已经出现了一些新的做法，如秘书长候选人与各地区国家会面，陈述各自的立场，并就相关问题进行解答。来自亚洲的三位候选人还在非盟外长会议期间举行了特别会议，就联合国与非洲关系、联合国改革等问题做了陈述和互动。随着潘基文秘书长任期结束的临近，2006 年的情形再次出现。从 2014 年开始，致力于秘书长遴选改革的力量开始了新一轮的推动。非政府组织就秘书长的换届遴选问题再次发出公开信，敦促会员国就下任秘书长的遴选问题采取行动，再次提出了若干改革建议。一些妇女组织为能产生一位女性秘书长积极活动，呼吁秘书长的遴选要特别考虑性别平衡因素。①

二　2016年联合国秘书长遴选形势与特点

2015 年 12 月，联大主席和安理会主席联合呼吁各国尽早推荐候选人，正式开始了新一任秘书长的遴选过程。除了前面提到的竞选规则上的一些变化外，来自东欧国家的候选人希望能实现历史性的突破，选出一位女性秘书长的呼声也非常强烈。但归根结底，2016 年联合国秘书长的遴选结果仍然取决于安理会常任理事国的立场，特别是美国和俄罗斯的立场。

共有 13 位候选人参加了 2016 年的联合国秘书长职位竞争，其中包括来自保加利亚的联合国教科文组织总干事博科娃，来自新西兰的联合国开发计划署署长克拉克，葡萄牙前总理、前联合国难民事务高级专员古特雷斯，以及第 67 届联合国大会主席耶雷米奇等。截至 2016 年 9 月初第四轮意向性投票后，克罗地亚前外长普希奇、黑山共和国副总理兼外长卢克希奇，以及来自哥斯达黎加的菲格雷斯先后退出了竞争，剩下 10 位候选人参与了秘书长职位的最后竞争。经过安理会六轮意向性投票之后，2016 年 10 月 6 日安理会一致通过决议，提名古特雷斯为新一任秘书长人选。第 71 届联合国大会于 10 月 13 日通过决议，正式做出对古特雷斯出任联合国秘书长的任命。

关于 2016 年联合国秘书长的遴选过程与结果，以下三个方面值得关注。

---

① NGOs Challenge World Leaders on Opaque And Outdated Process to Select UN Secretary - General, http：//www. 1for7billion. org/news/2014/11/5/ngos - challenge - world - leaders - on - opaque - and - outdated - process - to - select - un - secretary - general.

（一）2016年联合国秘书长的遴选：游戏规则的改变

第69届联大通过一项决议，要求大会主席和安理会主席共同启动一项程序，以征集秘书长候选人并向所有会员国发布有关候选人的名单和信息。在来自丹麦的第70届联大主席吕克托夫特（Mogens Lykketoft）的推动下，在2016年联合国秘书长的遴选过程中，联大首次举行了“候选人与会员国非正式对话”。吕克托夫特称之为“改变游戏规则的过程”，认为这一改变将让候选人在联大和全球公众面前陈述，能够让人们了解他们的性格和倾向，也将有助于常任理事国倾听广大会员国以及其他安理会成员国的声音。[①] 在此次秘书长遴选过程中，大会及大会主席扮演了更积极的作用，包括列举候选人名单提交大会，与所有候选人非正式会面，举办会员国与候选人的非正式公开互动。吕克托夫特称，联大第70届会议启动了一项“20年来一直在试图努力开启的程序，即联合国大会的积极介入”。[②]

除了联大事先列出候选人名单、与候选人见面，组织候选人与会员国的非正式对话外，候选人还参加了媒体举办的“全球市民大会”公开辩论，表明各自的立场。这些活动的举行对秘书长人选的最后结果虽然不具有决定性作用，但增加了会员国和全球公众对秘书长候选人的了解，是秘书长遴选过程进一步公开、透明的体现。

2016年4月12日，联大举行了首次联合国秘书长候选人与会员国的非正式见面，来自黑山共和国的秘书长候选人卢克希奇成为登上这一舞台的第一位陈述人。在4月12～14日三天里，每天有三名秘书长候选人与会员国见面互动，候选人对提出的问题做出了回答，电视和互联网向全球公众进行了直播。4～10月，联大通过这种方式陆续对所有候选人进行了“公开面试”。7月12日，秘书长候选人还首次参加了“全球市民大会”

① 《第70届联大主席吕克托夫特：秘书长候选人非正式对话促使安理会“五常”倾听会员国声音》，联合国网，2016年9月13日，http：//www. un. org/chinese/News/story. asp。

② 《专访：70届联大主席吕克托夫特称挑选下任联合国秘书长是一个改变游戏规则》，联合国网，2016年9月8日，http：//www. un. org/chinese/News/story. asp？NewsID＝26754。

公开辩论。辩论由半岛电视台直播，由主持人负责提问，候选人就“你为什么要竞选联合国秘书长”等问题做出回答。安理会于7月21日进行了第一次意向性投票，意向性投票有“鼓励”、“不鼓励”和“无意见”三个选项。7～10月，安理会一共举行了六次意向性投票。古特雷斯在意向性投票中一直处于领先地位，排名靠前的有斯洛文尼亚前总统图尔克、斯洛伐克外长莱恰克、联合国教科文组织总干事博科娃和阿根廷外长马尔科拉。10月5日，在安理会举行的第六次意向性投票中，依旧处于领先地位的古特雷斯最终获得了安理会的提名，并得到了大会的任命，成为新一任联合国秘书长。

（二）围绕东欧国家候选人的美俄政治博弈

根据秘书长产生的区域平衡原则，来自东欧国家的候选人期望获得秘书长这一职位，以实现历史性的突破。俄罗斯也表示支持新一任秘书长从东欧国家产生。因此，从一开始，东欧国家便纷纷提出各自的秘书长候选人。在宣布参加秘书长职位竞争的13位候选人中，有8位来自东欧国家。在最后剩下的10位候选人中，仍有6位来自东欧国家。由于历史原因，有亲俄倾向的东欧候选人显然不会被美国接受，过于亲美的候选人也不会被俄罗斯接受。因此，美国和俄罗斯的立场成为决定2016年秘书长职位竞争结果的关键因素。例如，在来自东欧国家的候选人中，俄罗斯对来自塞尔维亚的耶雷米奇自然是满意的，但耶雷米奇对科索沃、北约的态度令美国无法接受。有评论称，此次秘书长职位的竞争是美俄两个大国的一场政治博弈，“这两个国家追求截然不同的世界秩序……找到能超脱于华盛顿和莫斯科之间相互怀疑之上的人选，可能是联合国面临的最大挑战”。[①] 从2016年秘书长遴选形势看，无论背景、能力如何，当选的新秘书长一定是美国和俄罗斯都能接受的人。事实也是如此，来自东欧国家的候选人没有

---

① 俄罗斯基金会主席戴维·克拉克为英国《金融时报》撰稿：《联合国秘书长竞选中的俄美博弈》，FT中文网，2016年8月26日，http：//www. ftchinese. com/story/。

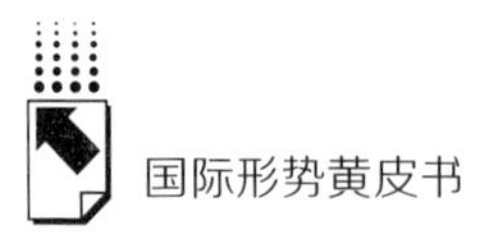

实现历史的突破，能够为美国和俄罗斯共同接受的古特雷斯最终获得了安理会的提名。

（三）对女性秘书长的呼声强烈，性别关注凸显

迄今为止，尚未有女性出任过联合国秘书长一职。因此，随着2016年秘书长换届过程的开始，对女性秘书长的呼声也越来越强烈。一些非政府组织和会员国还结成了联盟，呼吁联合国秘书长的遴选要考虑性别平等。女性在联合国秘书长这一职位上能否实现性别的突破，也是人们对此次秘书长遴选结果给予关注的一个热点。

2016年共有6位女性宣布参与了秘书长职位的竞争，包括教科文组织总干事博科娃、克罗地亚第一副总理兼外长普希奇、摩尔多瓦第一副总理兼外长盖尔曼、联合国开发计划署署长克拉克、阿根廷外交部部长马尔科拉，以及来自哥斯达黎加的菲格雷斯。在竞选过程中，除女性候选人强调性别问题外，几乎所有男性候选人也在公开陈述中强调要重视性别问题。例如耶雷米奇表示，在对联合国秘书处进行现实可行的改革中，需要特别关注性别平等问题。如果当选秘书长，他将使一半的联合国副秘书长、特别代表等高级职位都由合格的女性来担任。①

虽然有多位女性候选人参选，但在安理会意向性投票中，获得支持最多的并不是女性候选人。安理会看起来“已经一如既往地选择了一位男人”，这使支持女性当选的会员国和非政府组织感到“非常失望”，一再呼吁“在文件中不断重申促进性别平等的联合国”有责任在性别平等问题上“起模范带头作用”。② 在意向性投票中排名靠前的两位女性候选人，一位是俄罗斯认同的博科娃，另一位是美国支持的阿根廷外长马尔科拉。随着普希奇、

① 《秘书长候选人对话会第三天：塞尔维亚前外长耶雷米奇、新西兰前总理、联合国开发计划署现任署长海伦·克拉克与马其顿前外长克里姆陈述竞选主张》，联合国网，2016年4月14日，http：//www. un. org/chinese/News/story。

② Somini Sengupta, “Hopes Dimming for a Woman to Lead the United Nations,” *The New York Times*, http：//www. nytimes. com/2016/09/10/.

菲格雷斯的退出，剩下的另外两位女性候选人是摩尔多瓦的盖尔曼和新西兰的克拉克。如同东欧国家候选人当选面临的困境一样，女性候选人能否实现突破除了候选人本身条件因素外，大国博弈仍然是决定性因素。最后的结果是，2016 年产生的新一任联合国秘书长既非来自东欧国家，也不是一位女性。

表 1　宣布参加 2016 年联合国秘书长职位竞争的候选人

候选人	国家	个人主要任职情况	
安东尼奥·古特雷斯(António Guterres)	葡萄牙	葡萄牙前总理、曾任联合国难民事务高级专员。	
达尼洛·图尔克(Danilo Türk)	斯洛文尼亚	斯洛文尼亚前总统、曾任联合国人权专家小组成员，安南政治事务助理。	
伊琳娜·博科娃(Irina Bokova)	保加利亚	联合国教科文组织总干事。	
武克·耶雷米奇(Vuk Jeremić)	塞尔维亚	塞尔维亚前总统和前外长、第 67 届联合国大会主席。	
斯尔詹·克里姆(Srgjan Kerim)	马其顿	马其顿共和国前外长、第 62 届联大主席。	
海伦·克拉克(Helen Elizabeth Clark)	新西兰	新西兰前总理，联合国开发计划署署长。	
米罗斯拉夫·莱恰克(MiroslavLajblk)	斯洛伐克	斯洛伐克外交部部长、欧洲事务部部长。	
苏珊娜·马尔科拉(Susanna Malcorra)	阿根廷	阿根廷外交部部长、前联合国副秘书长、秘书长办公厅主任。	
纳塔利娅·盖尔曼(Natalia Gherman)	摩尔多瓦	摩尔多瓦前副总理兼外交和欧洲一体化部部长，有驻联合国机构代表经历。	
克里斯塔利娜·格奥尔基耶娃(Kristalina Georgieva)	保加利亚	欧盟负责国际合作、人道主义援助和危机反应事务的专员，欧盟委员会副主席、预算与人力资源委员。	
克里斯蒂娜·菲格雷斯(Christiana Figueres)	哥斯达黎加	《联合国气候变化框架公约》秘书处前执行秘书。	退出
伊戈尔·卢克希奇(Igor Lukšić)	黑山共和国	黑山共和国副总理兼外长，有世界银行和欧洲复兴开发银行代表经历。	退出
韦斯娜·普希奇(Vesna Pusić)	克罗地亚	克罗地亚议会副议长、前第一副总理兼外交和欧洲事务部部长。	退出

三　展望新一任秘书长：全球议题与联合国改革

作为有西方教育及联合国国际公务员背景的安南秘书长与老一辈东亚外交官潘基文秘书长之间的差异在10年内逐渐被适应。如今，一位与潘基文个人经历、工作风格不同的新秘书长上任。一方面，联合国的作用及其面临的各种挑战以及联合国内部的政治格局，都不会因秘书长的更换而发生激变。另一方面，秘书长的个人能力、价值取向、政治立场及工作方式也会对联合国的日常工作、联合国组织的改革以及秘书长与会员国的关系产生影响，并带来一些组织机制、组织文化和组织战略方面的变化。作为秘书长个人的职业抱负，秘书长也会努力在自己的任期内和力所能及的范围内有新的建树。因此，古特雷斯任期内的联合国显然会与潘基文任期内的联合国有所不同。

（一）新一任秘书长与全球优先议题

作为全球组织的行政长官，秘书长所具有的某些作用是任何国家元首或其他国际组织首脑所不具备的。正是因为秘书长职位的特殊性，秘书长能够在推动全球议题和全球治理方面发挥独特的作用。例如在加利秘书长任期内，他提出了联合国的“和平议程”，建立了包括预防外交、维持和平、缔造和平、建设和平等内容的新一代联合国和平行动体系。在安南任秘书长期间，他提议全球商界签署“全球契约”，倡导企业和商界尊重人权、环境保护等价值。安南秘书长也是联合国“全球治理”、“全球政策网络”和“全球伙伴关系”等活动的倡导者。从古特雷斯的候选人公开陈述看，可持续发展、气候变化、难民问题、冲突的解决与预防、人权及性别平等问题将会成为新一任秘书长的工作重点。

第一，推动《2030可持续发展议程》和《巴黎气候变化协定》的落实是新一任秘书长的两大工作重点。《联合国气候变化框架公约》缔约方会议于2015年12月通过《巴黎气候变化协定》。该《协定》于2016年4月22日至2017年4月21日开放签署。2015年联合国《千年发展目标》到期，联合国70周年的一大成果就是《2030可持续发展议程》的通过。因此，所有候选人都将推动《巴黎气候变化协定》的签署和2030年可持续发展目标的实现作为秘书长的首选议题。这两个议题也是目前得到会员国广泛支持的议题，对新秘书长来说，积极推动这两个全球议题目标的实现属于锦上添花的工作。古特雷斯在竞选陈述中将《2030可持续发展议程》和《巴黎气候变化协定》称为"具有里程碑意义的协议"，相信气候变化与可持续发展目标的实现对保障和平、安全和人权都具有直接的重要影响。[①] 在未来10年，这两大领域既是新一任秘书长有所作为的领域，也是对秘书长政绩进行检验的领域。

第二，难民问题、恐怖主义问题是新一任秘书长必须应对的现实难题。这些年来，联合国在应对恐怖主义问题上通过了大量决议，但恐怖主义事件仍然在世界各地频繁发生。难民、移民问题在2016年也仍然严峻，因各种危机而导致的人口迁徙没有停止。围绕难民移民问题，发达国家内部出现政治和社会的分裂，反难民、移民的民粹主义势力上升。在现阶段，反恐和应对难民移民问题是欧美国家推动联合国开展国际合作的两大热点问题。2016年联大举行了关于"应对难民和移徙者大规模流动问题"高级别峰会，这也是联大历史上的首次。峰会通过了作为成果文件的《纽约宣言》，会员国承诺采取积极行动，为应对大规模难民移民流动建立有多方参与的全面应对框架，并为在2018年制定关于迁徙问题的全球契约启动政府间的谈判进程。作为有着在联合国难民事务高级专员职位上长期工作经历的古特雷斯，显然会给予难民问题更多的关注。

第三，对国际冲突的调解与斡旋是秘书长的一项重要职责，叙利亚等冲突热点问题的解决也是古特雷斯任职后必须面对的棘手问题。连续多年的叙利亚冲突仍然没有停止，联合国在南苏丹、马里等地的维和行动不断受到威胁，西亚北非地区随时可能爆发新的冲突。政治动荡和战乱与难民问题、恐怖主义问题、人道主义危机问题密切联系在一起，这也是联合国秘书长和联

① 参见古特雷斯在候选人与会员国非正式见面会上发表的公开陈述：《联合国的挑战与机遇》（"Challenges and Opportunities for the United Nations"），联合国网，http：//www. un. org/pga/70/wp－content/uploads/sites。

合国长期以来面临的考验。古特雷斯在他的竞选陈述中特别强调了秘书长在冲突解决与预防方面的作用，并就加强联合国在这一领域的作用提出了具体的步骤，表现出新一任秘书长试图在冲突解决问题上有所作为的意愿。一些媒体报道认为，古特雷斯在推动冲突解决方面将比潘基文更加积极。①

第四，性别平等、人权主流化、人道主义问题也是古特雷斯在公开陈述中谈论最多的。作为有浓郁社会民主党特色和长期国际难民及人道主义工作经历的秘书长，古特雷斯特别强调秘书长应该推进人权在联合国全系统的主流化，强调发展、和平与人权的相互联系，希望通过联合国的人权体系提高会员国履行人权义务的能力。在性别问题上，他将性别平等、妇女赋权视为人权和基本自由不可分割的部分。② 无论从职业经历还是政治立场和价值观角度看，古特雷斯都将对人道主义和与人权相关的问题给予更多关注。

（二）新一任秘书长与联合国改革

新一任秘书长既要采取适应新形势的改革，也面临诸多遗留下来的老问题，如安理会改革问题。古特雷斯是自 1981 年瓦尔德海姆之后来自欧洲的又一位联合国秘书长。热衷于联合国改革的欧洲国家和推动安理会扩大的“争常国”都会不失时机地推行各自的联合国改革方案，而古特雷斯本人也是一位具有改革热情的秘书长。在他的竞选陈述中有专门一节谈到联合国的“改革与创新”，强调联合国必须准备“变化和适应”，秘书长必须“促进改革和创新”。这也足以说明，古特雷斯在其任期内会对联合国机构改革采取积极的立场。

秘书处及管理层面的改革是秘书长主管的范围，历任秘书长都会根据自己的工作风格和需要，实行秘书处和管理部门的改革，这也是秘书长改革最容易推进的部门。安南出任秘书长后采取了精简机构和联合国系统“一致

---

① Kaveh L. Afrasiabi, “António Guterres, the Right Choice for UN Leadership,” *Iran Diplomacy*7 October 2016.

② 参见古特雷斯在候选人与会员国非正式见面会上发表的陈述：《联合国的挑战与机遇》（“Challenges and Opportunities for the United Nations”），联合国网，http：//www. un. org/pga/70/wp – content/uploads/sites。

性”相关的改革。潘基文任秘书长后，严格问责制，带头实行秘书长个人财产公开制。古特雷斯提到，要以持之以恒的态度减少联合国的官僚化，提高联合国的有效性，并列举出应该改革的方面，如简化程序、消除不必要的组织开销、充分利用现代化技术和设施、加强组织沟通，以及促进性别平等，包括在高级领导和管理层任命更多女性。

古特雷斯对人道主义和发展系统的改革也会有更多投入。这既是他职业经历熟悉的领域，也是比较容易推进改革的领域，会员国对联合国开展有效的人道主义工作都会采取支持的态度。古特雷斯主张加强联合国的“战略合作文化”和“战略一致性”，强调联合国应加强各部门、各系统的合作、协调和集体责任，反对重复、竞争和本位主义。古特雷斯还提到要加强联合国与区域组织、国际金融机构及民间社会和私人部门的合作。为此，秘书长会在人道主义和发展系统采取相关的改革措施，以提高联合国的效率和作用。

冲突的预防、斡旋与调解以及维持和平行动领域也是秘书长在改革方面可以有所作为的领域，从哈马舍尔德到加利、安南和潘基文，都对联合国维持和平、预防冲突机制和战略的发展有所贡献。古特雷斯也就如何通过“预防文化”（culture of prevention）将“危机管理”转化为“危机预防”提出了自己的看法，包括大力开展“和平外交”，发挥秘书长的斡旋与调解作用，推动冲突的和平解决，构建“综合、现代化、有效运作的和平架构”和“连续性的和平统一体”（peace continuum）。

安理会改革问题是遗留下来的改革难题，虽然古特雷斯在公开陈述中并没有讨论这一问题，但这显然也是他必须面对的一项改革。第70届联合国大会主席吕克托夫特曾说，安理会改革是联合国系统改革的一个重要层面，在没有获得会员国2/3以上多数赞成和五个安理会常任理事国批准的情况下，就无法对安理会进行任何改变。如果形成2/3的多数，即使遭到一些常任理事国的反对，“也可以为安理会的未来确立一个具体的模式”。[①] 这也是

① 《专访：70届联大主席吕克托夫特称挑选下任联合国秘书长是一个改变游戏规则的过程》，联合国网，2016年9月8日，http：//www. un. org/chinese/News/story. asp? NewsID = 26754。

安理会改革力量的想法和安理会改革现状。在古特雷斯任期内，安理会改革政府间谈判将继续进行，新秘书长也会在推进改革进程方面做出某些努力。与安理会的扩大相比，加强大会作用、加强大会主席作用、密切安理会与其他会员国和其他联合国机构的伙伴关系等方面的改革更容易取得进展。

四　结语：秘书长换届对中国与联合国关系的影响

在潘基文担任秘书长的 10 年，中国与联合国的合作关系不断得到加强，中国在联合国的地位和影响力不断上升，是联合国重要的合作伙伴。无论谁出任新一任秘书长都不能忽视和改变这一事实，联合国秘书长的换届也不会影响中国与联合国关系的基本走向。但亚洲背景的潘基文和欧洲背景的古特雷斯在工作风格、组织文化等方面各有不同，中国与新秘书长之间仍然需要一个相互适应与磨合的过程。

在潘基文上任之后，许多欧洲国家外交官和联合国公务员仍然迷恋安南秘书长大刀阔斧、积极介入的领导风格，认为潘基文过于低调，过于看重大国关系，缺乏魄力。古特雷斯的国内政坛经验和欧盟经验，使他与长期同大国打交道的潘基文有所不同。不喜欢“潘氏风格”的人对古特雷斯的当选感到欢欣鼓舞，认为他比潘基文更积极、更有改革热情，也更能摆脱大国影响而发挥独立作用。[①] 具有欧洲政治文化背景和领导风格的古特雷斯使中国外交文化与欧洲外交文化之间的差异更加明显。因此，中国与新秘书长之间也需要更多的沟通、解释和理解。

2015 年联合国 70 周年之际，中国领导人习近平出席了联合国的系列峰会，表达了对联合国的支持和承诺，也给予联合国更多、更具体的援助。2016 年中国总理的联合国之行再次传达了中国对联合国一如既往的支持，以及中国作为负责任大国积极履行国际责任的承诺。中国与金砖国家、非洲

---

① Kaveh L. Afrasiabi, “António Guterres, the Right Choice for UN Leadership,” *Iran Diplomacy* Oct. 7 2016.

国家、77 国集团有密切的合作关系，是联合国《2030 可持续发展议程》和《巴黎气候变化协定》两大事业的积极支持者。在打击国际恐怖主义、热点冲突的解决、难民问题的应对等方面，中国也加大了支持力度。对新一任秘书长来说，无论来自哪个地区、哪个国家，无论何种背景，都会重视与中国的关系。中国需要联合国，联合国也需要中国，这种互利双赢的积极关系对双方都是重要的。

参考文献

中国联合国协会编《联合国 70 年：成就与挑战》，世界知识出版社，2015。

联合国大会文件《秘书处的组织》，A/RES/13（I），联合国网，https：//daccess - ods. un. org/TMP/7167269. 58751678. html。

《第 70 届联大主席吕克托夫特：秘书长候选人非正式对话促使安理会“五常”倾听会员国声音》，联合国网，2016 年 9 月 13 日，http：//www. un. org/chinese/News/story. asp。

《专访：70 届联大主席吕克托夫特称挑选下任联合国秘书长是一个改变游戏规则的过程》，联合国网，2016 年 9 月 8 日，http：//www. un. org/chinese/News/story. asp? NewsID = 26754。

俄罗斯基金会主席戴维·克拉克为英国《金融时报》撰稿：《联合国秘书长竞选中的俄美博弈》，FT 中文网，2016 年 8 月 26 日，http：//www. ftchinese. com/story/。

古特雷斯在候选人与会员国非正式见面会上发表的公开陈述：《联合国的挑战与机遇》（“Challenges and Opportunities for the United Nations”），联合国网，http：//www. un. org/pga/70/wp - content/uploads/sites。

《秘书长候选人对话会第三天：塞尔维亚前外长耶雷米奇、新西兰前总理、联合国开发计划署现任署长海伦·克拉克与马其顿前外长克里姆陈述竞选主张》，联合国网，2016 年 4 月 14 日，http：//www. un. org/chinese/News/story。

“NGOs Challenge World Leaders on Opaque And Outdated Process to Select UN Secretary - General”，http：//www. 1for7billion. org/news/2014/11/5/.

Kaveh L. Afrasiabi，“António Guterres，the Right Choice for UN Leadership，” *Iran Diplomacy*，Oct. 7 2016.

Somini Sengupta，“Hopes Dimming for a Woman to Lead the United Nations，” *The New York Times*，http：//www. nytimes. com/2016/09/10/.

国际关系研究与智库

International Relations Theories and International Think Tanks

Y.18

国际关系研究：热点与新进展

袁正清　董　贺*

摘　要：本文浏览了一年以来国外主流国际关系研究期刊和智库发表的文章和报告，并择其部分具有代表性的文献进行评述，以此把握当前国际关系研究的热点与趋势。目前国际学界对于国际关系的研究出现了若干新动向，包括以全球国际关系学为主的非西方国际关系理论的兴起、中美关系中战略层面的讨论比重上升、网络空间治理的重要性愈加凸显、恐怖主义相关研究更加全面深入等。这些新的热点与趋势值得国内学界关注。

关键词：全球国际关系学　中美关系　网络空间　治理　恐怖主义

* 袁正清，中国社会科学院世界经济与政治研究所研究员，博士，主要研究领域为国际关系理论和国际组织；董贺，中国社会科学院研究生院2014级博士生。

过去一年来，国际关系理论与实证研究领域涌现出许多优秀的学术成果，取得了极大的进展。通过浏览其间国外主流国际关系研究期刊及智库发表的文章和报告可以看出，国际学界在全球国际关系学、中美关系、网络空间治理以及恐怖主义等方面的研究实现了新的突破。本文将对其中较具代表性的文献进行评述，以此把握当前国际关系研究的热点与趋势。

一 国际关系理论

伴随国际关系学科的发展与理论的革新，全球国际关系学（Global international relations）应运而生，成为近年来国际关系领域的标志性学说。全球国际关系学并非一种特有的理论或方法，而是来源于对多种不同起源、模式、特质的人类互动的广泛讨论，其目的在于挑战由美国和西方学术圈主导的既有边界，鼓励世界政治研究的新理论和新方法。这一理念自提出以来，不仅为国际关系研究提供了一个可供学术争论和实证分析的范式与框架，也促使国际关系共同体超越美国和西方在该领域的主导地位，在兼顾非西方智慧及贡献的基础上进一步推进学科发展，使国际关系学成为真正具有包容性和普适性的学科。

全球国际关系学的提出者阿米塔夫·阿查亚（Amitav Acharya）指出，关于这一争论的核心是美国和西方在国际关系学科中的主导地位问题。[①] 在2014年的国际关系学科调查（TRIP faculty survey）中，学者们以包括十几个非西方国际关系共同体的32个国家为对象，对全球国际关系学的拥护者和批评者所提出的主要问题进行了初步的实证分析。该项调查介绍并分析了学者们自身对国际关系学科的理解并加入关于全球国际关系学的实证著述中。通过对调查结果的分析，威贝卡（WiebkeWemheuer-Vogelaar）等人提出了三个主张：第一，国际关系学是由西方或美国主导的学科；第二，地理

① Amitav Acharya, "Advancing Global IR: Challenges, Contentions, and Contributions," *International Studies Review*, 2016, Vol. 18, No. 1, pp. 4 - 15.

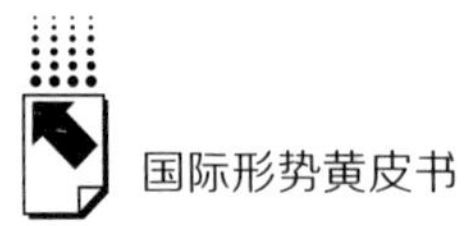

是国际关系学中的核心分界线；第三，在国际关系学中存在这样一种劳动分工，即西方学者负责理论生产，而非西方世界为理论检验提供数据和各地的专门知识。① 以上主张不仅揭示了国际关系学科内部主导和边缘话语的分化如何形成，也指明了这种分化在哪些领域嵌入最深或将被移除。在此基础上，他们指出，在未来全球国际关系学的研究中应谨记以下两点：第一，不能单片式地描述国际关系学，不仅因为个人的位置决定其对于学科的看法，国际关系学中许多交互且重叠的学术共同体多样化的背景、观点和经验等也使得这一领域即使是在西方也难以被明确划分；第二，没有任何一个单变量可以完整地诠释国际关系学，同样不能解决关于全球国际关系学的争论。相关学者必须不断扩展规范性话语所依赖的经验视野，以更好地理解这一领域。

超越西方主导，贡献源自其他社会和文化的概念和理论，是全球国际关系研究议程的关键要素之一。与西方文化所强调的个体理性不同，秦亚青提出了着重于社会背景和行动的世界政治关系理论。② 这一理论基于文化对于社会理论构建的重要性，以关系性（relationality）概念，将国际关系世界设想为由持续的关系所构成，假定国际行为体为关系行为体（actors - in - relations），并将依据变动中的关系所定义的过程作为本体论象征。关系性概念深深嵌入儒家文化社会中，其知识增值更超越了自身的文化渊源。在关系性逻辑的影响下，行为体的行为首先以关系为基础，并以中庸辩证法为理解日益复杂化的世界中关系的认识论模式。关系性作为一个中性概念，并不否认理性，但主张关系性影响下的理性，两者的平衡与相互包容将在理论和实践中达成更好的效果。国际关系行为体即关系体，在其决策过程中倾向于对关系进行考量，并将自身关系圈的总体作为行动的背景。因此，尽管关系理论将始终带着自身的文化胎记，仍然可能应用于儒家文化社会之外的社会环境。关系理论为我们

---

① Wiebke Wemheuer-Vogelaar, Nicholas J. Bell, Mariana Navarrete Morales and Michael J. Tierney, "The IR of the Beholder: Examining Global IR Using the 2014 TRIP Survey," *International Studies Review*, 2016, Vol. 18, No. 1, pp. 16 - 32.

② Yaqing Qin, "A Relational Theory of World Politics," *International Studies Review*, 2016, Vol. 18, No. 1, pp. 33 - 47.

观察国际关系世界提供了一个不同的视角，重构了权力、治理等重要概念，对国际体系进行了更加广泛的比较，丰富了全球国际关系议程。其目标在于通过提供不同于西方思想的想法和概念，坚持中庸辩证法，提倡将内在包容性作为实现进步、共同演化和可持续秩序的路径，促进全球国际关系学的发展。

全球国际关系学引领着整个学界更多地关注非西方的声音，更加重视文化和本土性的问题如何影响特殊的学术实践，又如何反过来挑战理所当然的、普遍化的英美理论霸权。随着更加明确地表达传统理念在中国关于世界政治思考中的影响，并通过不同路径逐步发展有“中国特色”的国际关系理论，中国学者在突破国际关系理论领域的西方霸权，拓宽国际关系理论的相关领域，使非西方理论更具合法性等方面做出了勇敢的尝试。这显示出国际关系的国家学派在丰富理论整体上的潜力，而布兰查德（Eric M. Blanchard）和林爽则指出了此类国家学派存在的风险——理论话语中性别的边缘化。[①] 通过对中国学者的一系列访谈，布兰查德和林爽得出，中国现存国际关系女性主义者的贡献在整体性的、儒家的主流理论和方法中常常被忽略，面临诸多挑战。未经检验的性别概念导致中国国际关系理论中性别的缺失，女性主义理论难以发展，使得国际关系理论整体出现不平等与不确定性。中国国际关系女性主义理论的生存与发展关乎中国国际关系理论整体，有赖于同全球女性主义的有效互动。这也说明，在发掘各地区与国家理论贡献的过程中，更加重视多样性的、非霸权的、次要的声音，才能使得全球国际关系学更具包容性且更为强大。

文明之间的碰撞是国际关系研究议程中的另一个主题。法比奥·佩蒂托（Fabio Petito）将正在形成的世界秩序与新兴大国的崛起视为西方主导地位终结和多元现代性兴起的反映。[②] 法比奥将亨廷顿的文明冲突论进行引申，

---

① Eric M. Blanchard and Shuang Lin, "Gender and Non-Western 'Global' IR: Where Are the Women in Chinese International Theory?," *International Studies Review*, 2016, Vol. 18, No. 1, pp. 48-61.

② Fabio Petito, "Dialogue of Civilizations in a Multipolar World: Toward a Multicivilizational - multiplex World Order," *International Studies Review*, 2016, Vol. 18, No. 1, pp. 78-91.

将多文明、多极体系作为规范的解决方案，提出了多文明、多极世界秩序（multi civilizational - multipolar world order）。文明之间的对话有助于超越以西方为中心的世界秩序，为世界秩序的未来提供另一种假设。在当前多极化、文明政治、多元现代性等共同影响的背景下，构建一种和平的、公正合理的世界秩序无疑是一个划时代的挑战。具体来说，这种新地区主义的、多极的、跨文化的世界秩序模型与亨廷顿的多文明、多极秩序有着以下几点不同：第一，该秩序坚持的是一种对话式的多元文化主义；第二，该秩序建立在跨文化地区主义的新形式与一种新的跨文化国际法协商的基础上；第三，该秩序致力于推进文明间多层次的相互理解。法比奥的主张不仅挑战了传统现实主义的地位，为世界秩序提供了一种新的概念化选择，同时也证明了不同文明之间能够和平互动且相互学习，与全球国际关系学的要义不谋而合。

二　中美关系

2016 年 7 月，兰德公司发布了一份题为《与中国开战，想不敢想之事》（War with China：Thinking Through the Unthinkable）的报告，对中美之间看似不可能的战争做出了预判和评估。[①] 报告指出，尽管中美两国都不想开战，但两国军方都为可能爆发的战争制定了方案，随着中国军事能力的提升，一旦开战，美国并不一定能取得决定性的胜利，而战争的后果将是毁灭性的。报告中以战争的强度和持续时间为变量，分析了四种中美之间可能爆发的战争场景：短期高强度、长期高强度、短期低强度、长期低强度，并将其影响按军事、经济、国内政治与国际层面进行分类，得出了四种场景下的战争成本、损耗及其他影响。鉴于战争对中美两国、东亚地区乃至世界可能带来的巨大影响，两国应重点考虑如何控制和规避危机向暴力转化的风险，在原则和进程上对各自军方加强政治控制和交流。该报告通过上述场景全面

① David C. Gompert, Astrid Cevallos and Cristina L. Garafola, "War with China: Thinking through the Unthinkable," RAND Corporation, 2016, http://www.rand.org/pubs/research_reports/RR1140.html.

分析了两国的军事实力，同时也涉及核战、网络战等可能的战争形式，在传统和非传统战争领域对中美两国可能出现的军事博弈做出了预判。

核战略是衡量中美关系稳定性的关键因素。美国始终将核武器作为其军事战略的重要构成，而中国是否会选择更具进攻性的核战略成为影响两国军事实力对比与亚太地区安全的决定性因素。为评估中国是否会改变其核战略，菲奥纳·坎宁安（Fiona S. Cunningham）和泰勒·弗拉维尔（M. Taylor Fravel）对中国如何理解美国的核战略进行了探讨。① 他们认为，在适度发展核武器的进程中，中国始终坚持不首先使用核武器的政策核心，尽管美国不断增强自身必要实力以寻求战略主导地位，中国并不会因此而放弃自卫防御的核战略。相反，中国将通过增加可以直接打击美国本土的导弹和核弹头数量来提升自身自卫防御的能力，更好地落实自卫防御战略。此外，如果出现美国使用常规武器攻击中国的核武器或配套设施等情况，中国也可能改变其不首先使用核武器的承诺。有学者警告说，中美间核武器和常规武器持有的不对称使得核武器升级及两国在危机中通过升级核武器以实现谈判目的的风险大大增加。而中国军事家对于中美危机当前及未来的稳定性则持乐观态度，认为核升级在任何情况下对中美两国而言都将得不偿失。分析得出以下四点结论：①在美国带来的威胁以及中国应如何应对的问题上，中国军方内部存在不同意见；②即便能够有效阻止美国实现其战略主导地位，中国对于中美危机的相对乐观态度依然可能是错误的；③中国在不首先使用核武器政策上的模糊可能导致事与愿违；④中国对美国追求战略主导地位的反应在使美国决策者保持乐观态度的同时，应对可能出现的军备竞赛有所考量。

美国核战略与核武器是否充分或适当一直是美国国内与国际社会共同关注的问题。是否尝试保有和增强自身的限制破坏能力（damage-limitation capability）是当前美国所面临的关键性的战略抉择。因此，有必要在此基础上重新评估美国对中国的核战略。查尔斯·格拉泽（Charles L. Glaser）与

① Fiona S. Cunningham and M. Taylor Fravel, "Assuring Assured Retaliation: China's Nuclear Posture and U. S. -China Strategic Stability," *International Security*, Vol. 40, No. 2, pp. 7-50.

史蒂夫·费特（Steve Fetter）指出，美国关于是否保有和增强自身限制破坏能力的抉择将决定美国核战略的总体特征。[①] 由于限制破坏战略本质上是竞争性的，需要美国破坏中国既有的核力量，倘若美国放弃这一战略，中美两国军队的需求在很大程度上是兼容的，能够同时满足各自的威慑需求，两者间的竞争也会随之逐渐减少。限制破坏战略需要美国在核力量上更多的创新和投资，相较而言，美国目前的力量足以支持一个更加纯粹的威慑战略。此外，限制破坏战略促使中美在危机中迅速行动，而放弃限制破坏能力则会减少双方在时间上的压力。美国有其追求限制破坏能力的理由，而是否应该做此决定取决于能够这样做的可行性，如果不能实现既定目标，美国没有理由如此强化与中国之间的竞争。格拉泽和费特认为，与这一战略可能带来的益处相比，其在政治军事上的代价和风险将是巨大的，因此不论现有的限制破坏能力如何，美国应该放弃保有和增强这一能力的努力。其他分析者可能会对适度限制破坏能力的益处和风险有不同的衡量，而一旦考虑到在美国限制破坏能力与中国报复力量之间的竞争，美国当前为保有适度限制破坏能力的努力则是极为糟糕的选择。

目前学界普遍认为，美国政府以“再平衡战略”取代“转向亚洲”，试图平息国内外对于美国战略优先级重新排序的预期。尼娜·希洛夫（Nina Silove）提出，近年来美国在亚洲推行的是一种再定位（reorientation）战略，其目的在于防止中国获取霸权，从而保护美国在亚洲地区的主导地位，维持地区力量现有的平衡。[②] 这一战略并不是要阻碍中国的发展，而是将中国的崛起作为给定的前提，力图增强美国及其盟友和伙伴的综合实力，维持亚太地区相对的力量平衡。这意味着美国既不是要从经济上遏制中国，或者通过盟友和伙伴建立的联合网络包围和控制中国，而是要调整、扩大和提升与中国的外交互动，在内部和外部同时对中国的崛起进行平衡。这种对美国

① Charles L. Glaser and Steve Fetter, “Should the United States Reject Mad? Damage Limitation and U. S. Nuclear Strategy toward China,” *International Security*, Vol. 41, No. 1, pp. 49 – 98.

② Nina Silove, “The Pivot before the Pivot: U. S. Strategy to Preserve the Power Balance in Asia,” *International Security*, Vol. 40, No. 4, pp. 45 – 88.

亚洲战略新的解读在如何应对中国崛起的政策讨论中有着重要的影响，它表明现有讨论对美国的战略缺乏理解。在再定位战略中，互动和平衡是用以维持美国主导地位和亚洲地区力量平衡的共生手段，而政策讨论应据此做出相应的调整。当前美国面临的首要问题是是否应该继续寻求自身在亚洲地区的主导地位，需要做出哪些努力，以及如何在不得罪或挑衅中国的情况下实现这一目标。这些问题给美国带来了前所未有的挑战，长期的再定位战略实质上揭示了中美两国间关于未来亚洲安全秩序的潜在冲突，尽管美国的战略目标并不在于遏制中国，但中国对于美国寻求亚洲地区主导地位的目标同样难以接受。在理解再定位战略的基础上，美国决策者应该更好地把握本国战略，其他国家也能够对美国的意图做出更清晰的解读。

三 网络空间治理

数字互联的世界带来了一系列颠覆性的进步，无所不在的网络技术彻底改变了人们的生活。这不仅仅是一场技术革命，在全球化的浪潮中，数字世界的出现颠覆了旧有的秩序，它所带来的机遇影响着从国家统治方式到经济管理模式等一系列问题，迅速改变着国际形势。而政治、商业及其他领域的领袖们才刚刚开始理解一个互联互通的数字世界带来的双重影响。网络空间技术推动着全球议程中更具包容性、更负责任的民主和更公平、稳定的收入增长等积极前景的实现，也带来了国家监视与镇压、安全威胁、大规模的间谍活动甚至末日场景等消极影响。从某种意义上来说，当前对网络世界的思考非常类似于核时代的初期，人们不得不接受一种强大的技术，它既能守护和平，也能毁灭文明。如今领袖们在网络空间治理中面临的困难可能没有那么巨大，但仍然非常复杂。国际网络空间治理的薄弱与不断加速的挑战形成了鲜明的对比。

美国决策者曾将网络领域威胁的应对与冷战时期核武器的管控相比较。中美两国目前就和平时期禁止利用网络攻击对方的关键基础设施问题进行谈判，这也将是首个网络军备控制协议。威尔逊中心发布的题为《网络空间的军备控制?》(Arms Control in Cyberspace?)的报告称，为满足当前网络带来的挑战，长期作为美国政策工具的军备控制和威慑正在复兴和重组，但由于核武器与网络领域的根本差异，这些冷战战略的效用内在受限，其作用必要但并不充分。[①] 与核武器由国家管控不同，网络空间（与海洋、空中和外太空）是世界共享空间的一部分，联合国称其为“全球公地”（global commons），它归属于全球化进程，非国家行为体在这一领域能够越来越多地行使权力并施加影响以对抗国家行为体。从美国的立场出发，网络领域的国家基础战略（state-based strategy）可以利用各国作为利益攸关者在保护全球公地上的共同利益，在确保网络稳定运行、打击网络犯罪等方面所有国家都有共同利益，这也是建立国际网络空间规范和制度的起点。国家基础战略的基石是纳入国内法律体系并施行的健全的国家政策，其关键在于激励国家控制非国家行为体（个人和组织）的不良行为。正如冷战期间的军备控制需要背弃和惩罚共同作用的威慑战略支持，网络空间的军备控制可以说是必要的，但并不足够。报告指出，对于美国的决策者而言，冷战时期军备控制和威慑战略的调整是基本的政策工具，但其效用将被网络领域的特性所局限。

在卡内基发布的题为《治理网络空间：跨大西洋领导路线图》(Governing Cyberspace：A Road Map for Transatlantic Leadership）的报告中，辛纳·吴格（Sinan Ülgen）探讨了多层网络空间对国际政策带来的全新的、特殊的挑战，包括网络隐私和国家安全、数据保密性、跨境数据流、网上言论自由、互联网治理、网络税收、网络安全以及网络战争所带来的政策影响。[②] 其中主要讨论网络政策问题关键领域的几个最为重要的国家（组织），如美国、欧盟、俄罗斯和中国，同时也涉及在某些网络政策领域有着特殊影响的国家，如网络管理领域的巴西和印度，或网络自由领域的伊朗。报告指

① Robert Litwak and Meg King, “Arms Control in Cyberspace?,” The Wilson Center, 2015, https：//www. wilsoncenter. org/publication/arms - control - cyberspace.

② Sinan Ülgen, “Governing Cyberspace：A Road Map for Transatlantic Leadership,” Carnegie Europe, 2016, http：//carnegieendowment. org/files/Sinan_ Cyber_ Final. pdf.

出，美国和欧盟在国际网络空间治理中扮演着至关重要的角色。首先，由于其经济和技术优势，美国和欧盟有志于在网络规范讨论中发挥更大的作用；其次，美国和欧盟都已经分别开始在网络政策问题上与其他国家一同发展多边规范，而双方共同设定全球议程的努力能够极大地增强这些行动的影响；再次，任何联合倡议的可行性都将取决于美国和欧盟在网络空间相关的关键领域（如网络隐私、网络自由与治理、网络安全及网络战等）融合的可能；最后，在美国和欧盟之间存在相当级别的实际和潜在的融合，这些领域应该能够为建立全球网络空间政策框架的新路径提供基础。因此，鉴于当前国际社会对网络空间治理规范的迫切需要，美国和欧盟应在全球网络空间规范的发展中发挥更大的作用。

学界关于网络威胁的真实严重程度一直存在争论，不同国家因各自情况不同也对其抱以不同的态度。由于严重依赖网络技术且极易受到攻击，以色列十分重视网络威胁，将其定义为本国面临的最大威胁之一。马修·科恩（Matthew S. Cohen）等学者对以色列网络空间的使用首次进行了全面的案例研究，深刻分析了网络领域给国家带来的机遇与挑战。[①] 网络攻击的发起者可以是国家、非国家行为体或个人，其攻击对象可能是军队、政府或平民。以色列所面临的攻击来自土耳其、北非和巴勒斯坦，非国家行为体以及一些个人和组织中的网络激进主义所带来的威胁也在上升。为应对网络攻击，以色列发展出多种运用网络空间的方式，使其成为促进自身利益的平台，其政策和技术在该领域内已处于世界领先地位。尽管以色列的网络政策是成功的，迄今为止已有效减少了网络攻击的负面影响，但未来仍存在巨大的威胁。以色列的经验证明，通过个人和组织能够有效抵御攻击，国家应集中精力防御那些由国家、恐怖分子和其他组织发起的更加复杂的攻击。在安全运行的情况下，以色列应深化并扩展与其他国家在网络安全领域的合作，提高自身的防御和威慑能力，并通过明确监管部门改善政府和个人层面的监

① Matthew S. Cohen, Charles D. Freilich and Gabi Siboni, "Israel and Cyberspace: Unique Threat and Response," *International Studies Perspectives*, Vol. 17, No. 3, pp. 307 - 321.

管环境。以色列的案例指明了网络领域给各国带来的一系列机遇与挑战，其经验也为各国提供了有益的借鉴。

四　恐怖主义

恐怖主义是当前各国共同面对的最大挑战之一，在某种程度上以极为深刻的方式定义着全球政治。关于恐怖主义的各种议题一直是国际关系学界关注的焦点，随着全球范围内恐怖袭击事件的频发与恐怖主义威胁的上升，如何在全面了解其形成动因及运行模式等关键问题的基础上有效应对恐怖主义成为学术和政策研究的首要任务。

尽管恐怖主义由来已久，其定义目前仍然存在分歧，人们也很难认可恐怖主义是与其他具有政治意义的社会现象（如民族主义、革命、帝国、法西斯主义、帝国主义、殖民主义）同样的常见问题。理查德·英格利什（Richard English）对未来50年恐怖主义学术研究将要面临的主要问题进行了分析，包括相关定义，恐怖主义批判研究和恐怖主义正统研究之间的区分，以及当代恐怖主义研究中所谓的停滞。[①] 文中指出，过去50年的恐怖主义研究广泛涉及其定义、原因、结果和应对等问题，为未来的研究奠定了坚实的基础，我们应致力于确保以更加自觉、包容、一致、共同的方式使下一阶段的研究达到最高的标准。恐怖主义研究不仅是对一种现象做出有意义的学术研究，也具有极大的现实影响。学术洞见并不能（也不应该）直接或机械地控制政府的政治决策，但作为学术共同体提出包容性的见解将对相关的政策讨论产生潜在的影响。我们需要着眼于政策，以真正多学科的方式同时考虑恐怖主义、反恐及两者之间的关系。

几十年来，许多学者和相关人员试图通过总结恐怖分子的特征以确定一个恐怖分子的共同“侧写”（profile）。学界一致表明，这一努力有了一定的

---

① Richard English, “The Future Study of Terrorism,” *European Journal of International Security*, 2016, Vol. 1, No. 2, pp. 135 - 149.

成果，并对这一进程的缓慢在理论和实证上都做出了解释。理论上，越来越多的学者一致断言，在特定情况下，大多数人会出现包括恐怖主义的暴力倾向。因此，有学者认为，寻找特定心理或社会人口标记都是毫无意义的。一些重要的现实障碍也阻碍着这一进程。大多数政府保护恐怖分子的个人信息，只允许学者们接触被关押的恐怖分子。从实证角度来看，即便学者们能够接近恐怖分子，他们也面临着选择性偏差带来的一系列问题，即他们接触到的恐怖分子通常是不活跃的。盖布瑞·科勒－德里克（Gabriel Koehler-Derrick）等人提出了恐怖分子侧写研究的另一个障碍：概念化。[①] 他们认为，在此前的研究中，恐怖分子概念的模糊使得具体操作出现前后矛盾，虽然上述理论和实证上的挑战仍然存在，但未能明确概念化因变量削弱了此前对恐怖分子特征和动机的实证研究。在自愿亲自采取暴力和自愿加入暴力组织的对应因素之间存在着根本的区别。通过分解不同伊斯兰恐怖分子网络中成员的角色和职责，上述论点得以证实。不同类型的恐怖分子有着不同特征和动机，因此，应在此基础上对恐怖分子进行分类，逐类进行特定的侧写。

非国家武装团体会对谁产生怎样的安全威胁？既有文献倾向于将国家作为非国家武装团体研究的参考点：叛乱分子长期以来一直被视为国内军事威胁，而自9·11事件以来，恐怖主义越来越多地被看作一个主要的跨国军事威胁。由于关于非国家武装行为体的文献通常将其置于战争或持久冲突的背景下，这些团体国家中心和军事化的观念很少有争议。尼尔·英格哈特（Neil A. Englehart）对1985～2014年间23个亚洲国家232个武装团体的数据进行分析后得出，这些团体带来的最主要的威胁是针对当地平民的人身安全，而不是国家的军事安全。[②] 这一论点有着重要的学术意义。目前大多数平民牺牲或非国家行为体的人权行动只关注战争背景下的情况，这反映出将

---

① Gabriel Koehler-Derrick, Ami Pedahzur and AriePerliger, "The Gap between Participation and Violence: Why We Need to Disaggregate Terrorist 'Profiles'," *International Studies Quarterly*, 2016, Vol. 60, No. 2, pp. 220－229.

② Neil A. Englehart, "Non-state Armed Groups as a Threat to Global Security: What Threat? Whose Security?," *Journal of Global Security Studies*, 2016, Vol. 1, No. 2, pp. 171－183.

传统军事安全威胁和国家作为安全首要参照对象的趋势，但实际上多数非国家武装团体威胁的是平民的安全。上述发现也同样有着重要的政策意义，将非国家武装团体视为军事威胁容易导向军事化的应对，将可能产生极为危险和意外的后果。制定旨在减少平民威胁的替代政策需要对武装团体有更加全面的理解和丰富的本地知识，谨慎设定干预措施，首要步骤应是对武装团体及其带来的威胁有更为系统的认识。

2001 年美国遭受恐怖袭击后，其针对恐怖主义融资的财政监管机制由最初的银行系统扩展到其他潜在的来源，而鉴于恐怖主义威胁的跨国性，这一进程也必然将在全球范围内推进。为实现全球合作的努力在不同层面均受到阻碍，迫使资金转向证券化。威廉·弗尔切克（William Vlcek）在其研究中指出，证券化的过程带来了新的安全威胁，此前并未被当作外部威胁的行为和行为体可能会成为新的威胁，发达国家针对恐怖主义融资推行的证券化进程将对发展中国家产生一定的影响，而发展中国家需要采取相应的措施来应对这一进程给本国经济带来的压力。[①] 发展中国家尚不完善的金融系统难以适应为发达国家的银行和金融系统所设计的机制，同时，大部分发展中国家广泛的现金交易缺少文件和自动化程序，无法实行监控。此外，发展中国家许多地区的居民对跨国的伊斯兰恐怖主义袭击缺乏认知，同时在当地也可能存在更加直接的暴力来源。现金的特性使其极易被非法行为和恐怖分子所利用，这一问题的解决方式只能是减少现金的使用。为实现这一目标，发展中经济体应由政府为本国全体公民提供银行账号，这对于发展中国家而言是极大的制度挑战，但也将获得除建立金融监管框架之外更多的益处。对于发达国家和发展中国家而言，金融监管和资金证券化带来的影响是不同的。因此，通过资金证券化规避少数非法交易，同时限制合法的金融交易，对于发达国家之外的国家来说可能并不是最为有效的方法。

---

① William Vlcek, "Securitizing Money to Counter Terrorist Finance: Some Unintended Consequences on Developing Economies," *International Studies Perspectives*, 2015, Vol. 16, No. 4, pp. 406 - 422.

五 结语

本文对一年以来国际关系主流期刊和智库的文章和报告进行了梳理，从中可以看出学科发展的一些新趋势。在国际关系理论领域，全球国际关系学兴起，非西方国际关系理论相关研究有了进一步的扩展和深入；对中美关系走势的关注度持续上升，关于两国战略层面的讨论也随之逐步深化；更加重视网络空间治理，诸多基于不同视角的讨论业已展开；恐怖主义问题备受瞩目，出现了一系列关于恐怖主义形成动因和运行模式等关键议题的新的理解和阐释。这些新趋势值得国内学界关注。

参考文献

Amitav Acharya, "Advancing Global IR: Challenges, Contentions, and Contributions," *International Studies Review*, 2016, Vol. 18, No. 1.

Charles L. Glaser and Steve Fetter, "Should the United States Reject Mad? Damage Limitation and U. S. Nuclear Strategy toward China," *International Security*, Vol. 41, No. 1.

David C. Gompert, Astrid Cevallos and Cristina L. Garafola, "War with China: Thinking through the Unthinkable," RAND Corporation, 2016, http://www.rand.org/pubs/research_reports/RR1140.html.

Eric M. Blanchard and Shuang Lin, "Gender and Non-Western 'Global' IR: Where Are the Women in Chinese International Theory?" *International Studies Review*, 2016, Vol. 18, No. 1.

FabioPetito, "Dialogue of Civilizations in a Multipolar World: Toward a Multicivilizational-multiplex World Order," *International Studies Review*, 2016, Vol. 18, No. 1.

Fiona S. Cunningham and M. TaylorFravel, "Assuring Assured Retaliation: China's Nuclear Posture and U. S. – China Strategic Stability," *International Security*, Vol. 40, No. 2.

Matthew S. Cohen, Charles D. Freilich and Gabi Siboni, "Israel and Cyberspace: Unique Threat and Response," *International Studies Perspectives*, Vol. 17, No. 3.

Neil A. Englehart, "Non-state Armed Groups as a Threat to Global Security: What Threat? Whose Security?" *Journal of Global Security Studies*, 2016, Vol. 1, No. 2.

Nina Silove, "The Pivot before the Pivot: U. S. Strategy to Preserve the Power Balance in

Asia," *International Security*, Vol. 40, No. 4.

Robert Litwak and Meg King, "Arms Control in Cyberspace?," The Wilson Center, 2015, https: //www. wilsoncenter. org/publication/arms – control – cyberspace.

Sinan Ülgen, "Governing Cyberspace: A Road Map for Transatlantic Leadership," Carnegie Europe, 2016, http: //carnegieendowment. org/files/Sinan_ Cyber_ Final. pdf.

Wiebke Wemheuer-Vogelaar, Nicholas J. Bell, Mariana Navarrete Morales and Michael J. Tierney, "The IR of the Beholder: Examining Global IR Using the 2014 TRIP Survey," *International Studies Review*, 2016, Vol. 18, No. 1.

William Vlcek, "Securitizing Money to Counter Terrorist Finance: Some Unintended Consequences on Developing Economies," *International Studies Perspectives*, 2015, Vol. 16, No. 4.

Yaqing Qin, "A Relational Theory of World Politics," *International Studies Review*, 2016, Vol. 18, No. 1.

Abstract*

The *Annual Report on International Politics and Security* (*2017*) is part of the annual series of *Yellow Books on International Politics*. The purpose of these volumes is to describe and analyze the overall international political and security situations and to attempt to make corresponding predictions.

With regard to relations among the great powers and international security, this book analyzes the confrontational and cooperative relations among the major powers as well as the key factors that influence the triangular relations among China, Russia, and the United States. We also focus on the Chinese border security environment, global armed conflicts, and the global military situation. In this section, we make assessments about national capabilities and the influence of the nine major powers. In the section on global issues and global governance, the authors present in-depth analyses of major global issues, including global cybergovernance, counter-terrorism, global energy, anti-corruption, and international migration. As special topics and 2016 focal points, the US presidential election, Brexit, arbitration of the South China Sea case, the selection of a new UN secretary-general as well as protection of China's overseas interestsand the situations in North Africa and West Asia are key areas of discussion. The volume includes a review of these developments during the year in terms of studies on international relations.

Based on academic research and current data, the authors of this volume offer generalizations regarding the basic characteristics of the international situation and possible future prospects. The book is a valuable reference source for researchers on international studies, foreign-policy decision makers, and readers who are concerned about international developments.

* English proofreading by Nancy Hearst, the Fairbank Collection of the H. C. Fung Library, Harvard University.

Contents

Ⅰ Introduction

Y. 1 Mechanisms behind the Complex World *Zhang Yuyan* / 001

Abstract: The world in 2016 was both complicated and chaotic. There seemed to be no correlation among some events and phenomena, but there were certain interrelated and common causes or mechanisms hidden behind them. Today we need a new X－ray machine to observe the increasingly complex, diverse, and varied world, and to help us pinpoint and resolve the existing problems so that we can pursue the goal of maximizing national interest while at the same time maximizing the well－being of all of mankind. It is particularly noteworthy that the emergence of such chaos and problems presents a challenge to existing theory and also provides an excellent opportunity for theoretical innovations.

Keywords: Globalization; International Rules; Donald Trump; Trade Protectionism; Populism; Major Powers; Global Governance

Y. 2 An Overview of International Politics and Security in 2016

Report of the Task Force on the Annual Report on Global Politics and Security

/ 007

Abstract: During the past year, the global political and security situations basically continued the trends of the previous year. The hotspot conflicts and confrontations became more intense and the regional situations became more turbulent. Due to big-power games and sectarian conflicts intertwining with terrorism, the global situation has become more complicated and unpredictable. With the United States as the sole global superpower, the other major powers are undergoing a profound shift and transformation in terms of a balanced structure. The relationship between China and the United States continues to deepen with respect to both geostrategic confrontations and international collaborations; the significance and extension of the comprehensive strategic partnership between China and Russia are expanding further; US-Russian relations are once again deteriorating as new confrontations are continuously emerging; China's security situation with its neighbors is entailing both "crises" and "opportunities," with the situation on the Korean peninsula facing an important juncture, the risks in the East China Sea growing, and the increasing likelihood of more dialogues regarding the South China Sea dispute. In order to achieve major accomplishments China's big-power diplomacy must be properly managed.

Keywords: International Security; Relations among the Major Countries; Structure of the World Powers; Unrest in West Asia and North Africa; China Border Security

Ⅱ World Patterns and International Security

Y. 3 Relations among the Major Countries in 2016: The "New Normal" *Wang Mingming* / 017

Abstract: In 2016 the comprehensive strategic partnership between China and Russia reached a new height. Their three joint statements fully reflect the extent of the close Sino-Russian relations and the highly consistent positions of the two sides on many important international issues. The island/reef dispute in the South China Sea and the anti-missile system into South Korea have seriously damaged the overall atmosphere in Sino-US bilateral relations, whereas cooperation between the two countries is still continuing in other areas. The two countries need to come up with practical solutions to cool the relevant hotspots in East Asia and to improve public sentiment so as to dispel the mutual strategic distrust. The United States and Russia have accused each of anti-missile systems, Internet hackers, and so on. Through military maneuvers, they have each demonstrated their force. Such mutual unfriendly attitudes have not changed over the years. The first reason is that the eastward expansion of NATO has damaged Russia's strategic interests; the second reason is the crisis in Ukraine and the US sanctions against Russia; and the third reason is the US deployment of anti-missile systems on Russia's periphery. In 2016 bilateral relations among the three countries did not change from the previous years and remained in a period of a "new normal."

Keywords: Sino-Russian Relations; Sino-US Relations; US-Russian Relations; Strategic Distrust; Public Opinion

Y. 4 National Power and State Influence: Changes and Evaluations (2015 -2016) *Li Junyang* / 034

Abstract: Transformations and changes in the international structure are ongoing. With the rise of Chinese national power, Chinese state influence has also grown. On one hand, an accurate evaluation of the national power and state influence of the major states is crucial for a proper understanding of the contemporary world; on the other hand, an up - to - date understanding of national power and state influence provides a basis for foreign-policy decision making. This report evaluates the national power and state influence of the United States, the United Kingdom, France, Germany, Japan, China, Russia, India, and Brazil. It reveals that the United States remains the only superpower, as the other major powers witnessed both ups and downs during the past year. The United Kingdom, France, Germany, and Japan have undergone a slight decline in their national power and state influence, whereas the emerging market states have seen very different trends in the development of national power and state influence. In the near future, the structure of the international system is likely to continue to exist as "one superpower and multi-major powers," with the members of the "multi-major powers" subject to change.

Keywords: National Power; State Influence; International Structure; Rise of China

Y. 5 Major Armed Conflicts in the World and an Assessment of the Military Situation: 2015 -2016

Xu Jin, He Yang / 056

Abstract: The major armed conflicts in the world from 2015 to 2016 were almost identical to those in the previous year, with the conflicts still concentrated in the Middle East, South Asia, Eastern Europe, and Northeast Africa. Among these conflicts, the most significant are the international fight against ISIS, the fight against the Boko Harem, the civil wars in Yemen, Ukraine, and Syria, as well as the internal conflicts in Iraq, Libya, and Nigeria. Global military expenditures in 2015 were a little higher than those in 2014. The amount of military expenditures in the Asia-Pacific region, Central and Eastern Europe, and the Middle East grew steadily, whereas the amount of military expenditures declined in North America, Western Europe, Africa, and Latin America and the Caribbean region. In terms of military maneuvers, NATO and Russia maneuvered along their border areas, exacerbating frictions in regional security. The SCO, China, Russia, and Japan continued to increase their military presence in areas of their core interests. Some countries changed their national defense strategies according to the global and regional security environments and their national defense objectives.

Keywords: Armed Conflicts; War in Syria; Military Expenditures; Military Maneuvers; Defense Strategies

Y. 6 China's Border Security Situation, 2015 –2016

Wang Lei / 073

Abstract: During the past year, China faced new challenges to maintain its border security: elements of confrontation and competition between China and Japan and between China and the United States increased significantly; relations between Russia and Japan and between Japan and South Korea were strengthened; the situation in the South China Sea and the East China Sea remained tense, and there was a possibility of potential conflicts; threats from terrorist organizations and extremist religious forces along the Chinese border were on the rise; and during the transitional period, frictions between China and its neighbors increased, but China's border security situation did not change fundamentally, with efforts to achieve peace, development, and cooperation remaining dominant.

Keywords: China's Border Security; Rebalancing Strategy; Security Dilemma; South China Sea; Terrorism

Ⅲ Global Issues and Global Governance

Y. 7 New Trends in the International Governance of Cyberspace

Lang Ping / 089

Abstract: In 2016 some new trends appeared in the international governance of cyberspace. First, as the IANA stewardship transition is approaching its end, the US government will likely relinquish its monitoring of global Internet domain names and addresses; second, conflicts between state and private sectors over national security and protection of personal information indicate that the Internet governance process is growing deeper, exceeding the disputes among the multi-stake holder and multilateral models that have prevailed over the last decade; third, the concept of cyber sovereignty is now widely accepted in the international community, and Sino-US cyber cooperation has been promoted through a cybercrime working group; fourth, the digital economy has become a major field of cooperation in global economic governance, which is in the common interest of all countries. Thus, international governance of cyberspace reveals different developmental trends in terms of technology, public policy, and security and economic dimensions, and these respective trends need to be dealt in different ways by adopting differing strategies.

Keywords: Cyberspace Governance; IANA Stewardship Transition; Cybersecurity; FBI-Apple Clash; Digital Economy

Y. 8 Global Energy Politics 2015 −2016 *Xue Li* / 104

Abstract: During the past year, partly because of the slow recovery of the global economy, global oil prices first appeared to hit rock bottom and then began to rise slightly. However, major oil producers have a long way to go before reaching an agreement on limiting production and maintaining a price strategy; the maintenance or expansion of market shares still remain priorities. The crisis in Ukraine is cooling down, yet the conflict is still far from being resolved. Relations between Russia and Ukraine with respect to energy supply and demand are being decoupled. The situation in the Asian and African hotspots has improved as has the environment for local governments. The major oil producers in Latin America face unrest due to the economic downturn. The recovery of global nuclear energy has been secured. In the future, Asia, and particularly China, will remain at the center of these trends and China's nuclear technology will enter the developed markets.

Keywords: World Energy Situation; Global Political Struggles; Global Nuclear Energy

Y. 9 Global Terrorism and Counter-Terrorism: 2015 -2016

Shao Feng / 122

Abstract: In 2015 - 2016 the global anti-terrorism situation remained serious, with most countries facing threats of terrorism. The Islamic state still stubbornly resisted joint strikes, and its forces and threats spread to a larger area. The global anti-terrorism situation is facing new challenges, such as the return of terrorists, lone-wolf types of terrorist attacks, and social platforms becoming recruiting tools. Several new features have emerged in the global terrorism and anti-terrorism situations. These include major and more frequent terrorist attacks, with a shocking number of casualties; vicious attacks of revenge by the Islamic state on Western countries, with Europe in particular being among the hardest hit. The international community must remain alert to these undercurrents and to the possibility of future terrorist threats.

Keywords: Global Terrorism Situation; Anti-terrorism; Islamic State

Y. 10 Global Migration and the Refugee Issue: 2015 -2016

Yang Jingmin / 136

Abstract: As anticipated last year, both the amount of forced global migrations and the number of deaths from migration in 2015 -2016 reached a new high, with minors and children among those facing the most risks. Most of the forced migrations are taking place in the world's most underdeveloped areas and it is unlikely that this situation will improve in the near future. In many Western countries, the appeal of anti-immigration policies has taken on an increasingly stronger voice, while populism has been significantly enhanced during this round of the migration crisis. Furthermore, terrorist attacks have ravaged several European countries that failed to take effective measures in the fight against terrorism.

Consequently, during each political campaign, along with the economic migrants, refugees have become scapegoats in the battle for public opinion. At the same time, in a spirit of humanitarianism, the international community has also embraced an ethical and moral obligation, making some limited efforts to help the refugees. The United Nations General Assembly adopted the New York Declaration on Refugees and Migrants, which indicates that a global framework for the management of the massive migration crisis is about to be established, and the European Union has also put forward the Bratislava roadmap. China's entry into the International Organization for Migration (IOM) represents a new page in international cooperation with respect to migration.

Keywords: Forced Migration; Refugees; International Migration; Anti-Immigration; International Humanitarianism

Y. 11 The Development of the Global Anti-Corruption Movement and Its Prospects *Peng Chengyi* / 154

Abstract: At this year's G20 Summit held in Hangzhou, we achieved great progress with respect to international anti-corruption cooperation. In fact, since the issuance of the Foreign Corruption Practice Act (FCPA) by the US in the late 1970s, the global anti-corruption movement has made great progress and to some extent it has grown into an international regime with wide coverage and implications. This report will address the following questions. How has the global anti-corruption movement evolved to accommodate the current situation? Have there been any new trends during the past year? What are the implications for the Chinese anti-corruption campaign?

Keywords: Global Governance; Anti-Corruption; International Regime

Ⅳ Special Topics and Focal Points

Y. 12 The 2016 US Presidential Election: Features and Background *Wang Mingming* / 168

Abstract: The US presidential election is actually a game of "insiders" and "outsiders." The policy differences between the political parties are no longer important. Bernie Sanders' "storm" overturned most of the policy orientation of the Democratic Party as well as possibly the legacy of President Obama. Trump's jumbled points of view and easy win put the Republicans in an extremely difficult position. The reasons why issues of populism and nativism have become dominant in the election can be related to both domestic and international factors. The problems caused by "political correctness", the departure of the UK from the EU, and populist trends in the EU countries form the background to this election. The policy direction of the new president of the United States will more or less be affected by the populist atmosphere of the election. However, after the core focus of the actual election, post-election policy-making should become more reasonable and limited by many factors. Hence, we should not overestimate the impact of these hot issues in the election.

Keywords: US Presidential Election; "Insiders"; "Outsiders"; the Trump Phenomenon; Populism

Y. 13 China's Protection of Overseas Interests: 2015 –2016 *Liu Wei* / 182

Abstract: With increasing overseas interests in 2015, China's overseas security risks surged, focusing on public security, terrorism, and political unrest. The Chinese government has taken a series of measures to protect overseas interests, such as enhancing inter-departmental coordination, establishing a warning system, properly handling consular protection cases, engaging in positive negotiations and signing bilateral investment treaties, improving the foreign investment insurance system, and participating in law-enforcement cooperation and peacekeeping activities. However, under this new situation, China must strengthen its mechanism and capacity for overseas security protection. This article proposes that China should establish a national-level agency to protect its overseas interests, extend a proposal to the legislative process to protect its overseas interests, encourage enterprises to increase their security budgets, strengthen law-enforcement cooperation, and regulate the compliance and social responsibility of corporate operations.

Keywords: Protection of Overseas Interests; Overseas Security; Political Risks; Consular Protection; FDI

Y. 14 The Dispute in the South China Sea after Arbitration

Xu Yanzhuo / 200

Abstract: This year's debates and discussions on the South China Sea (SCS) were focused on July 12—the day the Permanent Court of Arbitration (PCA) announced the much-awaited verdict in the case of the SCS. In the short run, the verdict may undermine China's international image as a responsible great power; yet in the long run, in light of the limitations on compulsory arbitration settlements, it is unlikely that the case will affect China's national interests in the SCS. In the future, the Sino-US great-power struggle regarding the maritime order will dominate the agenda. Although ASEAN still cannot reach one voice on this issue, the ASEAN claimants have remained relatively quiet about the verdict. The key to these disputes are changes in the maritime order and the setting of the agenda for the SCS. In response to the situation, it is necessary for China to promote maritime cooperation with ASEAN and to reduce strategic distrust and misunderstandings.

Keywords: Arbitration Case; Maritime Order; ASEAN Claimants

Y. 15 Brexit and Its Influence *Ren Lin / 212*

Abstract: Brexit reflects a more complex world in which globalization, anti-globalization, and re-globalization are intertwined. It has brought great uncertainty to regional integration, global governance, and geopolitics. In the post-Brexit era, governance will face greater uncertainties and unknown challenges. In the short term, Brexit has brought about a fragmentation of regional and global governance rules. Although EU rules are relatively sophisticated, in an era of open economies those who need to deal with the UK and the European Union will face an unfamiliar environment, so it will be difficult to predict the future within a certain period.

Keywords: Brexit; Regional Integration; Migration Issue; Globalization; Global Governance

Y. 16 The Situation in North Africa and West Asia 2015 –2016: Conflicts and Structural Changes *Xiao He / 225*

Abstract: From 2015 to 2016, interstate and intrastate conflicts in North Africa and West Asia not only continued to exist but in fact also increased. These included the ongoing civil wars in Syria and Libya and also the direct diplomatic confrontation between Iran and Saudi Arabia and Turkey's military coup. The area is now immersed in conflict. Meanwhile, the United States continued its cautious regional strategy, refusing to intervene too deeply so as not to cause the collapse of the traditional bloc system and a reshuffling of the regional powers. Despite the decline in the international prices of oil, the policy changes of the external powers, the changes in the mood in Muslim societies, and changes in international anti-terrorism strategies all contributed to the present situation, whereby internal conflicts within the states are the most important determinants of the outcomes. In the short term, it will be difficult to achieve a new balance in West Asia and North Africa and hence this region will remain turbulent.

Keywords: North Africa; West Asia; Middle East; Great Power Strategy

Y. 17 Selection of the UN Secretary-General in 2016: Features and Influences *Li Dongyan* / 240

Abstract: During the process of the selection of the UN secretary-general in 2016, for the first time candidates were invited to meet informally with the member-states of the General Assembly. The positions of the United States and Russia were key factors influencing the final result of the selection. Antonio Guterres, former prime minister of Portugal and former UN High Commissioner for Refugees, was nominated by the Security Council to be the next UN secretary-general. Global issues, such as the Sustainable Development Agenda 2030, global climate change, refugees, counter-terrorism, and conflict resolution, will be the main focus of attention for the new secretary-general. As a secretary-general from a European country, Guterres' spolitical stance, cultural background, working style, and manner will be different from that of former Secretary-General Ban Ki-moon. Guterres is likely to adopt a positive attitude toward UN reform. China is an important partner in the United Nations. The change in the secretary-general will not affect mainstream Sino-UN relations but China will need to establish more mutual communications and understanding with the new secretary-general.

Keywords: United Nations; Selection of the UN Secretary-General; Ban Ki-moon; Antonio Guterres

V International Relations Theories and International Think Tanks

Y. 18 The Development of Studies of International Relations *Yuan Zhengqing*, *Dong He* / 254

Abstract: This report reviews and comments on some representative articles in foreign mainstream journals and think-tanks on international relations during the past year so as to grasp the hot issues and trends in current research. The author

believes that there are now several new trends in the study of international relations in academic circles, including the rise of non-Western international relations theory, especially global international relations, more discussions on Sino-US strategic relations, an increasing importance of cyberspace governance, more in-depth and comprehensive research on studies related to terrorism, and so on. These new issues and trends are worthy of attention in domestic academic circles.

Keywords: Global International Relations; Sino-US Relations; Cyberspace Governance; Terrorism

皮书起源

“皮书”起源于十七、十八世纪的英国，主要指官方或社会组织正式发表的重要文件或报告，多以“白皮书”命名。在中国，“皮书”这一概念被社会广泛接受，并被成功运作、发展成为一种全新的出版形态，则源于中国社会科学院社会科学文献出版社。

皮书定义

皮书是对中国与世界发展状况和热点问题进行年度监测，以专业的角度、专家的视野和实证研究方法，针对某一领域或区域现状与发展态势展开分析和预测，具备原创性、实证性、专业性、连续性、前沿性、时效性等特点的公开出版物，由一系列权威研究报告组成。

皮书作者

皮书系列的作者以中国社会科学院、著名高校、地方社会科学院的研究人员为主，多为国内一流研究机构的权威专家学者，他们的看法和观点代表了学界对中国与世界的现实和未来最高水平的解读与分析。

皮书荣誉

皮书系列已成为社会科学文献出版社的著名图书品牌和中国社会科学院的知名学术品牌。2016 年，皮书系列正式列入“十三五”国家重点出版规划项目；2012~2016 年，重点皮书列入中国社会科学院承担的国家哲学社会科学创新工程项目；2017 年，55 种院外皮书使用“中国社会科学院创新工程学术出版项目”标识。

权威报告·热点资讯·特色资源

皮书数据库

ANNUAL REPORT(YEARBOOK) DATABASE

当代中国与世界发展高端智库平台

所获荣誉

- 2016年，入选“国家‘十三五’电子出版物出版规划骨干工程”
- 2015年，荣获“搜索中国正能量 点赞2015”“创新中国科技创新奖”
- 2013年，荣获“中国出版政府奖·网络出版物奖”提名奖
- 连续多年荣获中国数字出版博览会“数字出版·优秀品牌”奖

成为会员

通过网址www.pishu.com.cn或使用手机扫描二维码进入皮书数据库网站，进行手机号码验证或邮箱验证即可成为皮书数据库会员（建议通过手机号码快速验证注册）。

会员福利

● 使用手机号码首次注册会员可直接获得100元体验金，不需充值即可购买和查看数据库内容（仅限使用手机号码快速注册）。

● 已注册用户购书后可免费获赠100元皮书数据库充值卡。刮开充值卡涂层获取充值密码，登录并进入“会员中心”—“在线充值”—“充值卡充值”，充值成功后即可购买和查看数据库内容。

社会科学文献出版社 SOCIAL SCIENCES ACADEMIC PRESS (CHINA) 皮书系列

卡号：1766616202230016

密码：

数据库服务热线：400-008-6695

数据库服务QQ：2475522410

数据库服务邮箱：database@ssap.cn

图书销售热线：010-59367070/7028

图书服务QQ：1265056568

图书服务邮箱：duzhe@ssap.cn

S 子库介绍
Sub-Database Introduction

中国经济发展数据库

涵盖宏观经济、农业经济、工业经济、产业经济、财政金融、交通旅游、商业贸易、劳动经济、企业经济、房地产经济、城市经济、区域经济等领域，为用户实时了解经济运行态势、 把握经济发展规律、 洞察经济形势、 做出经济决策提供参考和依据。

中国社会发展数据库

全面整合国内外有关中国社会发展的统计数据、 深度分析报告、 专家解读和热点资讯构建而成的专业学术数据库。涉及宗教、社会、人口、政治、外交、法律、文化、教育、体育、文学艺术、医药卫生、资源环境等多个领域。

中国行业发展数据库

以中国国民经济行业分类为依据，跟踪分析国民经济各行业市场运行状况和政策导向，提供行业发展最前沿的资讯，为用户投资、从业及各种经济决策提供理论基础和实践指导。内容涵盖农业，能源与矿产业，交通运输业，制造业，金融业，房地产业，租赁和商务服务业，科学研究，环境和公共设施管理，居民服务业，教育，卫生和社会保障，文化、体育和娱乐业等 100 余个行业。

中国区域发展数据库

对特定区域内的经济、社会、文化、法治、资源环境等领域的现状与发展情况进行分析和预测。涵盖中部、西部、东北、西北等地区，长三角、珠三角、黄三角、京津冀、环渤海、合肥经济圈、长株潭城市群、关中—天水经济区、海峡经济区等区域经济体和城市圈，北京、上海、浙江、河南、陕西等 34 个省份及中国台湾地区 。

中国文化传媒数据库

包括文化事业、文化产业、宗教、群众文化、图书馆事业、博物馆事业、档案事业、语言文字、文学、历史地理、新闻传播、广播电视、出版事业、艺术、电影、娱乐等多个子库。

世界经济与国际关系数据库

以皮书系列中涉及世界经济与国际关系的研究成果为基础，全面整合国内外有关世界经济与国际关系的统计数据、深度分析报告、专家解读和热点资讯构建而成的专业学术数据库。包括世界经济、国际政治、世界文化与科技、全球性问题、国际组织与国际法、区域研究等多个子库。

法律声明